粤港澳大湾区发展研究

杨小蓉　张仁寿　主编

Yuegang'ao Dawanqu Fazhan Yanjiu

·广州·

版权所有　翻印必究

图书在版编目（CIP）数据

粤港澳大湾区发展研究/杨小蓉，张仁寿主编. —广州：中山大学出版社，2019.3
ISBN 978-7-306-06584-1

Ⅰ.①粤…　Ⅱ.①杨…②张…　Ⅲ.①城市群—区域经济发展—研究—广东、香港、澳门　Ⅳ.①F299.276.5

中国版本图书馆 CIP 数据核字（2019）第 036914 号

出 版 人：	王天琪
策划编辑：	吕肖剑
责任编辑：	靳晓虹
封面设计：	林绵华
责任校对：	姜星宇
责任技编：	何雅涛
出版发行：	中山大学出版社
电　　话：	编辑部 020-84111946，84113349，84111997，84110779
	发行部 020-84111998，84111981，84111160
地　　址：	广州市新港西路 135 号
邮　　编：	510275　传　真：020-84036565
网　　址：	http://www.zsup.com.cn　E-mail：zdcbs@mail.sysu.edu.cn
印 刷 者：	佛山市浩文彩色印刷有限公司
规　　格：	787mm×1092mm　1/16　15.25 印张　400 千字
版次印次：	2019 年 3 月第 1 版　2019 年 3 月第 1 次印刷
定　　价：	68.00 元

如发现本书因印装质量影响阅读，请与出版社发行部联系调换

编 委 会

主　　任：王　晓
副 主 任：李　敏　李翰敏　张仁寿　林迪夫
委　　员：(按姓氏笔画排序)
　　　　　王　晓　毛艳华　左连村　关　锋　刘建时
　　　　　刘慧华　李　敏　李翰敏　杨小蓉　杨开荆
　　　　　杨　英　陈　池　张仁寿　张硕城　林迪夫
　　　　　夏明会　曹富生　蔡德敏
主　　编：杨小蓉　张仁寿
编辑部成员：曹富生　陈　伟　江志如

不忘初心、牢记使命，开启粤港澳社科交流的新征程

（代序）

王 晓

为深入学习贯彻落实党的十九大精神和习近平新时代中国特色社会主义思想，深入贯彻落实习近平总书记对广东"四个走在全国前列"重要指示精神，切实把思想和行动统一到习近平总书记的重要讲话精神上来，在广东省委宣传部的指导下，以国家发改委公布的《深化粤港澳合作 推进大湾区建设框架协议》为依据，由广东省社会科学界联合会、广东省粤港澳合作促进会、香港大公文汇传媒集团、澳门基金会、澳门社会科学学会联合发起，广东华南经济发展研究会组织实施，以"深化粤港澳合作发展，助推粤港澳大湾区建设"为主题的粤港澳大湾区发展课题研究和征文，得到了粤港澳三地专家学者的积极关注和参与。粤港澳三地的100多名社科专家学者从不同的学术视角，研究探讨粤港澳合作、粤港澳大湾区建设的问题，为粤港澳大湾区的建设提供理论支撑。该批研究成果在2018年1月的"第四届粤港澳学术研讨会"上（在广东南沙举办）进行了广泛的学习与交流。该研讨会是十九大召开后举办的第一次粤港澳研讨会，得到了广东省委省政府的高度重视和港澳有关部门的大力支持。

粤港澳地缘相近，人缘相亲，习俗相通，语言文化同源。长期以来，粤港澳三地紧密联系，合作日益深化，粤港澳三地社科界更是积极加强学术交流与合作。从1988年开始，广东社科界就与澳门社会科学学会每年联合举办粤澳关系研讨会，至今已连续举办30次，可谓三十而立，日渐成熟。2013年，在省社科联的倡议牵头下增加了香港社科界合作方，更名为粤港澳学术研讨会，增强了传播度，扩大了影响力。粤港澳三地社科专家学者经过30年的交流与合作，出版了7部论文集，收集了512篇论文，共计452.7万字，许多观点建议被政府有关部门采纳，可以说是硕果累累，为深化粤港澳三地合作提供了理论支撑和智力支持。本次专题研究，我们共收到论文130多篇，由于篇幅限制，精选了其中27篇由中山大学出版社正式出版。

党的十九大报告中多次提及粤港澳合作，强调"要支持香港、澳门融入国家发展大局，以粤港澳大湾区建设、粤港澳合作、泛珠三角区域合作等为重点，全面推进内地同香港、澳门互利合作，制定完善便利香港、澳门居民在内地发展的政策措施"。中共广东省委十二届二次全会强调，要进一步深化粤港澳合作，以粤港澳大湾区、粤港澳合作、泛珠三角区域合作为重点，加强与港、澳互利合作，建立更紧密经济联系，发展具有全球影响力和竞争力的湾区经济，支持港、澳长期繁荣稳定发展。中国特色社会主义已进入新时代，意味着新的起点和新的要求，粤港澳合作进入了新的发展阶段。

粤港澳大湾区囊括了珠三角9市和香港、澳门2个特别行政区，2017年年末，粤港澳大湾区人口为6956.8万，约占全国总人口的5%。根据广东省相关地市和香港、澳门特别行政区统计部门数据估算，2017年粤港澳大湾区国内生产总值达到10.2万亿元人民币，约

占全国经济总量的12%。其中,香港、深圳、广州国内生产总值均超过2万亿元,合计占大湾区比重为65.5%。从实质增速看,珠海、澳门经济增速超过9%,深圳、佛山、东莞、江门增速处于8%~8.8%,香港增速为3.8%。从人均产值看,2017年粤港澳大湾区人均国内生产总值为14.9万元,澳门、香港人均国内生产总值分别为52.4万元和31.2万元,深圳、广州、珠海、佛山、中山人均国内生产总值超过10万元。粤港澳大湾区极具特色,是世界上唯一的"一个国家、两种体制、三种货币、四个支点城市"的湾区。如何坚持以习近平新时代中国特色社会主义思想为指引,深化粤港澳合作发展,助推粤港澳大湾区建设,需要大量前瞻性、针对性、储备性的研究成果作为决策参考。思想的力量是可以穿透时空的。省社科联、社科界热切期盼与香港、澳门两地社科机构保持紧密联系,加强交流、探讨、研究,碰撞出思想的火花,为推进粤港澳三地深化合作,创新发展贡献智慧和力量。

作为社科工作者,要肩负起时代赋予的使命和责任,以提升学术原创能力为方向,遵循哲学社会科学发展规律,努力解决哲学社会科学发展中存在的不平衡不充分问题,充分发挥"思想库""智囊团"作用,加强对粤港澳大湾区建设等问题的研究,切实为粤港澳政府科学决策提供理论依据战略思路和政策建议。

新时代哲学社会科学工作者责任重大、使命光荣,让我们以习近平新时代中国特色社会主义思想为指引,更加紧密团结在以习近平同志为核心的党中央周围,不忘初心、牢记使命,开启粤港澳社科交流的新征程,为把粤港澳建设成为向世界展示习近平新时代中国特色社会主义思想的重要"窗口"和"示范区"做出应有的贡献。

作者:广东省社会科学界联合会党组书记、主席

目 录

第一编　总　报　告

基于大数据战略背景下构建粤港澳大湾区指数评价体系研究……………课题组（3）

第二编　创新发展篇

充分利用粤港澳大湾区"2·2·3"特点求同扬异形成混合创新优势………陈　池（19）
粤港澳大湾区城市群的战略定位与协同发展………………………………毛艳华（24）
粤港澳大湾区城市群空间经济网络结构及其影响因素研究
　　——基于网络分析法………………………………王方方　杨焕焕（31）
粤港澳大湾区的发展目标与宏观路径选择…………………………………左连村（41）
从"超级联系人"论香港经济发展定位………………………………………杨　英（48）
创新粤港合作模式联手打造粤港澳大湾区…………………………………周运源（59）
人口、政府投入、经济、对外贸易与港口发展的关系研究
　　——基于粤、港、澳三地的面板数据……………邓利方　李铭杰（66）
高等教育、区域创新与经济增长：粤港澳大湾区建设中大学的
　　角色与作用研究……………………………………………………许长青（77）
粤港澳大湾区高校战略联盟构建策略研究…………………………………焦　磊（88）

第三编　协同发展篇

粤港澳大湾区生产性服务业与制造业协同发展的机理分析及对策
　　——基于"一带一路"战略背景………………………李晓峰　徐　芳（99）
粤港澳大湾区税收合作的实证研究及启示
　　——以南沙自贸区税收专项调查为例
　　………………………凌　华　廖　丹　徐意如　张云慧　张仁寿（106）
粤港澳大湾区城市群产业协同创新发展机制及其若干对策探讨
　　……………………………………………王立安　温　馨　许晓敏（122）
粤港澳湾区科技创新要素流动和优化配置研究……………………………冼雪琳（130）
粤港澳大湾区金融、科技合作新路径…………………………黄　玲　夏明会（138）
粤港澳大湾区金融、科技合作新路径……………………官　华　唐晓舟　李　静（146）
粤港澳大湾区融入国家"一带一路"倡议的实施路径……………………刘慧琼（156）

基于 DEA 和 Malmquist 模型的粤港澳大湾区城市效率研究 …………… 王海飞（161）

第四编　融合发展篇

"一带一路"背景下粤港澳联合打造综合创新试验田研究 ………… 王　鹏　李　彦（173）
粤港澳大湾区环境治理合作的实践探索 …………………………………… 王玉明（183）
粤港澳法律服务业建设初探
　　——以律师合作为视角 …………………………………… 唐国雄　涂雨薇（195）
粤港澳休闲产业一体化发展战略研究 ……………………………………… 何丹华（203）
构建粤港澳大湾区软法机制的路径研究 …………………………………… 马蓉蓉（208）
推动合作制度创新，优化港珠澳三地"车辆过桥方案" ………………… 王　越（214）
粤港澳服务贸易自由化：理论、政策与实践 ………………… 陈　和　刘　远（219）
从城市文化名片评选与澳门记忆项目探讨大湾区文化共融 ……………… 杨开荆（228）
旅游之区域协作与澳门经济多元 …………………………………………… 关　锋（235）

第一编 总 报 告

基于大数据战略背景下构建粤港澳大湾区
指数评价体系研究

课题组*

摘 要：习近平总书记在香港亲自见证国家发改委和粤、港、澳三地政府共同签署《深化粤港澳合作 推进大湾区建设框架协议》以来，大湾区建设展现出勃勃生机。本文围绕深入贯彻党的十九大报告提出的"深化供给侧结构性改革""贯彻新发展理念、建设现代化经济体系"的精神，以及贯彻习近平总书记强调的"实施国家大数据战略加快建设数字中国"要求，课题组提出研究开发粤港澳大湾区指数评价体系的构想及建议。内容包括以国家大数据战略为指引，研究开发粤港澳大湾区指数评价体系，为粤港澳大湾区打造"世界级城市群晴雨表"。提出适时发布粤港澳大湾区分类指标指数的系列近期目标；提出筹建"广州国际证券交易所"，把广州打造成粤港澳大湾区国际债券市场、国际股票市场、国际银行中长期信贷市场的中期目标；提出粤港澳大湾区要力争成为数字化经济和数字化社会的示范区，引领数字化时代的远期目标；提出在成立粤港澳大湾区联席会议架构下，建议粤、港、澳三地政府共同出资或引进社会资金募集发起设立"粤港澳大湾区指数基金"等针对性强的建议。

关键词：大数据；粤港澳大湾区；指数评价体系；指数基金

为深入贯彻党的十九大精神，深化供给侧结构性改革，进一步提升粤港澳大湾区的国际影响力和辐射力，真实、动态地反映粤港澳大湾区在国际化、全球化中的经济竞争能力、营商环境和公共服务水平，课题组提出研究开发粤港澳大湾区指数评价体系的构想及建议。粤港澳大湾区指数评价体系包括：粤港澳大湾区发展总指数，反映科技创新能力的创新指数，反映经济发展环境的经济自由度指数，反映制造业活力的PMI指数（采购经理人指数），反映商业活力的商圈指数，反映交通基础设施、港口航运、现代服务业、公用事业等公共服务能力的公共服务效能指数，反映生态环境保护情况的生态指数，反映大湾区金融市场和服务水平的全球金融中心指数、大湾区幸福指数等分类指数。

---

* 课题组组长：张仁寿，广州大学现代产业学院院长、博士、教授，广东华南经济发展研究会会长。
课题组主要成员：张硕城、陈池、黄小军、杨林、夏明会、李栋、凌华。

一、粤港澳大湾区发展现状及面临的新挑战

(一) 粤港澳大湾区的基本概况

粤港澳大湾区地处中国南大门,包括珠三角9市和香港、澳门特别行政区,是我国开放程度最高、经济活力最强的区域之一,具备建成国际一流湾区和世界级城市群的良好基础。有关数据显示①,粤港澳大湾区涵盖广东省9座城市:广州、深圳、珠海、佛山、惠州、东莞、中山、江门、肇庆,以及香港特别行政区、澳门特别行政区,土地面积约5.6万平方千米,占全国国土面积的0.6%;2017年经济总量10万亿元,占全国的12.57%;常住人口6800万,占全国人口的4.9%,是继美国纽约湾区、旧金山湾区和日本东京湾区之后又一个世界级的大湾区。

(二) 粤港澳大湾区建设现状与面临的新挑战

2015年,"粤港澳大湾区"的概念在《推动共建丝绸之路经济带和21世纪海上丝绸之路的愿景与行动》中第一次被明确提出,近三年来逐步被提升到国家发展战略的高度。党的十九大报告指出:"香港、澳门发展同内地发展紧密相连。要支持香港、澳门融入国家发展大局,以粤港澳大湾区建设、粤港澳合作、泛珠三角区域合作等为重点,全面推进内地同香港、澳门互利合作,制定完善便利香港、澳门居民在内地发展的政策措施。"党的十九大期间又非常明确地提出,"通过各个方面包括国家层面,包括广东方面,香港方面,澳门方面共同努力,一定能够把大湾区建设得更好,为我国2020年全面建成小康社会、2035年基本实现现代化、21世纪中叶建成社会主义现代化强国做出大湾区应有的贡献"。粤港澳大湾区建设作为国家战略正式进入实质性实施阶段,党的十九大期间,明确提出了建设粤港澳大湾区的要求。表1是近三年来粤港澳大湾区发展进程及对应相关规划与政策核心文本。②

表1 近三年粤港澳大湾区相关规划文本

政策文件及相关规划	核心内容	进程
2015年,《推动共建丝绸之路经济带和21世纪海上丝绸之路的愿景与行动》	充分发挥深圳前海、广州南沙、珠海横琴、福建平潭等开放合作区作用,深化与港澳台合作,打造粤港澳大湾区	"粤港澳大湾区"概念第一次被明确提出
2016年,国家"十三五"规划纲要	支持港澳在泛珠三角区域合作中发挥重要作用,推动粤港澳大湾区和跨省、区重大合作平台建设	深化"粤港澳大湾区"平台建设

---

① 数据来源:广东省社会科学院《粤港澳大湾区建设报告(2018)》,社会科学文献出版社2008年版。

② 参见张日新、谷卓桐《粤港澳大湾区的来龙去脉与下一步》,载《改革》2017年第5期。

（续表1）

政策文件及相关规划	核心内容	进程
2016年3月，《关于深化泛珠三角区域合作的指导意见》	构建以粤港澳大湾区为龙头，以珠江—西江经济带为腹地，带动中南、西南地区发展，辐射东南亚、南亚的重要经济支撑带	以专门章节论述"打造粤港澳大湾区"
2016年11月，广东省"十三五"规划纲要	建设世界级城市群、推进粤港澳跨境基础设施对接，加强粤港澳科技创新合作	地方开始谋划"粤港澳大湾区"建设
2017年，全国"两会"《国务院政府工作报告》	研究制定粤港澳大湾区城市群发展规划	"粤港澳大湾区"被纳入顶层设计
2017年，党的十九大报告	要支持香港、澳门融入国家发展大局，以粤港澳大湾区建设、粤港澳合作、泛珠三角区域合作等为重点，全面推进内地同香港、澳门互利合作	
2017年7月，《深化粤港澳合作推进大湾区建设框架协议》	完善创新合作机制，促进互利共赢合作关系，打造国际一流湾区和世界级城市群	执行一年
2018年《粤港澳大湾区发展规划》	国家相关部门统一发布	即将公布

当前，对于粤港澳大湾区的研究已成为社会热点。通过百度搜索"粤港澳大湾区"主题词，可以找到约4270000个相关结果，可谓不计其数。研究粤港澳大湾区的学者、机构、社会组织众多。2015年，中山大学成立中山大学粤港澳发展研究院，2017年6月，广东省发改委、广东省港澳办、广东省社科院和南方财经全媒体集团共同发起组建的粤港澳大湾区研究院在广州成立，开始粤港澳大湾区的研究进程。我们利用大数据爬虫技术（Python网页爬虫）在中国知网以"粤港澳"为主题，抓取相关文献数据42158条，抓取范围包括硕士、博士学位论文、期刊、报纸、会议论文等。经过数据清洗，确定与"粤港澳"相关的文献1909条，占总抓取数据的4.53%（这是因为网络爬虫抓取数据时，只要文献内容中出现"粤港澳"就算一条，导致抓取的文献数据量极大，而标题含"粤港澳"的文献占比较低），与"港澳"相关的文献2527条，与"珠三角"相关的文献1576条，与"港澳台"相关的文献86条。重点分析"粤港澳"文献数据发现，学者研究"粤港澳"（粤港澳大湾区）课题呈现如下趋势（见图1）：2008年前，历年与"粤港澳"相关的学术论文（报纸、期刊等）均在50篇以内；2008年，《珠江三角洲改革发展规划纲要（2008—2020）》的发布，将珠三角9市与港澳的紧密合作纳入规划，粤港澳地区合作发展的国家政策开始出台，相关研究文献出现较大涨幅；到2017年，全国"两会"《2017年国务院政府工作报告》（简称《政府工作报告》）正式研究制定"粤港澳大湾区城市群发展规划"，当年的研究文献数量呈现"井喷式"增长，达到534篇，可见粤港澳大湾区的关注程度。

我们为进一步探究学术界（除报刊文献）当前对粤港澳大湾区的研究现状与研究方向，重点分析近10年（2008—2017年）的文献数据发现，除与国际三大湾区进行对比研究外，学者对粤港澳大湾区的研究主要集中在经济贸易领域、科技创新领域、文化产业领域、法律

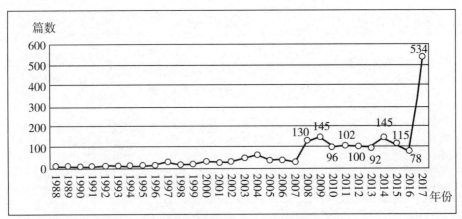

注：检索文献包含期刊、硕博论文、报纸等。

图1　以"粤港粤"为主题词检索文献数量分布

制度领域、金融领域交通领域、教育领域、服务制造业领域、旅游业领域等（见图2），以经济、科技创新、法律制度的研究文献居多。学者对粤港澳大湾区的内涵、建设意义、发展优势与挑战，以及具体到各个行业的协同发展的研究均已取得较好成效，成果显著。

图2　粤港澳研究文献集中效度图

国家发改委也在紧锣密鼓地制定《粤港澳大湾区建设发展规划》。然而，粤港澳大湾区建设最大的难点在于行政区划。粤港澳大湾区所在的珠三角9个城市和香港、澳门两个特别行政区分别属于"一国两制"范畴。那么，如何贯彻党的十九大报告精神？如何深化供给侧结构性改革？如何协调解决"一国两制"的制度性约束？如何贯彻落实新发展理念、建设粤港澳大湾区现代化经济体系？大数据时代如何引领和监测粤港澳大湾区可持续发展和健康发展？如何建立粤港澳大湾区统计调查体系和粤港澳大湾区数据库建设步伐，实现信息数据有效共享？如何提高粤港澳大湾区国际竞争力？要解决这些问题，亟待找到粤港澳大湾区建设的突破口和抓手。我们认为，粤、港、澳府际深度合作，联合研究开发粤港澳大湾区指数评价体系是目前重要的突破口和主要抓手之一。

二、构建粤港澳大湾区发展指数评价体系的必要性和可行性

众所周知，指数评价体系（Exponential Evaluation Method）是指运用多个指标，多方面、多维度地对一个参评单位或对象进行评价的方法。构建粤港澳大湾区指数评价体系的必要性和可行性体现在以下六个方面。

第一，是贯彻党的十九大报告精神，深化供给侧结构性改革的必然要求。党的十九大报告把深化供给侧结构性改革摆在贯彻新发展理念、建设现代化经济体系这一重要部署的第一位。这是党中央在我国发展的重要时刻做出的重大战略性选择，符合国际发展大势和我国发展阶段性的要求。正如习近平总书记所指出的："我们要紧紧抓住经济调整的窗口期，扎扎实实推进供给侧结构性改革""如果我们在这个问题上不着力、不紧抓，一旦其他大国结构调过来了，我们就会在下一轮国际竞争中陷入被动。"因此，构建粤港澳大湾区发展指数评价体系是深入贯彻党的十九大精神，深化供给侧结构性改革的重要抓手。

第二，是贯彻落实新发展理念、建设现代化经济体系的必然要求。粤港澳大湾区包括广东省的广州、深圳、东莞、珠海等9个城市，加上香港、澳门。大湾区的经济规模、经济总量，以及丰富的人才资源，雄厚的物质基础，包括比较发达的交通网络，与国内、国外经济交往密切程度，与著名的纽约湾区、东京湾区、旧金山湾区等世界三大湾区相比，湾区在面积、人口、GDP规模上都可等量齐观。可以预期，在新发展理念的指引下，未来粤港澳大湾区将会成为我国现代化经济体系的重要组成部分，成为一个重要的科研基地和研发中心，成为中国一个新的增长极。因此，迫切需要构建和发布粤港澳大湾区指数评价体系，来指引和监测粤港澳大湾区可持续发展和健康发展。

第三，是贯彻习近平总书记所强调的"实施国家大数据战略加快建设数字中国"的要求，也是大数据时代信息资源共享的需要。习近平在2017年12月8日就"实施国家大数据"战略进行第二次集体学习时强调，大数据发展日新月异，我们应该审时度势，精心谋划，超前布局，力争主动实施国家大数据战略，加快建设数字中国。"巧妇难为无米之炊"，无论是研究粤港澳大湾区指数评价体系，还是编制粤港澳大湾区发展规划，或是粤港澳大湾区建设的其他理论研究，或是政府部门的科学决策，都迫切需要大量数据的支撑，需要实现大数据时代的信息资源共享。因此，应以粤、港、澳三地联合研究开发粤港澳大湾区指数评价体系为主要抓手，着手研究和部署，加快建立粤港澳大湾区统计调查体系和粤港澳大湾区数据库，加快完善数字基础设施。

第四，是打造世界级城市群，造福香港同胞、澳门同胞，提高粤港澳大湾区国际竞争力的需要。粤港澳大湾区是中国建设世界级城市群和参与全球竞争的重要空间载体。通过粤港澳大湾区建设，支持香港、澳门进一步融入国家发展的大局当中，并且在这个过程中，更好地促进香港、澳门发展，也包括广东地区，特别是珠江三角洲地区的发展，从而更好地造福香港同胞、澳门同胞，提高珠三角地区国际竞争力。

第五，是沟通协调处在"一国两制"大湾区11个城市的特殊性的非行政纽带的需要。粤港澳大湾区的珠三角9个城市和香港、澳门两个特别行政区，地处我国实行"一国两制"区域，以研究开发粤港澳大湾区指数评价体系为主要抓手，可以解决单纯依靠行政力量或市场力量解决不了的很多难题。依靠大数据资源开发合作，无疑是当前深化粤港澳合作的一大突破口。

第六，是大数据、云计算、"互联网+"，以及大湾区内部正在进行的"加快互联互通"，原本就有天然的人文地理优势和比较好的合作基础，为构建粤港澳大湾区发展指数评价体系，科学、及时、动态（按月、季）发布粤港澳大湾区总指数和各类指数提供了技术上、操作上的可行性。

三、粤港澳大湾区指数体系设置目标和思路

建立粤港澳大湾区指数评价体系的目的，就是要通过其指标体系反映粤港澳大湾区发展的状况，使其成为粤港澳大湾区发展的标杆性指数，为政府制定相关政策、企业投资者进行投资决策、消费者进行商品选购提供相关指引。到目前为止，我国还没有建立一套完整、全面的立足于大湾区发展变化的总指数和相应指标体系，只有零星的指数。如商圈魅力指数、商圈成长质量指数、商圈乐居指数等。基于粤港澳大湾区发展面临的新形势、新要求和新机遇，也基于更好地贯彻落实新发展理念、建设现代化经济体系的需要，我们探索建立标准化、制度化的粤港澳大湾区指数评价体系。

（一）总目标

研究开发粤港澳大湾区指数评价体系，为粤港澳大湾区打造世界级城市群"晴雨表"。把粤港澳大湾区建设成数字化经济和数字化社会的示范区，引领数字化时代潮流。

粤港澳大湾区指数评价体系发布大湾区指数，不是考核指标，只作为世界级城市群发展的引领和监测之用，所以要避免政府按照过去考核指标体系的设置套路。粤港澳大湾区只是作为总指数编制的载体或平台，以此来打造世界级城市群发展的"晴雨表"。在具体指标体系的构建上，更多的是参照PMI、经济景气指数的设计思路，指数值的高低仅表示繁荣或萎缩，监测的结果用于判断粤港澳大湾区城市群市场经济运行的态势。总指数设立50%为基准荣枯线，高于50%为运行形势向好，低于50%为运行形势向坏。虽然在指数的指标体系中可能涉及大湾区建设和管理方面的指标，但不主张将其作为大湾区本身好坏的评判标准。

（二）近期目标

在粤港澳大湾区总指数下设立创新指数、经济自由度指数、PMI指数、商圈指数、公共服务效能指数、生态指数、全球金融中心指数、幸福指数、会展指数、健康指数10个二级指标指数，构成指数体系，每个二级指标指数可独立使用，满足多层次的引领、监测服务需求。分类指标指数编制条件成熟一个，发布一个。

具体地说，除了开发上述粤港澳大湾区总指数外，必须分阶段、分期、分批发布各分类指标指数，成熟一个，发布一个指数。各分类指标指数具体功能对应如下：创新指数反映大湾区科技创新能力，经济自由度指数反映大湾区经济发展能力，PMI指数反映大湾区工业竞争力，商圈指数反映大湾区营商环境和商业活力，公共服务效能指数反映大湾区交通基础设施、港口航运、现代服务业、公用事业等公共服务能力，生态指数反映生态环境保护情况，全球金融中心指数反映大湾区金融市场和服务水平，幸福指数反映大湾区居民安居乐业。

因此，应着重从市场经济运作的宏观、微观两个层面和政府部门、企业经营者、居民消费者、社会组织及研究机构四个主体所关注的市场经济运行实际状况和前景预期入手，系统地设置指标体系。宏观层面主要是指粤港澳大湾区的整体层面，主要用粤港澳大湾区市场经济发展的整体性指标来描述，其监测结果要有利于四个主体，特别是政府，及时了解粤港澳

大湾区市场经济的整体发展情况。微观层面是指企业、消费者、社会组织及研究机构层面，主要从企业经营者、消费者、社会组织及研究机构角度来反映大湾区市场经济的运行情况，其监测结果要有利于四个主体，特别是企业经营者、消费者和社会组织，以便及时了解大湾区的微观层面的发展情况。

（三）中期目标

发布粤港澳大湾区国际资本市场的"广州指数"，即把广州打造成粤港澳大湾区的国际债券市场、国际股票市场、国际银行中长期信贷市场。

借助粤港澳大湾区国家战略实施的契机，强烈呼吁国家发改委将筹建的"广州国际证券交易所"纳入《粤港澳大湾区建设发展规划》中，并尽快审批并着手筹建"广州国际证券交易所"，使之成为继上海、深圳之后的国家第三家证券交易所，与上海证券交易所、深圳证券交易所错位发展。

广州是广东省省会、国家中心城市、超大城市，南部战区司令部驻地，是国务院定位的国际大都市、国际商贸中心、国际综合交通枢纽、国家综合性门户城市、国家历史文化名城。从秦朝开始，广州一直是华南地区的政治、军事、经济、文化和科教中心。广州从3世纪30年代起成为"海上丝绸之路"的主港，唐宋时期成为中国第一大港，明清两代成为中国唯一的对外贸易大港。

广州被全球最权威的世界城市研究机构GaWC（全球化与世界级城市研究小组与网络）评为世界一线城市。广州总部经济发展能力、甲级写字楼总存量均居全国前三。在广州投资的外资企业达3万多家，世界500强企业达297家，其中120家把总部或地区总部设在此。广州互联网企业超过3000家，微信、唯品会、YY语音、酷狗音乐、网易、UC浏览器等均在此诞生，网络游戏产业营收占全国近三成。广州硬科技发展指数居全国前三，2016年，高新技术企业增量居全国第二，仅次于北京。联合国报告指出，广州人类发展指数居中国第一。广州拥有82所高校，在校大学生总数达113.96万，数量居全国第一；集结了全省97%的国家重点学科、70%的科技人员和95%的博士；各级重点实验室数量均居全省第一；科技创新获国家级、省级科技奖励占全省过半；并建有华南规模最大的科技企业孵化器集群。

设立广州国际证券交易所是深入贯彻党的十九大精神，深化供给侧改革的重要举措，更是贯彻落实新发展理念、建设现代化经济体系的题中之意。广州国际证券交易所能够更广泛地吸引国外资本或国际资本，提高资本使用效率及跨空间调配速度；能够降低融资成本，提高粤港澳大湾区内外企业资金运作效率；能够通过发行国际证券或创造新的金融工具，提高国内企业直接融资比例，改善和优化资本结构，促进实体经济的发展。

（四）远期目标

2025年，通过努力，在大湾区建立中国乃至亚太地区最先进的数据库和数据处理中心，把粤港澳大湾区建设成数字化经济和数字化社会的示范区，引领数字化时代新潮流。

四、指数评价体系涉及的统计指标的设计原则

（一）科学性原则

编制粤港澳大湾区指数各项指标的概念、含义、范围必须清晰地界定，指标体系要科学客观反映其与各子系统指标间的相互关系。指标体系应尽可能全面体现粤港澳大湾区的科技创新、金融发展、社会经济发展、公共服务水平等属性，客观性指标和主观性指标相结合，从多层面、多视角、多主线反映粤港澳大湾区建设运行有关情况，全面、综合、真实地反映粤港澳大湾区市场经济运行态势。具体指标可根据实际需要适时进行必要的调整更换，使指标体系能进行动态的修正和完善。

（二）适用性原则

随着粤港澳大湾区经济社会发展，新兴业态不断涌现，新的经济增长点也在不断产生。作为粤港澳大湾区的"晴雨表"，粤港澳大湾区指数指标体系不仅适用于粤港澳大湾区平台，还适用于衡量其他国际湾区平台，使之成为大湾区平台运行的国际指数评价体系，以便我们以后在运用过程中可以与其他大湾区，如纽约湾区、旧金山湾区和东京湾区运行趋势进行监测和比较分析。我们在建立粤港澳大湾区指数指标体系的过程中，要根据大湾区所具有的普遍性特征，以及发展现状和发展趋势，对相关指标进行设计和严格筛选。

（三）可操作性原则

为了使粤港澳大湾区指数指标体系能够有效地付诸实施，选取的指标必须具有可操作性。第一，指标体系研究不能过于理论化，不能因追求完美而脱离现实。因此，设置的指标体系不能过于庞杂，反映每个二级指标指数的三级指标须控制在5～8个。第二，纳入该体系的各项指标要能够通过相对便捷的方式收集和汇总相关数据资料，现阶段获取难度较大的指标暂时不予考虑。第三，要保持指标数值相对的稳定性和可比性，避免因季节性因素而导致指数的大起大落。我们主张对这些指标均使用相对指标，基数选用上一年同期，而不是像PMI指数那样选用上月数作为对比基数。第四，考虑当前协调珠三角9个城市与港、澳的工作力度和适用要求，调查频度以选用季度为宜。第五，为便于汇总计算，对定性指标统一采用标准化赋值，对定量指标统一进行标准化处理。

（四）简明性原则

由于粤港澳大湾区指数是为多层次、多主体服务的，因此在指标的设置上必须简单明晰。第一，指标体系要层次清晰、构成简洁。第二，在指标选取过程中，尽量选取容易理解、经常使用、容易获取数据的指标。第三，遵从国际惯例，问卷调查的选项应简单，便于实际操作和比较分析，例如，在大湾区PMI指数和大湾区消费者调查问卷中，调查问卷的答案一般按照国际惯例采用李克特五级量表（Likert scale）。

五、指标体系的构建、权重设计、调查方法及表式

（一）指标体系的构建

为使粤港澳大湾区指数评价体系既能满足多方面评价的需求，又能客观全面地反映粤港

澳大湾区市场经济的总体发展现状和趋势，依据市场经济运作的两个层面、四个主体所关注的大湾区市场经济运行实际状况和前景预期，粤港澳大湾区总指数下设10个二级指标指数，分别为创新指数、经济自由度指数、大湾区PMI指数、商业指数、公共服务效能指数、生态指数、全球金融中心指数、幸福指数、会展指数、健康指数。根据指标设置原则，二级指标指数再分别设5~8个三级指标，共40~64个三级指标。目前，经济自由度指数、PMI指数两个二级指标指数国际上都有比较成熟的编制方法，例如，经济自由度指数，最早是由《华尔街日报》和美国传统基金会发布的年度报告，涵盖全球155个国家和地区，是全球权威的经济自由度评价指标之一，可以大胆借鉴采用。其他二级指数的编制主要参照国家统计局制订的模式进行设计，例如，国家统计局已经制订了《采购经理人指数（PMI）》的编制方法。

1. 大湾区创新指数

创新指数是反映大湾区以上市公司为主体的创新能力的指数。为了响应"全面贯彻党的十九大精神，建设创新型国家"的号召，配合国家自主创新战略的实施，促进我国科技事业的发展，全面反映大湾区自主创新型企业的整体表现，编制出创新指数。创新指数主要从以下五个维度来衡量：

（1）创新资源投入能力：是自主创新的基础和推动力。从创新人员和资金方面多层次考察自主创新的基础投入。

（2）协同创新攻关能力：是自主创新的重点和核心。考察不同地区对重大科学研究攻关的组织水平和资源调度能力。

（3）创新技术实现能力：从创新直接成果角度，考察技术层面研究成果的社会和市场认可。

（4）创新价值实现：反映创新是否有效转化为生产力，带动生产率提高和价值增值。

（5）创新人才实现：人才培养是自主创新重要成果，从数量和效率考察。

2. 大湾区经济自由度指数

把大湾区作为一个经济体，大湾区经济自由度指数编制可以借鉴世界经济自由度指数编制方法。

世界经济自由度指数采用百分制（0~100）的评分办法，将有关经济自由度测评的10个大类指标逐一评定。在计算出各个大类指标得分后，进行简单平均，即得出某一经济体的该指数。得分越高，说明经济自由度越高；反之，则经济自由度越低。依据得分情况，各个经济体被列入五个不同的自由度区间，即"自由经济体"（得分在80~100）、"较自由经济体"（70至低于80）、"中等自由经济体"（60至低于70）、"较不自由经济体"（50至低于60）和"受压制经济体"（0至低于50）。

3. 大湾区PMI指数

采购经理人指数，是衡量一个大湾区制造业水平的"体检表"，是经济先行指标中一项非常重要的附属指标，是衡量制造业在生产、新订单、商品价格、存货、雇员、订单交货、新出口订单和进口等八个方面状况的指数。以采购经理人指数为核心的指数体系在全球获得了广泛的应用，包括世界八大工业国在内的20多个国家先后引入了该指数体系，著名的德国PMI制造业采购经理人指数和芝加哥采购经理人指数更是备受关注。粤港澳大湾区PMI可以采用国家统计局制定的《采购经理人指数（PMI）》编制方法。针对粤港澳大湾区经济总体发展和制造业发展的实际情况和需求，构建粤港澳大湾区 PMI 指数体系，研究样本企业的抽样方法，从而实现粤港澳大湾区采购经理人指数的按月发布，达到实时动态监测粤港澳大湾区制造业运行情况和预测未来走势的目的，使其成为粤港澳大湾区制造业的"晴雨表"和"报警器"，为粤港澳大湾区市场经济持续稳定健康发展服务。

4．大湾区商业指数

大湾区商业由核心商业圈、次级商业圈和边缘商业圈构成。大湾区商业指数目前还没有一套成熟的编制原理和方法，期待广东省政府或省社科联等相关部门在 2018 年度着手立项研究开发解决。广州是千年商都，大湾区商业指数在广州发布是名副其实的。

大湾区商业指数应该有反映商业的综合发展、总体经营、客流、配套设施等商业成长性方面的指标；有反映经营者的预期、经营状况、满意度等方面的评价指标；有反映消费者对购物环境、消费意愿、商家服务等方面的评价指标。

5．大湾区公共服务效能指数

从百度词条搜索，只有"公共服务综合绩效指数"。因此，公共服务效能指数也是待研究开发的新指数，目前还没有一套成熟的编制原理和方法。期待广东省政府或省社科联等相关部门于 2018 年度着手立项研究解决。

大湾区公共服务效能指数应该反映包括基础教育、公共卫生、社会保障、基础设施、公共安全、环境保护和一般公共服务等维度的指标。

6．大湾区生态指数

大湾区生态指数的编制，可以借鉴地球生态指数编制方法。人类对地球生物资源的需求——人类生态足迹，现在已经超出了地球再生能力的 30%。全球性的生态超载正在增加，结果造成生态系统退化和废物累积在空气、土地和水体中。由此产生的森林砍伐、水资源短缺、生物多样性减少和气候变化等问题使得所有国家的福祉和发展的风险增加。世界自然基金会早在《2006 地球生命力报告》中就将各方面数据综合为反映地球生态状况的两个指标：一是生命地球指数，另一个是生态足迹指数。大湾区生态指数目前也还没有一套成熟的编制原理和方法，同样期待广东省政府或省社科联等相关部门在 2018 年度着手立项研究开发解决。

7．大湾区全球金融中心指数

大湾区全球金融中心指数反映大湾区"金融市场"和"服务水平"。大湾区目前拥有香港和深圳两大证券交易所，加上预期建设中的广州国际证券交易所，三大证券交易所联合发布大湾区全球金融中心指数指日可待。可以借鉴伦敦金融城开发并发布的全球金融中心指数的编制方法，该指数是全球最具权威的国际金融中心指标指数，评价体系涵盖人员、商业环境、市场准入、基础设施和一般性征例五大指标。

8．大湾区幸福指数

"幸福指数"是衡量人们对自身生存和发展状况的感受和体验即"人们的幸福感"的一种指数。大湾区幸福指数目前也还没有一套成熟的编制原理和方法，期待广东省政府或省社科联等相关部门于 2018 年度着手立项研究开发解决。

此外，还列比编制大湾区会展指数、大湾区健康指数等。

（二）指标权重的确定

粤港澳大湾区指数指标体系权重的确定，我们主张采用专家评测法，由多位专家根据指标的重要性等因素，对各级指标进行评估给出权数。再综合汇总反馈各方面专家的意见，反复多次修正，最终确定各项三级指标和二级指标的权重。也可以采用层次分析法（AHP）确定粤港澳大湾区指数指标体系的权重。粤港澳大湾区指数指标体系及权重设计如下所示：创新指数（20%）、经济自由度指数（10%）、PMI 指数（10%）、商业指数（10%）、公共服务效能指数（10%）、生态指数（15%）、全球金融中心（15%）、幸福指数（10%）。三级指标权重的确定还需要多次专家论证。所有指标采用可比口径，按调查期统一计算。

（三）调查方法体系和表式设计

调查方法体系，包括调查样本的选择、调查问卷的编制、问卷调查的实施、扩散系数的计算和调查报告的编制。在大数据时代背景下，不同的分类指标指数编制，数据要求不一样，选用调查方法和表式也有差异。本文仅以编制粤港澳大湾区 PMI 指数为例，PMI 指数体系的编制过程可以根据流程分为调查问卷的编制、调查样本的选取、问卷调查、扩散系数的计算和调查报告的编制等六个步骤。对调查方法和表式进行如下设计：

1. 调查方法

（1）企业及个体经营户调查方法。限额以上企业（个体经营户）经营情况数据取自大湾区"9+2"城市数据采集平台。限额以下企业（个体经营户）经营情况数据取自"大样本"调查结果。

（2）企业经营者抽样方法。大样本量及样本结构：企业经营者样本 11000 个（其中正选样本 10000 个，备选样本 1000 个），样本的选取以其所属企业经营规模（营业收入）为依据。根据实际情况需要适时轮换样本，进行样本轮换时，要注意调查的连续性和调查结果的可比性。

（3）调查主体。为第三方调查机构，可以采用购买服务的模式。

（4）数据获取和数据处理。采用大数据挖掘技术。数据挖掘是指人们从自身感兴趣的知识与数据中挖掘出潜在的、隐含的未知有用信息，信息提取的过程被称为数据挖掘。大数据作为互联网发展到当前的一个显著趋势，与云计算、物联网等技术共同构成了新的网络发展潮流。数据挖掘作为一门交叉学科，涉及数据可视化、统计学、高性能计算、人工智能、模式识别、机械学习、归纳推理、数据库等诸多技术，在应对当前快速发展的各行各业大规模数据处理与分析方面具有显著优势。

2. 调查表样式（略）

（四）调查对象、调查内容、计算方法

调查的对象为粤港澳大湾区的企业（含个体经营户）、企业经营者、消费者。调查内容主要包括：企业（个体经营户）的新订单、产量、就业、库存、供应商配送等。计算方法在数据处理上，采用国际通用法，即单个指数采用扩散指数方法，综合指标采用加权综合指数方法。

六、保障措施及对策建议

为顺利研究开发粤港澳大湾区指数评价体系，提出如下保障措施及对策建议：

第一，设立粤港澳大湾区指数基金。在成立粤港澳大湾区联席会议架构下，建议粤、港、澳三地政府共同出资或引进募集社会资金，发起设立粤港澳大湾区指数基金。该"指数基金"的成立,在组织上和研究开发经费上给予了粤港澳大湾区指数评价体系保障,同时也保证其权威性和可信度。具体指数的编制工作可以以向有资质的第三方购买服务的方式提供。

第二,制定《粤港澳大湾区数字化发展战略》,把大湾区建设成中国数字经济和数字化社会示范区。一是要适应大数据时代的要求,加大数字化基础设施的投入力度,在粤港澳大湾区建立中国最大、最先进的数据库和数据处理中心,并完善政府数据共享平台的建设。政府的基础数据资源,有它独有的特点和极高的社会认可度,可以作为纽带关联整合各部门的数据资源,完善政府数据共享平台的建设。作为政府对社会公众开放的数据平台,其数据必须是合法、可靠、真实的,针对部门间信息共享力度不够,需加强协同监督。二是要以广州为中心,充分发挥广州云计算平台硬件基础设施的作用。

第三,构建独立于政府体系以外的配套指数调查制度体系。粤港澳大湾区总指数下设10个二级指标指数,每个二级指标指数再下设若干三级指标。指标的数据来源,一部分可以直接取自现成的政府部门统计数据(需要按照统一口径进行换算),另一部分需要通过专门的第三方独立统计调查才能取得。为了保持基础数据来源的稳定性和连续性,我们还需要建立完善相关的大湾区统计调查制度体系,并由第三方机构严格按调查制度独立实施有关调查,避免人为干预,确保数据客观、真实、可靠,以提高大湾区指数评价体系的科学性、权威性、可靠性和可信度。

第四,大湾区数据统一管理,实现数据共享。由于政府掌握的权力的特殊性以及其市场监管者的地位,使得其较之一般企业、公众掌握着更多的市场交易信息,从数据的类型来看,大致拥有五类独特数据,分别为:政府资源有权力采集的数据,如资源类、税收类、财政类等;政府资源有可能汇总或获取的数据,如建设部门、农业部门、工业部门等;因政府发起产生的数据,如城市基建、交通基建、医院、教育师资等;政府监管职责信息,如人口普查、食品药品管理等;政府提供服务消费和档案数据,如社保、水电、教育信息等。这些数据涉及的部门多、类型及数量巨大,必须由专门机构对相应数据进行归总处理,对数据依据相应的规则进行统一管理,更好地实现数据共享。数据的时效性直接影响数据的质量,数据的共享不能简单把数据进行堆集,需要科学的方法进行筛选和更新。每个提供数据的部门需要对数据时效性问题进行分析判断,按照数据的种类、性质等因素进行划分,遵照统一的数据共享机制,制定保障数据有效性的更新规划。

第五,充分利用"互联网+",提升粤、港、澳三地政府服务效率。

(1)线上线下的关系:线上政务服务功能的实现,为公众申请服务提供了便捷,是线下窗口式的政务服务功能的扩充,而不是替代。例如,有一些需要身份认证、现场核实、实地勘查的工作没法在线上完成,必须在线下实现。线上与线下的工作相结合,不能偏颇,必须不分轻重,两手抓服务。

(2)应用平台前台与后台的关系:网上政务服务平台的前台,主要有用于发布信息公开、实现政民互动、提供服务审批接口等功能,需做到信息公开透明、操作简单易懂。与前台的公开要求相反,应用平台的后台要求信息保密,数据安全,保证应用系统的网络安全不被攻破,保证系统中数据的安全不被泄露。前台的公开特点与后台的保密特点并不冲突,但需要技术人员与工作人员的重视。

(3)公众与政府的关系:公众是服务的申请者,而政府是服务的提供者,同时也是管理者。公众可以通过互联网随时随地申请政府服务;政府为公众提供高效率高品质的服务的同时，需要做好信息审核，保证公众提交的信息准确、合法、真实。

参考文献：

［1］习近平. 决胜全面建成小康社会 夺取新时代中国特色社会主义伟大胜利：在中国共产党第十九次全国代表大会上的报告［R/OL］. http：//www.xinhuanet.com/politics/19cpcnc/2017－10/271C_1121867529.htm.

［2］习近平. 实施国家大数据战略加快建设数字中国［N/OL］. http：//www.xinhuanet.com/politics/2017－12/09/c_1122084706.htm.

［3］国家发展与改革委员会. 深化粤港澳合作　推进大湾区建设框架协议［N/OL］. http：//www.pprd.org.cn/fzgk/hzgh/2017/t20170704_460601.thm.

［4］广东省社会科学院. 粤港澳大湾区建设报告（2018）［M］. 北京：社科文献出版社，2018.

第二编　创新发展篇

充分利用粤港澳大湾区"2·2·3"特点求同扬异形成混合创新优势

陈 池[*]

粤港澳大湾区将成为继纽约湾区、旧金山湾区、东京湾区之后又一个国际大湾区，世界级城市群。我们要通过体制机制创新和科学发展，把粤港澳大湾区打造成"三个基地、三个高地、三个胜地、四个中心、四个功能"。三个基地是：世界新兴产业基地，先进制造业基地，现代服务业基地。三个高地是：教育高地，科技高地，文化高地。三个圣地是：创业胜地，旅游胜地，宜居胜地。四个中心是：国际科技创新中心，金融中心，航运中心，商贸中心。四个功能是：辐射泛珠三角乃至全国的重要功能，中国吸引外国资本和推动中国资本走向世界的重要功能，自由贸易区的重要功能，中华民族伟大复兴的综合试验的重要功能。

粤港澳大湾区具有"2·3·3"（一国两制，三个关税区，三种货币）的特点。这种特点是世界上其他大湾区没有的，既是粤港澳大湾区的优势，也是劣势。因此粤港澳大湾区创新发展思路是：扬长补短，求同联动。我们不必要走纽约、旧金山、东京世界三大湾区的老路，而要充分利用"一国两制"、三种关税区、三种货币的特点，既求同，又扬异，形成混合优势。

一、求异：扬各所长，创新发展，创造竞争红利

（一）求异竞争是强大驱动力，粤港澳要扬己所长

粤港澳大湾区与世界其他大湾区相比，最大的优势是"2·3·3"。这种结构具有多元性、混合性、开放性、灵活性、竞争性的特点，形成超强的资源配置能力，更能扬己所长。比如，有的事情香港来做合适，有的事情广东来做有利。但是，目前对粤、港、澳的地位和功能有不同的看法：一种观点认为，港澳的地位特殊，粤港澳大湾区要依赖香港，靠香港来带动；另一种观点认为，港澳已经衰落，地位下降，带动能力弱。我们要科学认识粤、港、澳三地的地位和功能，要扬长补短，发挥各自的优势，在求异和求同中发展。

1. 香港

香港是全球著名的自由港，最自由的经济体之一，有很多独特的优势，如经济高度自由开放，要素自由流动，营商环境便利。还有"一国两制"的优势。"三个中心"（重要的国际金融、航运、贸易中心）不容置疑，香港是内地和国际市场的重要"联系人"和"连接点"。但是，近年来香港制造业"空心化"，缺乏发展的空间和配套的产业链，三大中心地

---

[*] 陈池，广东省政府参事。

位也面临挑战，香港只是其中一个重要通道。我国加入 WTO，尤其是推进"一带一路"倡议后，广东对外的经济联系多元化。目前，广州、深圳的经济总量不断增大，金融、航运、贸易不断发展，竞争力明显提升，经济带动能力增强。

2. 澳门

澳门目前已形成"一中心一平台"，即国际旅游休闲中心，中国与葡语国家商贸合作服务平台。澳门有世界著名的旅游业、酒店业和娱乐城，长盛不衰，因此，要继续提升澳门作为国际旅游休闲中心的档次。澳门与葡语国家结下不解之缘，由中国主办，葡萄牙、巴西等葡语国家参与的中葡论坛的秘书处常设在澳门，因此，要提升澳门作为中国与葡语国家商贸合作服务平台的地位。

3. 广东

改革开放后，广东经过多年的发展，在现代制造业、商贸、航运、服务业、科技创新等方面有深厚的基础。广东被定位为"国家科技产业创新中心"，珠三角是国家自主创新示范区，珠江两岸一些城市将成为大湾区的重要增长动力。广州是世界著名的千年商都，目前被定位为"全球城市"，是国家重要的中心城市，是"一带一路"倡议实施的重要枢纽城市，在现代制造业、现代服务业、新兴产业和科技创新等方面实力雄厚，是珠三角的龙头，在粤港澳大湾区中将发挥核心增长极其重要的作用。近期，广州将筹划一批重大项目。如，南沙国际航运中心、广深港高铁纳入粤港澳大湾区，加快建设一批跨区域交通基础设施，推进粤港产业深度合作园等重大产业合作平台的形成。目前，正在打造中国的"硅谷"——100多千米的"广深科技创新走廊"。深圳毗邻香港，作为打造粤港澳大湾区建设在投资贸易、科技创新、规则制定等领域的新引擎。前海和落马洲河套地区的发展充分体现了深圳的新引擎功能。前海新引进汇丰前海证券等港企2400多家，新孵化港澳青年创新创业团队81个，新启动深港设计创意产业园建设；深港共建的落马洲河套地区，还将建立大型科技创新园区。佛山，是打造粤港澳大湾区的枢纽城市。东莞，是打造粤港澳大湾区先进制造业中心。珠海，随着港珠澳大桥的开通，将产生更大的辐射带动作用。此外，湛江史称广州湾，有难得的深水良港。汕头，是重要的港口城市。以上三个层次都是广东省的副中心，对促进粤港澳大湾区发展中的作用也必不可少。

（二）粤港澳既要错位竞争，也要同位竞争

市场经济竞争无所不在，即使在大湾区内部也要开展竞争，这是动力。粤港澳根据各自的长处开展错位竞争是必要的，同位竞争也不可或缺。比如，金融、航运、商贸，香港要继续保持优势，广东也要在这些方面加快发展，形成粤港竞争的态势，但是要避免恶性竞争，最好是能形成合力。

二、求同：对接联动，协同发展创造合作红利

（一）合作力比竞争力更强大

"2·3·3"是粤港澳大湾区的优势也是难点，存在多方面的阻隔，难以协调，因此，要形成命运共同体的意识，遵循共生、共建、共享、共荣的发展理念，加强合作，取长补短，对接联动。从某种意义上说，合作力比竞争力更重要，合作可以降低竞争的成本，更具有可持续性。党的十九大提出，要支持香港、澳门融入国家发展大局，以粤港澳大湾区建

设、粤港澳合作、泛珠三角区域合作等为重点，全面推进内地同香港、澳门互利合作。

三地合作空间很大。粤、港、澳可以相互学习，补己之短，共同打造粤港澳合作的"3.0版本"，迈向科技创新、和谐融合的新阶段。香港发展空间小，可以把香港的一些产业放到粤港澳大湾区去发展。粤港发达的现代服务业可为广东的制造业提供金融、会计、法律、贸易、物流等有力的支撑，实现湾区服务业和制造业的有机结合。港澳社会保障也比较好，香港60%的居民可以住进政府提供的保障房，居民可以到政府开办的公立医院基本免费就医，义务教育比较完善等。香港特首说，推动香港的医疗、教育到粤港澳大湾区发展。广东更要借鉴港澳的做法，把医疗体系建设完善。

（二）从6个重要方面对接整合联动

粤、港、澳三地的对接整合联动要以组织机制（如政府组织、民间组织）、规划规则（如产业规划、行业规则）、合作平台（包括实体的、虚拟的）为载体，要从教育、医疗、经济发展、社会保障、文化等6个方面全面对接联动共享。此外，在"六个对接"的基础上还要利用粤港澳大湾区"一国两制"的优势，辐射内外的功能，做到内外两方面的对接：一方面，对内，大湾区要通过各种方式主动对内投资，同时吸引泛珠三角乃至全国资本进入大湾区，发挥辐射带动作用；另一方面，对外，通过创造良好的国际营商环境，吸引外国资本，尤其是世界著名企业进入大湾区，同时推动中国企业与世界接轨，走向世界。

1. 市场对接整合联动，打造开放竞争统一的市场体系

粤、港、澳三地市场存在行政分割和市场壁垒，无论商品市场，还是要素市场如劳动力、资金的流动都存在很多的障碍。因此，要进一步打破行政区域分割和市场垄断，推动市场统一融合，资源高效配置，形成人流、物流、资金流和信息流市场驱动、自由流动、高速流转的格局。要清除阻碍市场竞争和统一的藩篱，放宽市场准入，创造与国际市场接轨的营商环境。尽快制定统一的市场法规，培育规范的市场秩序。要加快对港澳服务业开放的力度。在市场对接中要特别重视人才市场的对接，推动劳动力自由流动。广东可以先走一步，通过政府补贴、放宽购房条件、建立基地条件等，吸引港澳有创新精神的优秀人才到大湾区创业。当务之急是出台粤港澳居民自由进出三地的便利化措施，尽快实现粤港澳口岸通关便利化，重点解决港澳居民在内地发展碰到的障碍，如港澳人员来粤工作的住房、子女教育、社会保障等具体问题。

2. 产业对接整合联动，打造世界级产业集群

要科学规划和布局粤港澳大湾区的产业，同时依靠"负面清单"制度和市场的力量推动产业布局的形成。要根据大数据、大智能、大服务、大生态、大文化、大教育、大旅游、大健康、大安全、大环保十大产业趋势，推动三地产业协调配套，形成完整的产业链。着力打造现代制造业、现代服务业、战略新兴产业，如智能制造、新一代的信息技术、生物技术、高端装备、新材料、新能源、节能环保、数字创意、医疗和养老相结合等产业集群。粤港澳大湾区的一个重要优势是制造业。改革开放以来，广东一直重视实业发展，与全国其他省市相比，广东制造业比重高，实力雄厚，计算机、通信、电子设备制造、电器机械和器材制造等竞争力比较强，可在这些领域加快科技创新，增加附加值，打造品牌，迈向产业链高端，尽快形成世界级产业集群。尤其是人工智能蓬勃发展可助力粤港澳大湾区形成全球智能制造中心。此外，粤港澳大湾区拥有世界较大的海港群和空港群，要通过整合共建，将粤港澳大湾区打造成世界级的航运物流中心。金融业也是粤港澳大湾区的一个优势，香港是国际

金融中心，广州、深圳的金融业近年来发展很快，一旦三地联手，就会形成强大的辐射能力。因此，要推动三地金融业双向开放、互联互通，将其打造成辐射东南亚、服务全球、具有世界影响力的国际金融中心。促进大湾区内的金融机构相互进入，建立大湾区各方金融企业资质互认制度；打造香港的全球离岸人民币业务枢纽功能，建立国际离岸金融中心；组建粤港澳大湾区发展基金，支持三地的重大项目和重大问题的研究开发；筹备设立粤港澳大湾区发展银行。粤港澳大湾区还有一个重要优势是旅游，三地旅游资源丰富多样，旅游人数和旅游收入都在全国领先，要加强三地旅游资源整合，形成一体，提升档次，打造品牌。总之，当前首先要加快粤、港、澳三地空港、海港、高铁、城轨、地铁等基础设施建设和对接。

3. 机制对接整合联动，打造运作有序高效的共同体

搭建多层次、多渠道的对话机制。在政府层面，搭建粤港澳合作机制，包括沟通机制、议事机制、协调机制、决策机制、执行机制、评估机制、反馈机制；在民间层面，形成各种各样的咨询会、商会、协会、促进会、研究会等组织。逐步消除各种障碍，建立无边界、无障碍的体制和机制，制定粤港澳间统一的运作规则，形成各种规则互相衔接的良好协调机制，消除企业在粤港澳大湾区内在投资、企业机构间合作、资质互认、金融合作等与营商密切相关的微观活动上的制度障碍和壁垒。对一些重要的活动，可组织粤、港、澳三地联合制定行动规划和方案，协同处理。在取得经验的基础上，逐步形成规范的制度。也可以考虑粤、港、澳三地共同建立合作园区等多样化的平台，探索三地联动的体制和机制。

4. 信息对接整合联动，打造全球大数据平台

建立粤、港、澳三地共享的大数据平台。尽快打通大湾区和其他地区的互联网联系，保障大湾区内各地区之间互联网信息交流畅通无阻。要大力促进新一代信息产业发展，推动人工智能与现代制造业、现代服务业和战略新兴产业的大融合，加快产业升级，提高竞争力。粤港澳大湾区应加强在云计算、大数据、区块链以及互联网等领域的合作交流，发展粤港澳大湾区的智慧城市群。近年来，珠三角9市在软件信息服务业、电子信息制造业一直稳居全国第一，信息化发展接近世界先进水平，要发挥粤、港、澳三地的优势，打造全球大数据平台。近期，要尽快建立粤港澳大湾区指数评价体系。

5. 科教对接整合联动，打造世界一流的创新高地

打造科技创新高地。一是加强基础研究，攻克关键技术。二是加快建立产学研联动体系，协同创新中心、文化科技产业联盟。推动粤、港、澳三地智库的合作与交流。三是打造具有国际影响力的科技产业创新中心，形成广深科技创新走廊，使之成为与美国硅谷、波士顿区相媲美的全球创新高地，中国的"硅谷"。在这方面美国有许多成功的做法。第一，创新的氛围浓厚，有一批有创新精神、有创意的人才；第二，大学的研发力量雄厚，如斯坦福大学、旧金山大学等；第三，有众多的创新创业的公司；第四，有活跃的风投机构和天使投资人；第五，有完善的退出机制；第六，有科学的组织形式，如创业人员占有股份。我们可以借鉴上述经验加快打造大湾区"硅谷"的进程。

培育教育高地。一要组建粤港澳大湾区创新大学。既然是创新大学，就需用改革创新思路办学。从改革来看，要以民办的方式来组建新的大学，用民营的形式来管理，要吸引有实力的民营企业捐资办学并参与管理。从创新来看，要以创新来定位大学的发展方向。首先是"创新、创意"，培育自由、宽容、风险、创新意识。其次是"创客、创业"，通过创客把创

新、创意转化为创业。工业社会强调的是资本是企业家。现在是信息社会,要强调创新,充分发挥创客的功能。最后是"学研创、市场化",创新大学要"学、研、创"三位一体:第一,文理结合,互相渗透,混合生长;第二,大众教育与精英教育相结合,现在中国的大学主要还是大众教育,而且是批量的大众产品,个性和创新不足,因此,要重视创新人才教育,重视精英教育,教育要有个性、创新;第三,学业与创业相结合,如斯坦福大学老师带头创新创业,学生主动创新创业,把科技成果推向市场。最近筹建的雄安大学和浙江西湖大学值得我们借鉴,雄安大学要建成世界一流大学,西湖大学定位为研究型大学,粤港澳大湾区大学则要办成创新型大学。二要共享粤港澳大湾区大学资源。粤港澳大湾区拥有一大批实力雄厚的大学,其中有四所进入世界大学百强,要加强三地教育系统的合作和联系,为区内的教育交往提供更便利的条件。推动粤、港、澳三地教育资源共享,比如,共享网络图书资源、共享教师资源、共享实验室等。创造条件组建粤港澳大湾区大学。打造大湾区人才高地,建立人才联合培养和共享机制,着力培养本土人才,同时吸纳大湾区发展急需的高端人才。三要引进世界知名大学到粤港澳大湾区办学。

6. 文化对接整合联动,建立高质生活区,形成中华民族的精神家园

要把粤港澳大湾区建成中华民族的精神家园。三地同根同源,有共同的文化基因,应形成我们共同的文化声音和品牌。首先要培育传统文化精神,儒学、道学、佛学是中国传统文化的重要组成部分,体现了中国人的智慧。儒学阐述人与社会的关系,道学阐述人与自然的关系,佛学阐述人内心的关系,这就为我们解决好人与社会、人与自然、人内心的矛盾提供了中国的智慧。其次要培育现代文化精神,如公平竞争、民主法制、自由自主,等等。学习和借鉴国外先进的标准化经验,全面提升大湾区文化产品和文化服务的国际竞争能力,充分利用大湾区媒体资源,积极传播推广粤港澳大湾区的品牌形象,要把粤港澳大湾区打造成以中华文化为主、多元文化并存的世界文明高地。

要把粤港澳大湾区打造成为工作便利、生活宜居、文明高雅的高质量生活圈。第一,逐步放宽粤、港、澳三地居民在大湾区任何一个城市工作和生活的限制,实现三地居民的自由工作、自由生活和定居。第二,培育面向全国乃至世界的医疗,与养老融为一体的高端区域。广东可借鉴港澳的做法:一是居民到政府办的公立医院就医,政府创造条件逐步免除基本医疗费(可先从60岁以上的老年人开始试点);二是把养老事业作为财政支出的重要部分;三是发展多样性的医疗,与养老融为一体的健康基地;四是动员社会各方力量,服务养老,培育众多的养老服务团队,尤其是民间团体和慈善机构;五是整合粤港澳医疗资源,建立三地医疗服务公共平台,面向粤港澳的居民,共享大湾区的医疗服务;六是引进港澳的医疗机构到大湾区建立分支机构。通过上述措施,可使粤港澳形成人居胜地。

粤港澳大湾区城市群的战略定位与协同发展

毛艳华*

摘　要：湾区经济是区域经济发展的高级形态，其本质是开放型经济和创新型经济。粤港澳大湾区城市群是我国开放程度最高、经济活力最强的区域，具备建成国际一流湾区和世界级城市群的良好条件。规划建设粤港澳大湾区城市群，既是粤港澳区域自身加快经济转型与调整产业结构的需要，也是助推中国提高全球竞争力和影响力的客观要求。在国家"双向"开放、"一带一路"建设和实现经济发展方式转变的战略背景下，粤港澳大湾区城市群要有更高的战略定位，要成为高水平开放的引领者、新经济发展的策源地和合作机制创新示范区。围绕粤港澳大湾区的战略定位，规划建设粤港澳大湾区城市群，将致力于把粤港澳大湾区发展成"一带一路"重要支撑区域、国际科技创新中心、全球最具活力经济区、世界著名优质生活圈、"一国两制"实践示范区。规划建设粤港澳大湾区城市群，应从凝聚区域合作共识、创新区域合作体制机制、培育利益共享产业价值链、共建湾区优质生活圈和完善城市群规划协调机制等五个方面入手，形成湾区协同发展的格局，加快把粤港澳大湾区城市群建设成国际一流湾区和世界级城市群。

关键词：粤港澳大湾区；城市群；战略定位；协同发展；开放型经济

一、粤港澳大湾区城市群的定位

粤港澳大湾区是一个空间地理的概念。改革开放后，港澳与珠三角地区建立的"前店后厂"制造业分工合作模式，一方面推动了珠三角地区的工业化、城市化和现代化，珠三角地区因此成为"世界工厂"与全球制造业基地，成为中国经济增长的引擎，成为中国改革开放的先锋，也成就了特区建设的"深圳奇迹"；另一方面，香港和澳门在与珠三角地区优势互补的分工合作中，逐渐向服务业经济转型，香港成为国际金融中心、国际贸易中心和国际航运中心，澳门成为国际旅游休闲中心。从区域整体上看，珠三角地区在过去 40 年中成为全球都市化最快的区域之一，因此，在港澳珠三角地区出现了规模巨大的城市群。从发展趋势来看，在结构调整的内生驱动和外部区域的低端竞争这双重压力下，这个以粤港澳大

---

* 毛艳华，中山大学粤港澳发展研究院、港澳珠江三角洲研究中心教授，中山大学自贸区综合研究院副院长，主要研究方向为区域经济、国际贸易。本文为国家自然科学基金重点项目（项目批准号：U1601218）和 2017 年广东省重大决策咨询研究委托课题的阶段性成果。

湾区为核心的城市群内部正寻求①建立新空间结构与新分工协作体系，以便向全球最具活力的新经济区域和最具竞争力的世界级城市群演进。

回顾过去，在内地加入全球分工体系过程中，港澳珠三角地区因其独特的区位优势扮演着重要角色，港澳与内地的发展逐渐紧密相连，成为内地连接世界的重要枢纽。近年来，虽然香港作为内地市场的转口港角色有所弱化，但作为全球重要的集融资中心，在中国内地对外直接投资和外商对中国内地直接投资中仍然发挥着重要平台作用，有65%左右的外商直接投资来源于香港，同时有50%左右的中国内地对外直接投资经过香港。广东的对外贸易额多年来一直占到内地对外贸易总额的1/4左右，珠三角地区也是内地吸引外商直接投资最活跃的地区之一。通过加入全球分工体系，发挥自身的比较优势，中国经济发展获得了巨大成功，成为全球第二大经济体和第一大对外贸易国，珠三角地区也是中国经济增长速度和数量规模优势的典型代表。

2008年金融危机爆发后，经济全球化步入"十字路口"，全球价值链贸易与分工方式出现新变化，国内经济发展进入新常态。因此，党的十八届三中全会提出了加快实施新一轮高水平对外开放，加快培育引领国际经济合作竞争新优势，加快实施创新驱动发展战略，推动经济发展方式转变，实现由高增长速度向高质量效益转变。在国家"双向"开放、"一带一路"建设和实现经济发展方式转变的战略背景下，重新定位港澳珠三角地区的功能角色具有重要的战略意义。2017年3月5日的《政府工作报告》提出："要推动内地与港澳深化合作，研究制定粤港澳大湾区城市群发展规划，发挥港澳独特优势，提升在国家经济发展和对外开放中的地位与功能。"2017年10月18日党的十九大报告也提出，"要支持香港、澳门融入国家发展大局，以粤港澳大湾区建设、粤港澳合作、泛珠三角区域合作等为重点，全面推进内地同香港、澳门互利合作"。

湾区经济作为当今全球经济版图的突出亮点，开放性、创新性和协同性是国际典型湾区的共同特征。港澳及珠三角地区是我国经济最具活力和对外开放水平最高的地区，在全球化新格局、国家"双向"开放和粤港加快融入国家发展大局的背景下，需要对粤港澳大湾区的使命进行科学定位，以继续发挥该区域在国家经济发展和对外开放中的独特优势。打造粤港澳大湾区，建设世界级城市群，将重塑区域发展新优势，引领中国参与新一轮国际竞争，助推中国经济由大到强，配合实现中华民族伟大复兴的中国梦。因此，粤港澳大湾区城市群要有更高的战略定位，要成为高水平开放的引领者、新经济发展的策源地和合作机制创新示范区。具体来看，要在国家发展大局中进一步明确粤港澳大湾区城市群的使命，重点需在以下三个方面凸显新角色。

第一，高水平开放的引领者。对外开放是我国的一项基本国策，改革是我国社会发展的直接动力。以开放促改革、促发展、促创新是我国改革不断取得成功的重要经验。过去40年，我国对外开放取得了巨大成就，尤其是加入WTO后与国际经贸规则的对接推动了我国对外贸易的快速增长，利用优惠政策成功地吸引了大量外商投资进入市场开放领域。但是，这种开放特征明显带有外向型经济的色彩，导致制造部门与服务部门、货物贸易与服务贸易、引进外资与对外投资等多种的发展不平衡问题，仅仅作为全球化的参与者和追随者，因缺乏对标准规则的主导而使得对外开放缺乏自主性，港澳珠三角地区基于低成本的制造业分

---

① 参见国家发展和改革委中央领导同志等《深化粤港澳合作共建粤港澳大湾区合作框架协议》，http://www.pprd.org.cn/fzgk/hzgh/201707/t20170704_460601.htm。

工合作模式则是这一外向型经济发展的缩影。因此，面对国家实施新一轮高水平对外开放的需求，粤港澳大湾区应发挥香港、澳门的自由港优势，广东自贸试验区的制度创新优势以及湾区经济的整体开放优势，加快建立与服务业扩大开放相适应的新体制和新机制，建立与国际贸易新规则相衔接的新体制和新机制，率先形成开放型经济新体制，实现从过去低成本的生产制造优势向市场竞争优势、经贸规则优势和营商环境优势的转变，培育参与和引领国际经济合作竞争的新优势，成为中国新一轮高水平对外开放的引领者。

第二，新经济发展的策源地。新产业革命和新经济发展正在改变2008年金融危机以来的全球经济格局。以制造业（或实体经济）为主的经济竞争是国家竞争力的关键。德国的工业"4.0"、美国的工业互联网、日本的"互联工厂"以及美国近期推出的"全面减税计划"，都旨在谋求全球经济竞争重构的新优势。随着全球价值链分工的不断深化，全球竞争已经从过去注重海关货物流量的竞争转变为吸引全球创新要素集聚的竞争。以港澳珠三角地区为代表的中国加工制造模式正面临以互联网、大数据和3D打印为特征的智能制造模式的挑战。同时，人工智能也正在改变各个产业领域和各个价值环节的创新与增值模式。应对全球科技产业革命的挑战，粤港澳大湾区应发挥香港国际化创新资源、金融市场和珠三角高科技制造业体系的优势，在生物医药、智能制造、智慧城市等新经济领域推动创新，占领全球制高点，成为新经济发展的策源地，从而引领中国制造2025和助推中国经济增长由数量规模向质量效益的转变。

第三，合作机制创新示范区。香港、澳门发展同内地发展紧密相连。为适应港澳与内地经贸合作关系进入服务业和服务贸易合作的新阶段，2003年签署和实施的CEPA，一方面旨在通过内地服务市场率先对港澳开放，解决港澳优势服务业市场空间不足的问题；另一方面也是通过全面深化与港澳的经贸投资合作，探索内地服务业管理体制创新问题。CEPA系列补充协议、CEPA广东协议、CEPA服务贸易协议、CEPA投资协议以及CEPA的经济技术合作协议等逐步构成了内地与港澳经贸合作的较为完整的规则体系，为深化港澳与内地的交流合作提供了制度框架，也为港澳发挥独特优势参与"一带一路"建设、粤港澳大湾区发展以及人民币国际化提供了制度保障。但是，CEPA框架下港澳与内地的服务业合作仍然受制于宏观管理政策、法律制度、服务贸易规则、税收制度、审批管理、人员跨境流动等方面的障碍与难题。因此，规划建设粤港澳大湾区城市群，重点要探索在"一国两制、三个独立关税区域和三种法律制度"条件下促进人流、物流、资金流和信息流等跨境便捷流通的体制机制创新，推动区域市场一体化发展，为港澳与内地深化交流合作提供示范作用。

二、粤港澳大湾区城市群的发展目标

根据2015年的统计数据，粤港澳大湾区"9+2"城市的占地面积为5.6万平方千米，远大于东京湾区的3.68平方千米、纽约湾区的2.15平方千米和旧金山湾区的1.79平方千米。从人口总量来看，2015年粤港澳大湾区人口约6634万，东京湾区人口约4383万，纽约湾区人口约2340万，旧金山湾区人口仅760万。按照现有人口增速情况来看，粤港澳大湾区将成为世界上第一个人口过亿的湾区城市群。从GDP总量来看，2015年粤港澳大湾区"9+2"城市的GDP为1.36万亿美元，低于东京湾区的1.8万亿美元、与纽约湾区的1.4万亿美元相当、但高于旧金山湾区的0.8万亿美元。

2016年，珠三角地区人均GDP已达到11.43万元（约合1.72万美元），根据世界银行

1.27万美元作为高收入国家人均GDP的标准,珠三角地区的人均收入已达到高收入国家的水平。2016年香港和澳门的人均GDP分别为4.36万美元和6.94万美元。因此,按照现有GDP增长速度,以及人口总量的优势,粤港澳大湾区将很快超越东京湾区成为全球GDP总量第一的湾区。

经过40年的合作发展,粤港澳大湾区已成为中国开放程度最高、经济活力最强的区域之一。无论是经济规模、外向程度、产业形态,还是城市竞争力和区域一体化水平,粤港澳大湾区都已具备建成国际一流湾区和世界级城市群的基础条件。纵观国际典型湾区,构成湾区经济的基本要素主要包括高度开放的经济结构、集聚与外溢的高端要素、四通八达的交通基础设施、高度整合的协同发展、宜居宜业的城市环境等,各类基础性因素叠加,是湾区经济发展的动力机理。结合上述对粤港澳大湾区的发展定位,规划建设粤港澳大湾区城市群,将致力于把粤港澳大湾区发展成"一带一路"重要支撑区域、国际科技创新中心、全球最具活力的经济区、世界著名优质生活圈、"一国两制"实践示范区,加快建设成国际一流湾区和世界级城市群。

第一,成为"一带一路"重要支撑区域。粤港澳大湾区是我国与海上丝绸之路沿线国家海上往来距离最近的发达经济区域,又通过现代化的铁路物流中心与丝绸之路经济带沿线经济体的市场相连接,随着中国—东盟自贸区的深化发展,粤港澳的区位优势更加凸显。粤港澳大湾区拥有全球最为密集的港口群。按吞吐量计算,深圳港、香港港、广州港在2016年全球十大集装箱港口排序中分列第3、第5和第7位,总吞吐量突破6500万标准箱,超过纽约、东京和旧金山全球三大湾区之和。粤港澳大湾区还拥有全球最为繁忙的空港群,其中香港国际机场连续7年成为全球最繁忙的航空货运枢纽,整个湾区五大国际机场的年旅客吞吐量超过1.6亿人次,远超纽约湾区三大国际机场的吞吐量。另外,香港是亚太地区重要的全球物流控制中心、排名全球第四的国际金融中心,也是最大的全球离岸人民币中心,珠三角地区产业经济发达。因此,规划建设粤港澳大湾区城市群,要发挥广东作为"一带一路"的战略枢纽、经贸合作中心、重要引擎和香港、澳门作为"一带一路"的重要节点的"双重功效",不断增强粤港澳大湾区在金融、贸易、航运等优势领域的国际影响力,提升该区域对全球资源配置能力,推动粤港澳大湾区城市群成为支撑国家"一带一路"建设的重要运营服务体系。

第二,成为国际科技创新中心。粤港澳大湾区高校和科研资源密集,是华南地区的创新中心。香港拥有国际一流的高校和国际化科技资源,全球500强在亚太地区的总部有80%落户在香港。珠三角地区具有产业化的市场优势,培育了腾讯、网易、比亚迪、华为、中兴、大疆等一批知名高科技企业。近年来,广东实施创新驱动战略成效显著,科技综合实力和自主创新能力稳步提升,区域创新能力综合排名至2016年已连续9年位居全国第二,跻身创新型省份。在创新主体培育方面,2016年全省共有国家级高新技术企业19857家,居全国第一,其中深圳有国家高新技术企业8037家。在创新能力建设方面,2016年全省R&D经费支出占GDP比重达2.52%,专利申请量和授权量分别达到50.6万件和25.9万件,技术自给率达71%。广东已初步构建起开放型区域创新体系,以创新为主要引领和支撑的经济体系和发展模式正加速形成。香港特区政府也把发展创新科技和创意产业等新兴产业作为推动经济多元发展的重要方向,依靠科技创新推动整个经济向高端、高增值环节升级。因此,规划建设粤港澳大湾区城市群,整合粤、港、澳三地的科技创新资源,有利于进一步集聚高端要素、占领产业链高端、实现创新驱动、强化全球资源配置能力,成为新经济发展策源地，助力打造中国经济"升级版"，成为引领世界经济转型升级的国际科技创新中心。

第三，成为全球最具活力的经济区。粤港澳大湾区具有发展开放型经济的优越条件。香港和澳门作为特别行政区，司法独立，具有自由港和独立关税区地位，与国际市场网络连接，在中国对外开放进程中一直发挥着重要枢纽和主要门户的作用。香港已经与67个国家签署民用航空协议、与35个国家签署避免双重征税协定、与17个国家签署投资保护协定，多年来位居世界银行全球营商环境排名前列，被认为是全球最开放、最具活力、最具竞争力的经济体之一。澳门是中葡经贸合作平台，可在粤港澳大湾区扮演与拉丁美洲和葡语系国家之间合作交流桥梁与纽带。珠三角地区是改革开放先行地，拥有广大的国内市场腹地，是全国市场化程度最高、市场体系最完备的地区，初步形成了一套与国际接轨的体制机制和营商环境。广东自贸试验区正在按照市场化、国际化、法治化的要求，建立更加开放透明的市场准入管理模式，完善外商投资事中事后监管体系，探索实施经营信息报告和经营者集中申报等制度，完善投资贸易法律法规，依法保护外商投资企业及其投资者权益，着力构建稳定、公平、透明、可预期的全球营商环境最佳区域。因此，规划建设粤港澳大湾区城市群，充分发挥香港自由港优势和广东开放型经济建设的优势，加快建立符合国际惯例和规则的开放型经济新体制，推动粤港澳大湾区成为全球最具活力经济区。

第四，成为世界著名优质生活圈。湾区经济不仅是一种开放型的区域经济形态，也是一种独特的空间组织。其优美的港湾自然环境、优越的城市空间环境以及包容的人文社会环境，使得全球多数湾区成为宜居宜业的理想空间。比如硅谷美丽的自然环境以及高品质的生活条件，与鼓励创新的软环境相得益彰，吸引了众多高科技产业人才。粤港澳大湾区拥有建设世界著名优质生活圈的条件，在自然地理条件上，粤港澳大湾区所在纬度的自然条件较好、地理范围适中，适合被打造成世界级湾区；在城市群空间环境上，珠三角地区交通便利、粤港澳跨境基础设施不断完善，香港、广州、深圳、澳门等核心城市的开放度、包容度一直很高，城市群空间环境对营商十分便利；在人文社会环境上，粤港澳大湾区东西方文明交流频繁，是中华文明、盎格鲁-撒克逊文明和梭伦文明三大文明的交流荟萃地，高度开放包容的文化容易吸引世界各地高素质人才在湾区汇集。因此，规划建设粤港澳大湾区城市群，坚持绿色、低碳的发展方式，贯彻生态安全、环境优美、社会安定、文化繁荣的理念，有利于建成宜居、宜业、宜商、宜游的世界著名优质生活圈。

第五，成为"一国两制"实践示范区。香港和澳门于1997年和1999年先后回归祖国，开创了"一国两制"的伟大实践。作为新生事物，"一国两制"20年的实践表明，"一国两制"的理论需要不断地丰富和完善，需要在实践中不断地积累经验。一直以来，粤港澳合作就是"一国两制"下港澳与内地深化合作的缩影，尤其是2010年以来签订和实施的《粤港合作框架协议》和《粤澳合作框架协议》为"一国两制"的实践积累了许多经验。粤港澳大湾区是一个跨制度的区域，是"一国、两制、三个关税区域"，三地的政治制度、法律体系、行政体系都不一样。作为"9+2"城市地理空间概念的粤港澳大湾区，客观上需要推动区域市场一体化发展，最大程度降低人流、物流、资金流、信息流跨境流动的障碍与成本，实现湾区内的产业融合和生活空间融合，形成真正意义上的生活湾区和工作湾区。从政策层面上，要通过粤港澳大湾区发展和粤港澳大湾区城市群规划，促进粤港澳合作的拓展和深化，保障"一国两制"下香港、澳门的长期繁荣稳定，帮助港澳融入国家发展大局，提升粤港澳地区在国家经济发展和对外开放中的地位与功能。因此，规划建设粤港澳大湾区城市群，将加快推动粤港澳大湾区成为"一国两制"实践示范区。

三、粤港澳大湾区城市群协同发展

协同发展是湾区经济发展的关键因素。首先，协同发展有利于发挥湾区城市群的集聚经济效应。只有在核心城市之间、核心城市与其他城市之间以及城市群与外围腹地之间形成有序分工的协作关系，才能提升湾区城市群的整体竞争力。其次，合理的分工体系可避免城市重大基础设施建设的无序竞争，例如东京湾分布着6个世界级港口，为了实现错位竞争，政府积极参与东京湾港口群的功能规划和统筹管理。只有实现湾区内部一体化，才能发挥湾区的资源高效配置、要素自由流动、产业优势互补的功能。最后，完善的协调机制是湾区经济发展的重要保障。湾区一般涉及多个行政区域，产业分工合作、城市基础设施衔接、环境保护等公共事务都需要区域协调。

规划建设粤港澳大湾区城市群，应从凝聚区域合作共识、创新区域合作体制机制、培育利益共享的产业价值链、共建湾区优质生活圈和建立城市群规划的协调机制等五个方面入手，形成湾区协同发展的格局。

第一，凝聚区域合作共识。粤港澳携手共建大湾区城市群面临着粤港澳合作共识重构的难题，因此凝聚合作共识是粤港澳大湾区城市群协同发展的前提。粤港澳合作是一种跨境合作，存在发展不平衡、市场不对称和体制差异性等特征，差异性有利于形成互补合作，不平衡和不对称的合作则需要培育共享发展理念。20世纪80年代的"前店后厂"合作是产业功能合作，基于市场机制并发挥各自比较优势，这种合作取得了巨大成功。2003年以来，在CEPA框架下的服务业合作，是一种制度性的市场整合过程，通过制度创新解决服务业合作的制度障碍。从互补性合作到制度性合作，粤港澳合作机制不断深化，推动了粤港澳跨境合作从经济领域向社会服务领域拓展。但是，推动粤港澳大湾区发展和规划建设粤港澳大湾区城市群，不仅仅是从单个城市的角度通过合作实现优势互补或者解决各自的发展瓶颈问题，更是要从区域经济发展甚至国家发展大局出发，通过协同发展促进粤、港、澳三地融合，形成系统整合的整体性效应，推动形成国际一流湾区和世界级城市群。因此，规划建设粤港澳大湾区城市群，粤、港、澳三地要凝聚区域合作共识，要把珠三角9市和香港、澳门作为整体来考量，遵循城市间协作的客观规律，突破传统的行政区划束缚，厘清分工顺序，各城市发挥所长，从优势互补走向优势整合。

第二，创新区域合作的体制机制。理论上讲，城市群的竞争优势来源于不同规模城市在一定空间地域范围内集中所形成的集聚经济效应和正外部性，而集聚经济效应和正外部性的出现依赖于一体化市场的形成及其对资源的有效配置。粤港澳大湾区是"一个国家、两种制度、三个关税区域"的跨境合作，因此，通过政策突破和制度创新，促进商品、资本、技术、人才和信息等在大湾区和城市群中有序地流动起来，促进区域市场一体化，实现资源的高效配置，这是粤港澳大湾区城市群协同发展的又一关键问题。要进一步落实内地与香港、澳门《关于建立更紧密经贸关系的安排》（CEPA）及其系列协议，支持粤港澳大湾区"先行先试"，扩大对港澳服务业的开放，推动粤港澳贸易投资便利化，着力解决"大门开小门不开""专业标准与规制不兼容""人才进得来留不住"等具体问题，促进要素便捷流动，打造具有全球竞争力的营商环境。要发挥广东自贸试验区等开放平台的作用，探索在粤港澳大湾区实施货物和人员通关"两检"变"一检"，争取一次查验完成双方的检查检验要求，提高通关效率，降低通关成本。

第三，培育利益共享的产业价值链。湾区经济也是分工经济和共享经济。要从全球产业结构调整视角，结合港澳与珠三角城市产业协作演变历史，分析当前港澳在国际平台和产业服务上已具有的优势，探讨粤港澳大湾区产业分工合作中香港、澳门、广州、深圳等核心城市的地位与作用。从整体上考虑如何更好地把香港金融、贸易、航运和专业服务等优势产业与珠三角制造业对接起来，形成优势互补的产业分工格局。更小的层面要考虑高端生产性服务在香港、广州、深圳和澳门等主要城市的功能布局问题，更好地形成城市群生产性服务业的集聚效应。通过培育利益共享的产业价值链，不断强化广东作为科技产业创新中心和先进制造业、现代服务业基地的地位；巩固和提升香港国际金融、航运、贸易三大中心地位，强化全球离岸人民币业务枢纽地位和国际资产管理中心功能，推动专业服务和创新及科技事业发展，建设亚太区国际法律及解决争议服务中心；推进澳门建设世界旅游休闲中心，打造中国与葡语国家商贸合作服务平台，建设以中华文化为主流、多元文化共存的交流合作基地，促进澳门经济适度多元可持续发展。

第四，共建湾区优质生活圈。加快落实粤港澳共建优质生活圈规划，努力建设国家绿色发展示范区，共同推进生态空间、生态经济、生态环境、生态文化及生态制度体系建设。深化粤港澳青年创新创业合作，支持前海深港青年梦工场、南沙粤港澳（国际）青年创新工场、横琴澳门青年创业谷、中山—澳门青年创新创业专区等平台建设，在珠三角港资企业集聚区联合打造科技企业孵化器，建设港澳青年创新创业基地，拓宽港澳科技人才创新创业空间，赋予港澳人才更便利的执业政策，降低港澳优秀人才在大湾区内就业和执业门槛。以改善大湾区社会民生为重点，推动形成公共服务共享体系和社会协同治理机制。建议由中央政府牵头，联合相关部委与粤、港、澳三地政府，共同统筹规划，逐步消除粤、港、澳三地的人员流动、居住就业、创新创业等障碍。中央各部委负责与港澳地区协调，研究调整税收制度、过境签证、边检制度、居留许可等牵涉到"一国两制"以及中央事权的敏感议题；粤、港、澳三地政府协商沟通消除一切阻碍湾区内人流畅通的公共服务障碍，促成诸如跨境交通卡等细节问题的落地，从而全面实现湾区城市群生活的同城化。

第五，建立城市群规划的协调机制。一直以来，粤港合作联席会议和粤澳合作联席会议在推动粤港澳区域合作发展中发挥了重要作用。规划建设粤港澳大湾区城市群，应建立国家层面的协调机制，成立粤港澳大湾区城市群规划领导小组，成员来自国家相关部委和粤港澳各方，统筹推进粤港澳大湾区城市群的规划，研究解决粤港澳大湾区合作发展重大问题，高效落实大湾区的建设与发展规划，使港澳更好地融入国家发展大局。还应发挥粤港合作联席会议和粤澳合作联席会议的优势，完善省区层面的协调机制与对话框架，共同研究基础设施建设、科技装备设施布局、重点产业创新合作、生态环境保护等重大问题，加强规划衔接，确保空间布局协调、时序安排统一。鉴于港口资源是国家重大战略性资源，建议推动大湾区港口联合，成立粤港澳大湾区港口联盟，具体负责协调各港口的功能定位，推动航运产业分工；联合海上丝绸之路沿线港口，制定标准与规则，共同参与国际竞争，携手打造粤港澳大湾区国际航运中心。

参考文献：

[1] 毛艳华. 珠三角增长模式：特征、影响与转型 [J]. 广东社会科学，2009（5）.

[2] 张晓强. 粤港澳大湾区建设，要以改革为发展注入强大动力 [J]. 南方，2017（11）.

粤港澳大湾区城市群空间经济网络结构及其影响因素研究
——基于网络分析法

王方方 杨焕焕*

摘　要：基于 2009 年、2012 年、2015 年粤港澳大湾区城市群的经济联系数据，运用凝聚子群和 QAP 等网络分析方法，对城市群空间经济网络结构及其影响因素进行分析。研究结果发现：从动态比较来看，城市群空间经济网络的联系程度得到显著增强，广州、香港、深圳、佛山处于空间经济网络中心位置；粤港澳大湾区城市群空间经济网络可划分为四大子群，以香港、深圳为核心的凝聚子群，以珠海、澳门组成的凝聚子群，以广州为中心、佛山为次中心的凝聚子群，以中山等 6 个城市组成的凝聚子群；城市间的距离、要素扩散与集聚、产业结构、经济全球化四类因素对经济网络有显著影响。

关键词：粤港澳大湾区；经济网络；网络分析法；QAP 方法

随着我国现代交通网络、信息网络和企业网络的不断发展，我国区域经济联系已经步入网络化时代，相比其他区域，珠三角通过各种优惠的对外开放政策，始终占据我国对外开放的制高点，区域经济一体化发展程度相对成熟，极大吸引了全球商品流、人才流、信息流、资本流、技术流集聚，使城市间的网络化特征更加明显。2017 年，党中央、国务院提出发展粤港澳大湾区城市群发展规划，希望借助港澳优势，把粤港澳大湾区城市群建设成世界级城市群。在此背景下，本研究具有更加重要的理论意义和现实价值。

随着社会网络分析法的引入，逐渐成为学术界关注的新焦点，各个学科领域学者纷纷将研究视角投向复杂网络，并选取网络分析法去解决一些复杂问题。近年来，众多中国学者也将网络分析法应用到区域城市经济网络的问题研究上。[①] 从研究现状看，利用城市群经济网络来反映区域经济发展状态已经成为学者热衷的研究方法，大量学者都聚集在长三角城市群的研究领域[②]，并用可视化网络和整体网络特征描述长三角城市群的经济网络结构。从研究

---

* 王方方，广东财经大学经济学院；杨焕焕，广东财经大学经济学院。

① 参见侯赟慧、刘志彪、岳中刚《长三角区域经济一体化进程的社会网络分析》，载《中国软科学》2009 年第 12 期；参见方大春、周正荣《安徽省城市经济联系结构研究：基于社会网络分析》，载《华东经济管理》2013 年第 1 期；参见李敬、陈澍、万广华、付陈梅《中国区域经济增长的空间关联及其解释——基于网络分析方法》，载《经济研究》2014 年第 11 期。

② 参见方大春、周正荣《安徽省城市经济联系结构研究：基于社会网络分析》，载《华东经济管理》2013 年第 1 期；参见段显明、陈蕴恬《长三角城市群经济网络结构特征及影响因素——基于社会网络分析方法》，载《杭州电子科技大学学报》（社会科学版）2016 年第 12 期。

内容看,对城市经济联系的建立,几乎都构建经济引力模型,但大部分的研究都仅停留在探索城市群区域内部的网络结构特征,并没有进一步分析其影响因素。此外,对珠三角城市群的研究的已有文献中,多数集中在旅游空间结构[①],也有对城市群经济网络的研究,但占据少数。而目前,在粤港澳大湾区城市群战略规划提出一年的背景下,对粤港澳大湾区城市群的研究几乎没有。

在此基础上,本文将试图弥补该研究领域的不足,从改进引力模型出发构建城市群的经济联系网络,通过对网络相关指标测算,分析粤港澳大湾区城市群的发展状态,并运用QAP方法找出影响城市群内部的因素,为城市群的稳定健康协调发展提供可借鉴的政策方向。

一、城市群网络结构的模型构建

（一）引力模型构建

目前,国内学者们对城市间经济联系强度的测量广泛采用引力模型。结合国内外学者对引力模型的应用及发展,本文选取了修正后的引力模型。

$$R_{ij} = k_{ij} \frac{\sqrt{P_i G_i} \times \sqrt{P_j G_j}}{D_{ij}^2}, \quad (k_{ij} = \frac{G_i}{G_i + G_j})$$

其中 k_{ij} 为城市 i 对 R_{ij} 的贡献率,P_i、P_j 为两城市的年末人口总数,G_i、G_j 为两城市的GDP总值,D_{ij} 表示两城市最短公路里程数。

（二）网络分析法

网络分析法是研究社会各领域内相互作用个体之间的关系模式与规律性的方法。本文将选取以下分析指标。

(1) 网络密度。反映网络中各城市之间关联关系的疏密程度。

计算公式为：$D_n = L / [n(n-1)]$

其中 L 为城市间实际联系数,n 为网络中节点即城市的数目。

(2) 关联性。反映整体网络的稳健性和脆弱性。

计算公式为：$C = 1 - \dfrac{v}{n \times (n-1)/2}$

其中 V 为网络中各城市不可达的点对数。

(3) 中心性指标。具体参考美国社会学家林顿·弗里曼的研究,主要选取度数中心度,中间中心度和接近中心度。[②] 度数中心度可分为点入度中心度和点出度中心度。[③] 假设用 C_{ei} 表示点入度,C_{eo} 表示点出度,l_{ij} 与 l_{ji} 分别表示两节点 $i(j)$ 和 $j(i)$ 城市的联系强度,n 表示网络中的城市数目。

---

① 参见肖光明《珠江三角洲地区旅游空间结构分析与优化》,载《经济地理》2009 年第 6 期；参见陈浩、陆林、郑嬗婷《珠江三角洲城市群旅游空间格局演化》,载《地理学报》2011 年第 10 期。

② Freeman L C, "Centrality in Social Networks: I Conceptual Clarification," *Social Networks*, No. 3 (1979): 215 – 239.

③ 参见种照辉、覃成林《"一带一路"贸易网络结构及其影响因素——基于网络分析方法的研究》,载《国际经贸探索》2017 年第 5 期。

计算公式为：$C_{ei} = \dfrac{\sum_{j-1,j\neq i}^{n} l_{ij}}{n-1}$；$C_{eo} = \dfrac{\sum_{j-1,j\neq i}^{n} l_{ji}}{n-1}$

中间中心度是测量网络中某节点城市在多大程度上处于"中间"位置。假设用 $b_{jk}(i)$ 表示第三个城市 i 对两城市控制能力，即城市 i 处于城市 j 和 k 之间捷径上的概率。

计算公式为：$C_{ABi} = \dfrac{2\sum_{j}^{n}\sum_{k}^{n} b_{jk}(i)}{n^2 - 3n + 2} (j \neq k \neq i \text{ 且 } j < k)$

接近中心度反映一个节点城市不依赖其他节点城市的程度。假设用 d_{ij} 表示连接节点城市 i 和 j 最短路径的条数。

接近中心度计算公式为：$C_{APi} = \dfrac{n-1}{\sum_{j-1,j\neq i}^{n} d_{ij}}$

（4）凝聚子群力图把网络内部相关性形式化地体现出来，描述了各子群城市内部的组成结构，且结构状态稳定，不能加入任何一个城市而不改变子群的性质。

（5）QAP 分析可分为相关分析和回归分析，主要探究两个关系矩阵是否显著相关和多个矩阵与一个矩阵之间的关系。

（三）样本选择及数据来源

本研究样本为香港、澳门、广州、深圳、珠海、佛山、中山、东莞、肇庆、惠州、江门、韶关、河源、汕尾、阳江、清远、云浮，共 17 个城市。主要选取 2009 年、2012 年和 2015 年的截面数据，时间跨度均匀，能够反映城市群的动态经济结构变化。数据主要来源于中国经济信息网统计数据库城市年度库和《香港统计年刊》《澳门统计年鉴》。各城市间最短里程数则参考网络地图查询结果。利用构建的引力模型，计算各年份经济联系强度矩阵 R。

二、粤港澳大湾区城市群空间经济网络结构特征分析

（一）整体网络特征及中心性分析

1. 整体网络特征

将 R 矩阵导入 Ucinet 软件，利用 NetDraw 得到 3 年的可视化结构（见图 1）。从定性角度分析，由图 1 可看出 2009 年以来城市群经济联系日益加强，网络逐渐密集，内部城市联系强度大于外部，出现环形网络雏形。通过有向线段相关测算，得出网络关联性为 1，说明城市群内部具有良好的通达性，城市间都是可达的。

从定量角度分析，需要借助 Ucinet 软件计算出各年份的网络密度（见表 1）。

表 1　整体网络密度

年份	2009	2012	2015
网络密度	0.3199	0.3897	0.4375

横向相比，2009 年网络密度为 0.3199，2015 年网络密度增大至 0.4375，增加值为 0.1176，增速达到 36.76%，整体网变化明显。随着大湾区城市间的经济资源整合，城市集

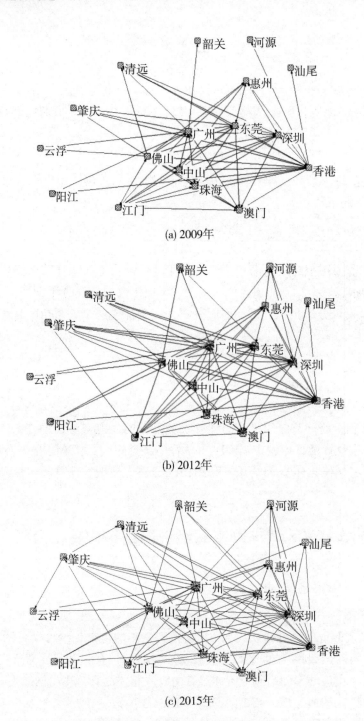

(a) 2009年

(b) 2012年

(c) 2015年

图1 经济联系网络结构

聚现象明显,跨区域的经济联系增强,相互交流频繁,因此推动了粤港澳大湾区区域一体化。纵向相比,据有关研究表明,2005年安徽省城市群网络密度为0.4412[①],2009年长三

---

① 参见方大春、周正荣《安徽省城市经济联系结构研究:基于社会网络分析》,载《华东经济管理》2013年第1期。

角城市群更是达到 0.7375。[①] 可见粤港澳大湾区城市群经济网络发展尚未成熟，城市间的经济联系强弱不均。

2. 网络中心性分析

利用 Ucinet 软件分别计算出中心性指标（见表2、表3）。

表2　网络点度中心度

排序	点度中心度					
	点出度			点入度		
	2009年		2012年		2015年	
	2009年		2012年		2015年	
1	广州	683	广州	1042	广州	1714	佛山	525	佛山	790	佛山	1245
2	佛山	359	佛山	512	佛山	685	广州	367	广州	516	广州	710
3	香港	298	香港	386	深圳	535	深圳	201	深圳	278	深圳	389
4	深圳	193	深圳	343	香港	503	东莞	167	东莞	254	东莞	373
5	东莞	97	澳门	143	东莞	189	香港	127	香港	221	香港	336
6	澳门	74	东莞	139	澳门	163	珠海	104	珠海	186	珠海	229
7	珠海	57	珠海	84	珠海	126	中山	101	中山	148	中山	211
8	中山	42	中山	65	中山	98	江门	74	澳门	110	澳门	154
9	江门	12	江门	15	江门	23	澳门	70	江门	99	江门	144
10	惠州	2	惠州	12	惠州	15	惠州	42	惠州	69	惠州	98
11	肇庆	0	肇庆	0	肇庆	7	清远	17	清远	27	清远	70
12	韶关	0	韶关	0	清远	2	肇庆	14	肇庆	25	肇庆	67
13	河源	0	河源	0	河源	0	云浮	3	韶关	4	阳江	11
14	汕尾	0	汕尾	0	汕尾	0	阳江	2	河源	4	韶关	7
15	阳江	0	阳江	0	阳江	0	韶关	1	阳江	4	河源	6
16	清远	0	清远	0	韶关	0	河源	1	汕尾	3	汕尾	5
17	云浮	0	云浮	0	云浮	0	汕尾	1	云浮	3	云浮	5

从点度中心度看，核心—边缘层次突出且差距较大，各节点城市的点出度和点入度都呈现逐年增长的态势。2009—2015年，广州、佛山、香港、深圳点出、入度一直处于较高位置，是大湾区地区最主要的经济外溢和接收城市，也是城市网络的核心地区。珠海、东莞、中山、江门、惠州5个城市点入度均大于点出度，表明这些城市更加依赖接收其他城市的经济溢出；澳门点出度大于点入度，但超出水平并不高，总体水平也不突出，说明澳门尚未从根本上转变接收其他城市辐射的本质。肇庆、清远两市在2015年突破了点出度为零的限制，对比2009年，点入度分别增长了312%和379%，可见两市的经济接收角色开始逐渐转变。河源、汕尾、阳江、清远、云浮、韶关不仅未突破点出度为零的限制，而且点入度也一直处

[①] 参见李响《基于社会网络分析的长三角城市群网络结构研究》，载《城市经济》2011年第12期。

于城市网络的最低水平，说明这些城市经济处于大湾区的边缘地带，经济水平有待提高。不难看出，大湾区城市群网络层次鲜明，处于核心位置的城市经济实力强，相互间的距离较近；而处于边缘位置的城市不仅经济实力弱，而相互间的距离以及与核心城市的距离都较远。

表3　网络中间中心度和接近中心度

中间中心度						
排序	2009年		2012年		2015年	
1	香港	31.0	香港	16.3	广州	16.2
2	广州	25.2	广州	15.9	香港	10.8
3	佛山	7.7	佛山	12.3	深圳	10.8
4	东莞	2.7	深圳	8.5	佛山	8.6
5	深圳	1.3	东莞	1.6	肇庆	1.8
6	中山	0.2	惠州	0.8	中山	1.3
7	澳门	0	江门	0.6	东莞	1.3
8	珠海	0	中山	0.6	惠州	0.6
9	江门	0	澳门	0	江门	0.2
10	惠州	0	珠海	0	澳门	0
11	肇庆	0	肇庆	0	珠海	0
12	韶关	0	韶关	0	韶关	0
13	河源	0	河源	0	河源	0
14	汕尾	0	汕尾	0	汕尾	0
15	阳江	0	阳江	0	阳江	0
16	清远	0	清远	0	清远	0
17	云浮	0	云浮	0	云浮	0
接近中心度						
排序	2009年		2012年		2015年	
1	香港	88.9	香港	94.1	广州	100
2	广州	88.9	广州	94.1	香港	94.1
3	佛山	80.0	佛山	88.9	深圳	94.1
4	东莞	76.2	深圳	84.2	佛山	88.9
5	深圳	72.7	东莞	76.2	中山	76.2
6	中山	69.6	中山	72.7	东莞	76.2
7	澳门	66.7	江门	72.7	江门	69.6
8	珠海	66.7	澳门	66.7	肇庆	69.6
9	江门	66.7	珠海	66.7	澳门	66.7

（续上表）

排序	接近中心度					
	2009年		2012年		2015年	
10	惠州	61.5	惠州	66.7	珠海	66.7
11	清远	59.3	肇庆	64.0	惠州	64.0
12	肇庆	57.2	清远	59.5	清远	64
13	阳江	53.3	河源	57.1	韶关	57.1
14	云浮	50.0	韶关	55.2	河源	57.1
15	韶关	48.5	阳江	55.2	阳江	57.1
16	河源	48.5	汕尾	51.6	汕尾	55.2
17	汕尾	48.5	云浮	51.6	云浮	55.2

从中间中心度和接近中心度看，17个城市的中间中心度和接近中心度总体分布不均衡，显示出大湾区城市群整体网络的弱联结性。广州、香港、深圳、佛山作为网络中心城市凸显，中间中心度和接近中心度均位于前四，说明这些城市和其他城市联系紧密，对其他城市具有较强的控制力和影响力，同时经济发展也不易受到其他城市的影响。肇庆、中山、东莞、惠州、江门的中间中心度较弱、接近中心度处在平均水平左右，说明这5个城市影响其他城市的能力弱，但自身具有联结其他城市的能力。澳门作为大湾区城市群经济实力强的城市，中间中心度一直为零，完全不能控制整体城市群资源，也不能成为联结城市之间的桥梁和枢纽，存在着被孤立化的风险。珠海、韶关、河源、汕尾、阳江、清远、云浮中间中心度均为零，是被孤立化和边缘化的重灾城市，这些城市自身经济实力不强，距离核心城市也较远，是大湾区城市群发展的重点照顾对象。

（二）凝聚子群分析

利用Ucinet软件中的Concor法对3年大湾区城市群经济联系网络内部团体现象进行聚类分析（见表4）。

表4 内部凝聚子群

年份		城 市		
2009	1	香港 深圳 河源 惠州 汕尾	2	珠海 澳门 广州 佛山
	3	中山 江门 清远 肇庆 韶关 云浮	4	东莞 阳江
2012	1	香港 深圳 河源 惠州 汕尾	2	珠海 澳门
	3	广州 佛山	4	中山 东莞 江门 肇庆 韶关 阳江 清远 云浮
2015	1	香港 深圳 汕尾	2	珠海 澳门
	3	广州 佛山 肇庆	4	中山 清远 江门 韶关 云浮 阳江 惠州 东莞 河源

从表4可知，大湾区城市群在三个时间段均可分为四大子群，分别为：以香港、深圳为核心带动周边城市的凝聚子群；由珠海、澳门2个城市组成的凝聚子群；以广州为中心，佛山为次中心，带动肇庆及周边城市发展的凝聚子群；由中山、清远等组成的凝聚子群。各类凝聚子群组合基本与城市地理位置相邻程度一致，在每类子群的内部，城市间的联系强且紧密，城市间的资源和要素流动自由度较强。目前，以香港和深圳、珠海和澳门、广州和佛山为中心的凝聚子群已经初步形成，城市间的经济活动十分频繁，贸易、金融、科技、物流等要素资源交流密切，扮演着拉动大湾区城市群经济发展的主要角色。其他城市构成的凝聚子群结构和成员尚处于不稳定状态，子群内部缺乏经济实力强、可以作为拉动子群发展的城市。在区域一体化过程中，以香港、深圳、珠海、澳门、广州、佛山为核心的多中心联动态势凸显，不同城市之间的资源要素实现了基本的互联互通，城市群经济网络向着三维嵌套模式发展。

三、粤港澳大湾区城市群经济联系影响因素分析

（一）影响因素选择与模型构建

城市群经济联系网络的形成和演化是在各种不同动力机制的共同影响和驱动下实现的。城市间的邻近关系、交通基础设施的升级、劳动力等流动要素在不同渠道下实现跨区域的有效集聚和扩散、区域产业结构的不断完善和升级、经济全球化逐步趋于网络化发展等都推动着城市群的发育和发展。[①]

由于港澳到内地的交通基础设施无法有效计量，因此将选择城市间的距离、要素扩散与集聚、产业结构、经济全球化四类因素来分析大湾区城市群网络发展的影响机制。其构建的计量模型如下：

$$F = f(D, S, I, E)$$

其中，D 表示城市间的距离，通过城市间的最短公路里程数矩阵表示；S 表示要素扩散与聚集，通过全社会固定资产投资总额差值矩阵表示；I 表示产业结构因素，通过各城市的第二第三产业结构的差值矩阵表示；E 表示经济全球化，通过各城市外商直接投资额差值矩阵表示。

指标均采用2015年数据，城市间距离采用网络地图查询结果，其他指标数据均来源于各城市统计年鉴，需要指出的是：由于港澳与内地统计口径不同，因此全社会固定资产投资总额根据中国固定资产投资年鉴中的总额减去其他省份投资总额，再对香港、澳门经济权重划分余额得到；外商直接投资额指标，广东各城市运用实际利用外资额，香港采用《统计年刊》中的直接投资负债数据，澳门采用《澳门统计年鉴》外来直接投资总额数据。

（二）QAP相关性分析

运用Ucinet软件，对R矩阵和因素矩阵一一进行相关性分析（见表5）。

[①] 参见钟业喜、冯兴华、文玉钊《长江经济带经济网络结构演变及其驱动机制研究》，载《地理科学》2016年第1期；参见李诚固、郑文升、王晓芳《我国城市化与产业结构演变的互动变化趋势研究》，载《人文地理》2004年第4期；参见王婧、方创琳《中国城市群发育的新型驱动力研究》，载《地理研究》2011年第2期。

表5 QAP相关分析结果

变量	实际相关系数	显著性水平	相关系数均值	标准差	最小值	最大值	$P \geq 0$	$P \leq 0$
D	-0.264	0.000	0.000	0.091	-0.238	0.311	1.000	0.000
S	0.089	0.037	0.001	0.040	-0.087	0.122	0.037	0.963
I	-0.086	0.020	-0.001	0.040	-0.110	0.105	0.980	0.020
E	0.026	0.066	-0.000	0.040	-0.079	0.138	0.066	0.934

从表5相关性分析结果得出，城市间的距离、要素扩散与集聚、产业结构、经济全球化均对城市群经济联系的形成具有显著影响。其中，R 与 D 的实际相关系数为 -0.246，表明城市间的距离对于城市间经济联系的形成有着显著的负向影响，这也说明交通运输技术的提升对增强城市联系的重要作用；R 与 S 的实际相关系数为0.089，表明要素扩散与聚集的强度扩大，城市间的经济联系也将随之增强，反映了要素扩散与聚集力量在粤港澳大湾区城市群发展中的重要作用；R 与 I 的实际相关系数为 -0.086，说明产业结构不合理将对增强城市间经济联系产生负影响，反映了产业升级在是粤港澳大湾区城市群发展的重要组成部分；R 与 E 的实际相关系数为0.026，说明经济全球化的不断发展，将增强粤港澳大湾区城市群间的经济联系。

（三）QAP回归分析

运用Ucinet软件得出回归结果（见表6），得到调整的可决系数为0.431，说明选取的变量解释了大湾区城市群经济联系的43.1%，调整的可决系数的概率为0.000，说明通过了1%显著性水平检验。

表6 QAP回归分析结果

变量	非标准化回归系数	标准化回归系数	显著性概率	$P \geq 0$	$P \leq 0$
截距	14828.3047	0.0000			
D	-0.0190	-0.3372	0.000	1.000	0.000
S	0.0001	0.5922	0.001	0.934	0.066
I	287.6768	0.0735	0.050	0.050	0.950
E	-0.0048	-0.2642	0.066	0.934	0.066

从表6结果显示：D 的标准化回归系数为 -0.3372，通过了1%的显著性检验，说明了城市间的距离因素对经济联系的影响是显著的，在增强大湾区城市间的经济联系时要考虑到距离因素；S 的标准化回归系数为0.5922，通过了1%的显著性检验，表明在不考虑其他因素变化时，要素扩散与聚集能力越强，城市间的经济联系就越突出；I 的标准化回归系数为0.0735，通过了5%的显著性检验，说明了大湾区城市群间的经济联系与区域内产业结构升级密切相关，这说明，在推动城市群整体协调发展的同时，产业结构的优化升级也十分必要；E 的标准化回归系数为 -0.2642，通过了10%的显著性检验，说明经济全球化的不断深化，加速了跨区域的人流、物流、信息流等的流转和配置，从而加强了区域内城市间经济联系，因此，大湾区城市群融入全球化的发展将加速带动各城市的发展。

四、结论与政策启示

本文主要研究结论如下：一是整体网络特征结果，2009年以来粤港澳大湾区城市群经济联系日益密切，环形经济联系雏形出现，但与长三角城市群相比尚有差距。二是网络中心性结果，在17个城市中，广州、香港、深圳、佛山作为网络中心城市凸显，澳门尚未改变接收其他城市辐射的本质，韶关、河源、云浮、清远等，成为被孤立化和被边缘化城市的风险增大。三是凝聚子群分析结果，以香港和深圳、珠海和澳门、广州和佛山为中心的凝聚子群已经形成，在区域一体化过程中，以香港、深圳、珠海、澳门、广州、佛山为核心的多中心联动态势明显。四是QAP分析结果，大湾区城市群经济联系的强弱与城市间的距离、要素扩散与集聚、产业结构、经济全球化四个因素密切相关，可以解释粤港澳大湾区城市群经济联系的43.1%。

基于总体研究结论，得到的政策启示是：第一，从整体协调性出发，应提高大湾区城市网络的整体经济联系，进一步深化大湾区城市间的经贸关系；根据各城市在经济网络中不同的地位和作用，针对性地提出符合地区发展的区域经济政策；在开展城市间经济合作时，应发挥核心城市的带动作用，重视枢纽城市的建设，增加对边缘城市的关注，力争形成一种稳定、协调、有序的区域经济发展新模式。第二，在推动大湾区城市经济发展时，要重视城市间经济发展的联动性，三大城市"团体"已经出现，周边城市"团体"归属尚未明确，因此，政府在制定区域发展政策时，要做到更为精准地定位城市的功能，找准城市最终的"团体"归属，以推动城市的经济的发展。第三，QAP分析结果已经为大湾区城市群的建设提供了较为清晰的思路。大湾区城市群经济联系主要受到城市间的距离、要素扩散与集聚、产业结构、经济全球化四个因素的影响。就城市间的距离而言，可以注重加快现代交通网络和交通基础设施的建设，增强城市间的可达性；对于要素的扩撒与聚集来说，可以通过增强城市间的经济、文化、信息、技术、人才等要素的流动来提升企业在城市的集聚，增加对城市内部的基础设施的投资，对企业形成绝对的吸引优势，对于不能紧跟城市发展步伐的企业，应加快转移，扩散到其他地区；从产业结构角度来看，应加快产业的转型升级，特别是高端制造业的回归和服务型产业的快速发展，使产业链条得以深化以及延伸，还须注意城市间的产业承接关系，更好地应用产业，服务于城市的经济发展。第四，全球化因素显示，要想实现大湾区城市群向世界级城市群的目标前进，应主动迎合世界开放发展大趋势，利用大湾区优势，顺着"一带一路"倡议发展趋势，深化与沿线国家的合作与交流，建立持续稳定和谐的海外贸易市场关系。

参考文献：

[1] Stanley Wasserman, Katherine Faust. Social Network Analysis in the Social and Behavioral Sciences [J]. Cambridge: Cambridge University Press, 1994.

[2] 刘军. 社会网络分析导论 [M]. 北京：社会科学文献出版社，2004.

[3] 种照辉，覃成林. "一带一路"贸易网络结构及其影响因素：基于网络分析方法的研究 [J]. 国际经贸探索，2017（5）.

粤港澳大湾区的发展目标与宏观路径选择

左连村[*]

摘 要：粤港澳大湾区的建设目标应当是具有中国特色的综合优势引领的世界级湾区经济带。这种综合优势主要表现为社会制度的综合、核心城市的综合、优势产业的综合以及多元文化的综合。在借鉴世界大湾区成功经验的基础上，应以新发展理念推动粤港澳大湾区的建设，并把新的发展理念转化为建设粤港澳大湾区的宏观发展路径，包括改革发展的路径、开放发展的路径、创新发展的路径、协调发展的路径以及绿色发展的路径等。

关键词：粤港澳大湾区；综合优势；新发展理念；发展路径

习近平同志在中国共产党第十九次全国代表大会的报告中，明确将"一国两制"作为贯彻落实新时代中国特色社会主义思想的基本方略，并指出粤港澳大湾区建设、粤港澳合作、泛珠三角区域合作等将成为全面推进内地同香港、澳门互利合作的重点工作。加快粤港澳大湾区的建设已成为新时代粤港澳区域经济合作的必然要求。

一、粤港澳大湾区建设的重要意义

（一）粤港澳大湾区是创新区域合作的重要表现和举措

从地理概念上看，湾区是由一个海湾或相连的若干个海湾、港湾、邻近岛屿共同组成的区域。国际上，湾区一般指的是围绕沿海口岸分布的众多海港和城镇所构成的港口群和城镇群，由此衍生的经济效应被称为湾区经济。纽约湾区、旧金山湾区、东京湾区和新加坡海峡的"成长三角"，便是先后在全球经济竞争中崛起的著名湾区。湾区经济会随着国际贸易的兴起，航运业的发展，推动在沿海区域经济的活跃度以及沿海港湾的人口集聚，从而形成众多的港口群和城市群。粤港澳区域发展历程体现了这种湾区经济发展的基本特征。

改革开放以来，粤港澳区域经济得到快速发展，不仅在制度层面通过 CEPA 协议的实施推动内地与港澳的合作发展，而且在合作的方式上，也以从珠三角到大珠三角再到泛珠三角的方式进行推进。粤港澳大湾区的范围基本是指泛珠三角的地理范围。而粤港澳大湾区的提法则比大珠三角的提法更为科学，在推进区域合作深度发展的过程中，应当说这是创新粤港澳区域合作的重要表现和举措。2015 年 9 月 15 日，国家发改委就《关于在部分区域系统推进全面创新改革试验的总体方案》举行发布会，时任国家发改委秘书长李朴民明确指出，

---

[*] 左连村，广东外语外贸大学教授。

珠三角着眼于深化粤港澳创新合作。习惯上的提法是加强区域创新或合作创新，而国家发改委则明确提出深化粤港澳创新合作。创新合作可以理解为创新中要深化合作，也可以理解为要对粤港澳合作的理念、合作方式以及合作行为进行创新。

粤港澳大湾区概念的提出，首先表现为概念创新，并产生了概念经济效应。概念经济是以得到公众认可的概念为依据而展开的经济活动的总和。概念经济存在一种发现功能，一个新的区域概念的出现，会使人们发现未来可能的一种经济现象和经济状态。这种经济概念的发现功能，现在越来越得到重视和普遍运用。

随着国家对粤港澳大湾区的战略地位的确定，人们会越来越集中精力建设大湾区，而且在粤港澳大湾区的带动下，中国可能会出现更多的湾区经济带，比如渤海湾、杭州湾、胶州湾、北部湾等。目前发展比较好的是以北京和天津为"双核"的环渤海湾湾区、以上海为核心的杭州湾湾区和珠三角湾区（粤港澳大湾区）。在湾区经济带动下，中国将以更快的速度跨越中等收入陷阱，湾区经济的带动实际上就是沿海经济带动。

（二）粤港澳大湾区概念的提出可借鉴国际三大湾区经济发展的成功经验

一些发达国家沿海城市经济的发展，往往表现为一个沿海岸线的湾区经济带，基于地理位置的优势，积累了与这种地理位置相适应的发展经验。粤港澳区域经济同样表现出一个沿海经济的特征，但长期以来没有从湾区经济带的视角思考和布局区域合作和一体化发展的问题，也没有认真总结发达国家湾区经济发展的经验。提出建设粤港澳湾区经济就可以很好地对标借鉴国际上成熟的湾区经济发展的经验，这对推动粤港澳区域合作具有积极的推动作用。

（三）粤港澳大湾区的建设有利于支持"一带一路"倡议的实施，使之成为重要引领区和支撑区

"一带一路"是"丝绸之路经济带"和"21世纪海上丝绸之路"的简称。广东、香港和澳门都同处在"一带一路"倡议的重要节点上，在"一带一路"建设中具备区位、信息、经济和人文等多种优势，粤港澳大湾区的建设必定会成为"一带一路"倡议发展的重要纽带和对外开放的平台。改革开放以来，粤港澳地区的快速发展，已经形成了世界级的海港群、空港群和高速立交群。据相关数据显示，2014年粤港澳大湾区集装箱吞吐量超过7000万标准箱，机场年旅客吞吐量约1.4亿人次，进出口贸易额约1.5万亿美元，经济总量超过1.4万亿美元，具备了比肩世界发达湾区的条件和基础。2017年7月1日，《深化粤港澳合作推进大湾区建设框架协议》正式签署，为"一带一路"建设创造更有利的条件。"一带一路"建设与粤港澳大湾区建设的无缝对接，必然使粤港澳大湾区成为推进"一带一路"建设的重要引领区和支撑区。

（四）粤港澳大湾区将拉动香港、澳门和广东三地的整体经济水平的提升

粤港澳大湾区的建设目标将会给粤、港、澳三地经济合作带来新的发展格局，即把粤港澳大湾区的建设放在引领世界经济发展的新的平台上进行布局和发展，这就远远跳出了过去就区域谈区域的发展战略思路。新的发展格局必然会使粤港澳大湾区在基础设施、产业结构、资源集聚和功能辐射、技术创新以及区域协调等领域得到全面提升，使之不仅成为国内区域经济发展的引领者，而且成为国际区域经济发展的新的增长极，从而极大地拉动粤、港、澳三地经济整体水平的提升，进而为中国经济实现"两个一百年"的宏伟目标做出

贡献。

(五) 发挥港澳独特优势，提升港澳在国家经济发展和对外开放中的地位与功能，深化内地与港澳合作

香港、澳门是享誉全球的国际港口城市，在国家发展中具有十分重要的战略地位。在过去 40 年的时间里，港澳作为国家走向世界的窗口和桥梁，做出了巨大贡献，同时也借此缔造了今天的繁荣。香港、澳门有着各自独特的优势，通过粤港澳大湾区的建设，三地经济将会进一步融合共生，香港、澳门也必将释放出各自的巨大潜力，充分发挥自身的优势，为国家新一轮战略性发展做出更大的贡献，进一步提升港澳在国家经济发展和对外开放中的地位与功能。同时，通过粤港澳大湾区的建设，香港、澳门也会进一步深化与内地的合作，进一步融入内地经济，为港澳的持续繁荣与稳定创造更好的腹地基础。

二、粤港澳大湾区的建设目标

粤港澳大湾区的建设上升到国家战略层面以后，人们纷纷开始论证湾区建设的目标定位。从国际上一些国家的湾区经济发展来看，似乎都有一些代表性的突出特色，比如旧金山湾区，是依托高端科技发展起来的世界级湾区，是世界上最重要的高科技研发中心之一，象征着 21 世纪科技精神，仅"硅谷"就足以说明旧金山湾区的突出特色。东京湾区是以制造业的发展为引领的世界级湾区，在庞大的港口群的带动下，逐步形成京滨、京叶两大以制造业、重化工业为主的工业带，钢铁、石油化工、现代物流、装备制造和高新技术等产业十分发达。纽约湾区是世界金融的核心中枢以及国际航运中心，是以世界金融中心为引领的世界级湾区。

粤港澳大湾区的建设目标，毫无疑问是世界级经济大湾区，但应将它建设成具有什么特色的世界级大湾区，国内学界有很多提法，笔者认为这种特色应该是一种综合优势的引领。粤港澳大湾区的建设目标应当是中国特色的具有综合优势引领的世界级湾区经济带。这种综合主要体现在以下几个方面。

(一) 不同社会制度的综合

在粤港澳湾区存在香港、澳门和内地三个独立的关税领土，同时存在资本主义制度、社会主义制度，以及可能出现的既不是资本主义也不是社会主义的制度（如设想中的横琴模式）。这个综合的社会制度特色是世界其他任何湾区经济带都不具有的独特优势，而且这个综合优势也会产生出世界其他任何湾区经济带所没有的独特的发展模式。发挥"一国两制"的优势，促进粤、港、澳大湾区的建设和发展，必然使粤、港、澳三地焕发出前所未有的发展活力，成为粤港澳大湾区经济带的一个亮点。

(二) 核心城市的综合

国际上的一些大湾区发展一般都由一个核心城市带动和引领，比如旧金山、东京和纽约分别是旧金山湾区、东京湾区和纽约湾区的核心城市，这些核心城市发挥着集聚和辐射这些湾区资源的作用。而在粤港澳大湾区，目前很难形成一个核心城市引领湾区经济发展局面，可能的现实是由几个发展比较快而且规模比较大，同时对周边地区辐射作用比较强的大城市共同引领，或者由多个核心城市综合引领。具体可能就是香港、深圳、广州 3 个核心城市共同引领粤港澳大湾区的发展，在此基础上实现区域内各城市间的协调发展，并逐步发展成为

世界级的城市群和国际大湾区经济带。

(三) 优势产业的综合

粤港澳大湾区内不同的核心城市拥有不同的优势产业,香港拥有以金融中心为特色的服务业优势,深圳拥有以自主创新为特色的创新产业和战略性新兴产业优势,广州拥有以社会、行政、经济管理为特色的制造业和商贸业优势等,区域内各种优势产业形成错峰发展,相互影响,相互协调,优势互补,相互促进,不断推动粤港澳大湾区的融合发展。发展的结果将是各种优势产业形成一种综合效果,即将粤港澳大湾区打造成多元化的由不同特色产业引领的综合性的国际大湾区经济带。粤港澳大湾区将在世界金融、科技自主创新、国际先进制造业,以及其他优势产业比如现代化农业等领域全方位引领世界经济的发展,使粤港澳大湾区真正成为综合优势产业引领的世界级湾区经济带。

(四) 多元文化的综合

由于香港和澳门的历史积淀,使得粤港澳大湾区内东西方文化相互交汇,不同文化相互碰撞和相互吸收融合,长期发展将会逐渐形成一种新的多元文化形态。这是一种文化的综合和融合,这种多元文化的综合不仅顺应了粤港澳大湾区的发展,而且还是粤港澳大湾区特有的文化元素,在内地其他区域或者世界其他区域是不存在的,这种特有的文化形态将会成为粤港澳世界级大湾区带的重要支撑。

三、世界著名湾区的共同特征

目前,世界上最发达的区域往往集中在湾区周边。纵观全球经济发展,湾区经济已成为世界众多一流城市发展的共同趋势,如纽约湾区、旧金山湾区、东京湾区等,这些湾区在长期的发展过程中表现出一些共同的特征。

(一) 开放自由的发展环境

湾区经济的现代化进程表现出一个完全的开放性和自由化,开放和自由是湾区经济发展的先决条件和根本优势。世界著名湾区经济一般都是依托海港及港湾发展起来的,港口和港湾的地理位置特征比如避风、水深、防冻、三面环陆等优点,容易吸引人们的集聚,具有天然的开放属性。港口作为连接内陆和国际市场的重要节点,只有开放才能货畅其流,促进国际贸易的发展。港口城市作为对外开放的门户,是外商直接投资的优先选择,也就成为连接本国市场和国际市场的重要节点。无论对一个城市还是一个城市群来说,开放都是恒久的主题。湾区经济依赖国际港口的开放属性带来的人员、资金、货物等要素的自由流动,推动了国际贸易和投资的发展,带动了湾区经济带的繁荣。世界三大著名湾区的发展和壮大,都是在开放和自由的环境中实现的。它们拥有开放发展的临海优势,而且持续利用着这样的优势,目前仍然是全球最开放的经济区域。因此,开放与自由化是国际上著名湾区的首要特征。

(二) 开拓创新的发展动力

得益于高度的开放性和自由发展环境,湾区经济走出了一条创新发展的道路。从早期的港口服务业创新到临港工业的创新再到现代科学技术的创新,湾区经济无不受益。特别是现代科技创新对湾区经济的推动更能体现湾区经济的开拓创新精神。港口城市以它先天优势汇集各种新的信息和人才资源,通过设立创新机构,催生创新成果,构建起完善的区域创新体系，成为国际创新区域的引领者。与一般的休闲湾区相比，湾区经济往往拥有高度发达、门类齐全的产业系统，集聚和培养着众多高端人才，跨国公司的研发中心、各类创新机构以及资本孵化组织等也都集聚于此，政府也会设立各种创新协作运行平台。同时创新又增强了湾区城市发展的动力，使得湾区城市在不同阶段都保持领先地位。无论是旧金山湾区还是东京湾区，开拓创新都成为区域经济发展的强大动力，旧金山湾区南部的硅谷是创新引领湾区经济的典范。

（三）高效统一的发展基础

国际湾区的发展特征之一是其高效统一的发展基础。交通、通讯、公共服务设施等基础设施构成湾区经济发展的重要基础，而这些基础设施在国际湾区经济带早已形成高度一体化的格局。特别是现代通信手段在互联网时代展现出前所未有的快捷和高效。港口、铁路、公路、航空等现代交通手段相互接驳，联动运行，湾区内的城市与城市之间、城市与港口之间、港口与港口之间、沿海与腹地之间，人流、物流、技术流、信息流以及资金流等都会在最短的时间内完成配置与运作，从而大大提高了企业经营效率和人员工作效率，湾区的城市网络效应得以充分彰显。纽约湾区、旧金山湾区、东京湾区等都呈现出这样的基本特征。

（四）分工协作的发展载体

湾区经济发展必须依托城市和产业这些发展载体的协同与分工，协同发展是湾区经济发展的客观要求。湾区经济一般都聚集着强大的港口群与都市群，但每个城市的地位与作用不尽相同，一般都只有一个核心都市，其他城市都会围绕着核心城市谋求产业与职能的错位发展，以共同提升整个湾区经济的竞争力。湾区经济一般也涉及多个行政区域，不同行政区域也都拥有多种不同产业的发展，在一体化基础设施条件下，还需要区域和产业的分工协调。事实证明，像纽约湾区、旧金山湾区、东京湾区等发展成熟的湾区经济都有着合理的分工协作体系，包括加强统筹规划，明确城市与港口的角色定位，以及多种治理组织。通过城市与产业的分工协作，使整个湾区的经济联系更加紧密，城市经营和产业发展成本大大降低。除此之外，湾区城市还发挥中心城市的外溢效应，保持与内陆腹地载体的协同发展，以保持湾区经济繁荣的持续性。纽约湾区、旧金山湾区、东京湾区都具有发展载体协作分工发展的共同特征。

（五）宜居宜业的发展保障

宜居宜业是湾区发展的重要保障。湾区靠近海洋、海湾，自然环境和生态环境适合居住。港口城市更加注重以人为本来打造宜居空间，形成了优美宜居的城市环境，成为人才汇集的重要原因。同时湾区中各种产业集聚，发展活跃，持续繁荣，适合人们进行投资。宜居宜业的环境往往对人才有着强大的吸引力。几大著名的湾区几乎都有着宜居宜业的环境优势，这是湾区经济崛起的决定性因素之一。湾区城市对内陆乃至世界资源具有强大吸引力，集聚了世界各地的投资，创造了大量工作机会，带来了大量的年轻移民，为城市发展注入了不竭的活力，促进了经济的繁荣。

四、粤港澳大湾区的宏观发展路径

世界先进湾区的发展特点或者经验，实际上就是发达国家经济发展的经验和理念，对此，我国在推进现代化建设过程中思路是十分清晰的。在党的十八届五中全会上，习近平同志系统论述了创新、协调、绿色、开放、共享五大发展理念。牢固树立并切实贯彻五大发展理念，是关系我国发展全局的一场深刻变革，也是我国区域经济发展的重要指导思想。党的十九大在融入五大发展理念的同时，提出了贯彻新发展理念，建设现代化经济体系。在中国特色社会主义新时代，我们应该以新发展理念发展区域经济，建设粤港澳大湾区，并把新的发展理念转化为建设粤港澳大湾区的宏观发展路径。

（一）改革发展的路径

改革开放40年来，粤港澳经济区取得了举世瞩目的成就。在中国特色社会主义新时代建设粤港澳大湾区还需要继续高举改革的大旗，继续走改革发展的道路。粤港澳大湾区要努力推进供给侧结构性改革，把发展经济的着力点放在实体经济上，把提高供给体系质量作为主攻方向，显著增强粤港澳大湾区经济质量优势。着力构建高端高质高新的现代产业体系，推动互联网、大数据、人工智能和实体经济深度融合，把粤港澳大湾区建设成我国先进制造业的引领区域。同时大力发展新一代信息技术、人工智能、生物医药和新能源、新材料等战略性新兴产业，瞄准国际标准，加快发展现代服务业，全面实现创新驱动战略。改革发展的路径也要加快完善社会主义市场经济体制，并以完善产权制度和要素市场化配置为重点，推进经济体制改革，这是大湾区经济发展的市场制度保证。

（二）开放发展的路径

在中国特色社会主义新时代，新常态下的对外开放不再是简单的招商引资、扩大出口，而是要以全球视野和更加开放的胸怀奉行互利共赢的开放战略，要实现引进来和走出去并重，引资、引技、引智并举。要加强创新能力开放合作，形成陆海内外联动、东西双向互济的开放格局。目前，在粤港澳大湾区内存在着持续开放发展的机会和优势，"一带一路"的建设、自由贸易区的发展，以及内地与港澳合作的一系列制度的安排等，都成为粤港澳大湾区开放发展的重大机遇。粤港澳大湾区存在十分广阔的开放与发展的空间。

（三）创新发展的路径

目前，中国经济已经进入创新驱动发展的轨道，粤港澳大湾区的建设要把发展的基点放在创新上，形成促进创新的体制架构，更多依靠创新驱动、更多发挥先发优势的引领性作用。城市规划不能因平衡利益关系而停留在低水平的排列组合上。粤港澳大湾区目前已经有了良好的创新发展条件，区内有两个自主创新区，包括深圳自主创新区和珠三角自主创新区，还有国家的创新驱动战略，以及各种开放创新的叠加优势。创新表现在许多方面，包括理论创新、管理创新、文化创新、技术创新等，但核心是在科技创新。粤港澳大湾区应发挥区内高等院校的人才优势，利用三方的合力，在强化基础研究的同时，大力加强应用基础研究，瞄准关键前沿技术和颠覆性技术进行创新突破。要通过构建开放型创新体系，完善创新合作体制机制，将粤港澳大湾区逐步打造成全球创新高地，为建设世界级经济湾区提供支撑。

（四）协调发展的路径

湾区经济发展有其自身的规律性，应遵循湾区经济发展规律进行建设。湾区发展一般都会形成城市群，粤港澳大湾区建设的主要特征是都市群的建设。应发挥湾区内不同区域以及不同城市之间的合作互补，充分发挥优势，协调发展。协调发展主要表现在创新行为要创新合作协调，产业发展协调，区域内和区域内外的协调发展等。在产业协调发展方面，应特别注意基础设施与其他产业的协同发展，培育利益共享的产业价值链，打造具有国际竞争力的现代产业引领区,进而构建公共服务、就业、消费等均衡发展的生态系统。要特别注意湾区内不能为追求服务业的比重而忽视制造业的发展,要努力保持并提升珠三角制造业的优势地位。历史经验表明,制造业能够帮助一个国家保持产业领先地位,同时提供实实在在的就业岗位,美国"再工业化"战略的实施说明了该问题的重要性。实践证明,制造业走到哪里,哪里就会出现繁荣景象,离开哪里,哪里经济增长就会出现下滑。

（五）绿色发展的路径

绿色发展本质上是要处理好发展和保护的关系、人与自然的关系。能否坚持绿色发展,是关系到中国的发展是否可持续,中华民族的发展是否能够永续的问题。这在粤港澳大湾区建设中是不能回避的基本问题。党的十八大以来,广东认真贯彻落实新发展理念,坚持绿色发展,在经济发展不断增长的同时,生态环境得到进一步改善。党的十九大报告提出建设美丽中国,围绕生态环境保护提出相关要求。粤港澳大湾区应贯彻十九大新的发展理念,借鉴国际湾区宜居宜业的成熟做法,把湾区建设成生态环境保护的引领区,建设成世界上最美丽的国际湾区经济带,为中华民族的腾飞做出更大贡献。

参考文献：

［1］习近平. 决胜全面建成小康社会 夺取新时代中国特色社会主义伟大胜利：在中国共产党第十九次全国代表大会上的报告［R/OL］. http：//www. xinhuanet. com/politics/19cpcnc/2017 - 10/271C_1121867529. htm.

［2］程健,田莹莹. 香港在粤港澳大湾区建设中的优势［J］. 中国经济报告,2017（6）.

［3］吕锦明. 粤港澳大湾区将成"一带一路"建设重要枢纽［N］. 证券时报,2017 年 9 月 12 日（A002）.

［4］牛琪. 香港在"一带一路"建设中能够发挥重要作用［N/OL］. http：//www. xinhuanet. com/gangao/2016 - 05/19/C_1118898426. htm.

［5］李天研. 粤港澳大湾区打造"一带一路"重要支撑区［N/OL］. http：//gd. people. com. cn/n2/2017/0912/c123932 - 30722331. html.

［6］国家发展与改革委员会. 深化粤港澳合作 推进大湾区建设框架协议［N/OL］. http://www. ndrc. gov. cn/fzgggz/dgjj/qygh/201707/W020170704311214436773. pdf.

［7］崔洁. 造就世界级湾区经济［N］. 南方日报,2015 - 04 - 21（BD02）.

［8］张锐. 世界湾区经济的建设经验与启示［J］. 中国国情国力,2017（5）.

［9］申明浩,杨永聪. 国际湾区实践对粤港澳大湾区建设的启示［J］. 发展改革理论与实践,2017（7）.

从"超级联系人"论香港经济发展定位

杨 英[*]

摘 要：当前香港经济发展定位存在着整体定位未因环境变化而做有效调整、"四大主要行业"定位缺动态意识、"六大优势产业"分散且缺"落地"安排和两类产业之间缺内在联系等问题。香港提升城市竞争力的经济发展定位是"世界经济体系中不同国家及不同经济体之间的全方位的高水平的'超级联系人'"。按新发展定位发展经济，香港必须改变观念，理顺并对接经济运行机制、与珠三角共同构筑相应的产业体系、优化与"双向"乃至"多向"联系环境等。

关键词：香港；超级联系人；经济发展定位

香港回归 20 年来，经济增长速度有所回落，平均年增速为 3.2%，其主要原因是经济发展进入"后工业化"之后经济增长模式的内在规律所定，当然，也有受外围经济因素影响的原因。多年来，香港失业率维持在接近充分就业的 3.1%～3.2%。拿这些数据与世界上成熟经济体做比较，可以看出香港经济整体发展是相当不错的。某些学者从"简单粗暴"的视角，认为香港过去 20 年来经济发展速度过于低下是不客观的。笔者认为，目前香港的经济确实存在着不少问题，但绝不是速度问题。约束香港经济发展特别是未来进一步发展的问题主要是发展定向和结构问题。香港经济的发展定位只有随自身发展环境及条件的变化而与时俱进地做出相应的调整，才有可能保持强盛的城市竞争力，使其经济得以健康稳定发展。因此，讨论香港经济首先必须以确立发展定位为基础。

一、香港经济发展定位的现状及问题

香港经济的竞争力受其发展定位规定和影响。区域及城市经济发展定位包含整体定位及具体定位两个层面。香港在经济发展定位上，存在着如下问题：

（一）整体定位未因应环境变化做有效调整

20 世纪 80 年代香港曾委托美国斯坦福国际战略研究所做过相关的研究。后者通过分析香港当时所处的战略环境，以及所拥有的战略资源和条件，提出香港经济发展必须利用内地经济发展所具有的巨大的潜力，内地着力融入世界经济体系但又对外相对封闭，缺少必要的渠道和机遇，香港可紧紧维系于"内—港—外"（注：当时香港尚未回归，报告称"中—港—外"。本文为规范行文，改称"内—港—外"）这一战略定位上，通过扮演内地在对外贸

---

[*] 杨英，暨南大学经济学院。

易及对外合作方面的"桥头堡"角色，寻求自身的最佳发展。之后，关于香港经济的发展定位，虽然不同时期其内容会有所调整，但在整体上一直都在国际性出口加工运营中心、国际性贸易中心、国际性金融中心、国际性投资中心、国际性旅游中心、国际性航运中心和国际性信息中心等多项内容的"国际性多功能经济中心"这一内涵清晰的定位中作选项，并以"内—港—外"为核心着力点。① 笔者认为，在内地开始推行改革开放的20多年的时间里，上述对香港经济的整体定位是非常清晰有效的。至2013年6月梁振英在美国纽约访问时首次提出"超级联系人"的概念，表示"香港与内地关系密切，加上国际大都会的优势，在中美的经贸关系中可以担当'超级联系人'的角色"之后，"内—港—外"的这种定位更得到进一步的强化。② 自2015年起，香港行政长官的施政报告均将香港经济发展的整体定位于内地对外联系的"超级联系人"之上。2015年，指出"香港的大小产业，都有一个共同优势，就是在中国内地和外国之间的联通作用，是国内外的'超级联系人'"；2016年，提出"香港要发展好经济，必须同时重视国内外的经济关系"。"凭借'一国'和'两制'的双重优势，发挥'超级联系人'的作用，既引进外国的技术和资金，也可以成为内地企业走出去的平台和伙伴"；2017年，开始进一步收窄"超级联系人"内涵，有将其更明确地锁定于"一带一路"之上的趋向，提出"政府继续全力支持'一带一路'倡议，凭着'一国两制'及其他优势，充分发挥'超级联系人'作用"③。不少学者及官员们便向着此思路定位香港的经济发展。如陈义兴、暨佩娟认为，香港一直都扮演着连接中国内地和世界之间"超级联系人"的角色。④ 但随着内地改革开放推进及经济的高速发展，两地之间的差距逐步缩小，香港相对于内地的优势也日渐消失，加上各种内外部环境的影响，其经济正遭遇前所未有的艰难时期。为此，香港经济能否再创辉煌，很大程度取决于其能否抓住"一带一路"的历史机遇，重新对自身经济发展定位做适时的调整。张伟更是直接将香港作为"一带一路"的"超级联系人"进行定位并提出相应的建议。⑤ 各学术论坛及会议上也有多人将香港的"内—港—外"定位于内地实施"一带一路"倡议的"超级联系人"上。

世界政治和国内外经济格局正在发生深刻变化，中国对外开放在进一步推进，正在极力加强其在全球经济的倡导作用和主导地位，自然使内地的外向型经济对香港的直接依赖性越发减弱。如原来香港在内地利用外资及对外贸易中占的大比数，但商务部台港澳司统计资料显示，至2016年内地与香港贸易额为3052.5亿美元，仅占内地对外贸易总额的8.3%，香港已由内地的第一大贸易伙伴和出口市场降为第四大贸易伙伴和第三大出口市场；截至2016年12月底，内地累计实际使用港资及内地对香港非金融类累计直接投资分别降至51.7%和52.9%。⑥ 当"内—港—外"这一国际性多功能经济中心的定位遇上内地对外开放力度不断加大、不断融入世界经济体系之后，其合理性及引导经济发展的有效性自然会出现难以调和的问题。

---

① 参见杨英《香港经济新论》，暨南大学出版社2002年版，第17–22页。
② 梁振英：《香港可做中美经贸"超级联系人"》，载《广东经济》2013年第7期。
③ 参见梁振英《香港特区政府施政报告》2015年、2016年和2017年。
④ 参见陈义兴、暨佩娟《"一带一路"国家战略下香港地区经济发展重新定位之探析》，载《海南金融》2017年第2期。
⑤ 参见张伟《香港经济的结构性问题与发展路径研究》，载《当代经济研究》2016年第10期。
⑥ 数据来源：http://www.chyxx.com/data/201702/498177.html。

(二) 具体定位不合理

城市的整体定位不合理，必然导致香港在经济发展的具体定位上使得自身发展与所拥有的资源及其与对所处的环境条件的挖掘存在偏差。具体表现在以下三个方面。

1. "四大主要行业"仅以现状为依据，缺少动态意识

目前香港将GDP占比较高的行业圈定为所谓"四大主要行业"（区域经济学及城市经济学将其称为支柱产业）。从表1可以看出，近年来的"四大主要行业"虽然在全港GDP总量的占比一直在50%以上，但呈波动性且有不断下降的趋势。这一水平已从2011年的58.5%降至2015年的52.7%。其主要特征有三：一是作为专业化主导性产业的金融服务业虽呈稳步上升态势，但从横向比较看却还是落后了。2008年年初，《时代》周刊发表的一篇名为《三城记》（A Tale of Three Cities）的文章中，就运用一个叫"纽伦港"（Nylonkong）的新词，直接绕过东京、巴黎，将香港与纽约、伦敦共列为21世纪全球化国际大都会的典范，认为认识了这三座国际大都市，便可把握当今全球化时代。资料显示，多年来纽约和伦敦交替争夺全球金融中心的前两位次，而香港与新加坡则你追我赶争夺三甲，且多数情况下是名列第三，这便是美国《时代》周刊曾将纽约、伦敦、香港列为三大世界金融中心，并称"纽伦港"的原因。但据大公网报道，智库机构Z/Yen公布的全球金融中心指数反映，在全球86个金融中心排名中，伦敦、纽约继续居全球首两位，而香港已首次被新加坡超越，跌出三甲。① 二是由完善的法治环境、人才优势、信用基础、资源基础及产业基础支撑的专业服务及其他工商业支援服务业和旅游业②，本来应该得到长足的发展，但前者却仅基本保持不变，后者则因定向问题而仅有微小上升③。三是从比较优势理论看，因周边整个珠江三角洲地区的港口及物流枢纽众多且成网络状分布，香港与之相比，无论在港口开发、建设及维护成本，还是人力成本上，均明显偏高，且成本一直在不断趋高，因而其贸易及物流出现一定幅度的下降。自20世纪末起，香港的不少转口贸易不断转为离岸贸易，正是为降低运营成本、更好发挥自身比较优势的顺势行为。然而香港贸易及物流的"主要行业"地位正在发生变化的趋势未能得到应有的重视。

表1 2011—2015年香港"四大主要行业"占全港GDP比重（%）

行业 \ 年份	2011	2012	2013	2014	2015
金融服务	16.1	15.9	16.5	16.7	17.6
旅游	4.5	4.7	5.0	5.1	5.0
贸易及物流	25.5	24.6	23.9	23.4	22.2
专业服务及其他工商业支援服务	12.4	12.8	12.4	12.4	12.4
四大行业GDP总量占比	58.5	58.0	53.3	57.6	52.7

注：根据香港统计处资料整理。

---

① 资料来源：http://news.xinhuanet.com/gangao/2016-04/09/c_128878541.htm。
② 参见杨英、杨桂英《香港区域竞争优劣势评析》，载《产经评论》2010年第3期。
③ 参见杨英、林显强《香港旅游业的"内地化"弊端与国际化走向》，载《南方经济》2008年第10期。

2. "六大优势产业"的确定既分散又缺乏具体的"落地"安排

从比较优势出发,香港将文化及创意产业、医疗产业、教育产业、创新科技产业、检测及认证产业和环保产业确定为所谓的"六大优势产业"。这六大优势产业,即城市经济学及区域经济学所指的先导产业。它们均属香港具有潜在竞争力的产业领域,然而其具体定位还须从"落地"环节上进一步明确化。从经济布局理论看,香港的六大优势产业可分为"在地产业"及"飞地产业"两种类型,它们的布局规律及要求有着很大的差别。其中的检测及认证产业和环保产业等属"飞地产业",主要应立足于利用香港自身特有的有利环境及条件,给予培育发展并通过产业链的内在联系,将产业及其触须伸向域外市场以期得到高效发展。但是,文化及创意产业、创新科技产业、教育产业及医疗产业则属"在地产业",它们一离开香港适宜的社会文化环境便难以健康发展。大规模地在香港发展"在地产业"会带来大量的人口进而增加香港空间压力,向内地拓展又会一定程度上深受"两制"体制及文化因素约束。由于多年来香港没有对"六大优势产业"进行有效地分类管理,故其发展一直裹足不前。表2数据足以反映2008—2015年香港"六大优势产业"并没有获得见成效的发展。

表2 2008—2015年香港"六大优势产业"占全港GDP比重(%)

年份 行业	2008	2009	2010	2011	2012	2013	2014	2015
文化及创意产业	3.9	4.0	4.5	4.7	4.9	5.1	5.0	4.7
医疗产业	1.3	1.5	1.5	1.4	1.5	1.5	1.6	1.7
教育产业	1.0	1.0	1.0	1.1	1.1	1.2	1.2	1.2
创新科技产业	0.6	0.7	0.7	0.7	0.7	0.7	0.7	0.7
检测及认证产业	0.3	0.3	0.3	0.3	0.3	0.3	0.3	0.3
环保产业	0.3	0.3	0.3	0.3	0.3	0.3	0.3	0.3
六大产业GDP占比	7.4	7.9	8.3	8.5	8.7	9.1	9.2	8.9

注:根据香港统计处资料整理。

3. 没有科学疏理上述两类产业之间的内在逻辑联系

关于"四大主要行业"与"六大优势产业"的关系,前者应该是在香港发展过程中已经形成的具较大规模且增长较为稳定的主导性产业;后者虽目前产业规模不大,但在新的发展时期中通过塑造并利用新优势已形成一定的基础,潜在前景好,为香港今后经济发展新增长极的先导产业。主导产业及先导产业有着不同的发展规律,只有遵循相关的产业演化规律促进其协调发展,才能有效地维护现有主导产业和培育新的主导产业。但是,多年来香港在产业促进方面并没有对这些产业进行分类管理,而是"眉毛胡子一把抓"。另外,香港没有理顺"四大主要行业"与"六大优势产业"之间的互促互补关系,也没有有效揭示两者与"再工业化"的关系,产业政策呈现出的摇摆不定和随机调整也导致产业结构转型升级停滞不前。①

二、调整香港经济发展定位的思考

城市经济发展定位应以有效、更好地提升城市竞争力及不断提高居民福祉为主要目标。城市竞争力是在社会、经济结构、价值观、文化、制度政策等多个因素综合作用下,创造和维持,并以自身发展在其从属的上层区域中进行资源优化配置的能力,从而获得城市经济的持续增长以及城市的辐射力和影响力。②

（一）研究城市竞争力的基本视角

国外学者对城市竞争力影响要素的研究很多,大致可归为两类：针对硬实力、硬资本的研究和针对软实力、软资本的研究。前者包含城市地理、基础设施、产业企业和矿产资源等,后者包含制度、文化、教育等。大多数理论都侧重经济结构因素,即硬实力。这主要是由于经济因素对城市的影响显而易见,而且这些因素易于量化和测度。但是,目前越来越多的研究表明,人力资源、制度环境、文化背景、教育环境等因素越来越成为解释城市竞争力的重要因素甚至核心因素。软实力在城市的持续发展中发挥越来越重要的作用。③

20世纪80年代,对城市竞争力做出开创性研究的克拉索提出了"双因素"理论。他采用两个类别统摄各类影响城市竞争力的因素：经济类和战略类,其下又有二级指标。前者注重微观经济要素,后者注重宏观要素。④ 而韦伯斯特、马勒等学者认为影响要素主要有经济结构、区域禀赋、人力资源和制度环境四种,其中比较特别的是区域禀赋,主要是指不可交易性的独特优势,如区位、基础设施、自然资源、生活质量和商务成本。⑤

"波特钻石模型"提出四因素说,其内容主要与微观层次的企业生产相关⑥；瑞士国际管理与发展研究所（IMD：International Institute for Management Development）则从侧重经济与社会的全面发展及协调这一标准出发,在梳理本地化与全球化、吸引力与扩张力、资产与过程、个人冒险精神与社会凝聚力四对关系和国内经济实力、国际化、政府管理、金融体系、基础设施、企业管理、科学与技术、国民素质八个要素的关系的基础上,从宏观层面构建城市竞争力模型⑦；博迪、克鲁格曼等人更从新地理经济学角度出发,强调国际贸易与城

---

① 参见张伟《香港经济的结构性问题与发展路径研究》,载《当代经济研究》2016年第10期。
② 参见宁越敏、唐礼智《城市竞争力的概念和指标体系》,载《现代城市研究》2011年第3期。
③ 参见罗涛、张天海、甘永宏、邱全毅、张婷《中外城市竞争力理论研究综述》,载《国际城市规划》2015年第S1期。
④ Peter Karl Kresl, Balwant Singh, "Competitiveness and Urban Economy: Twenty-four Large US Metropolitan Areas," Urban Study 36, (1999): 1017-1027.
⑤ Douglas Webster, Larissa Mulle, "Urban Competitiveness Assessment in Developing Country Urban Regions: The Road Forward" Paper Prepared for Urban Group, INFUD, World Bank, Washington D. C., July 17, 2000: 1-47.
⑥ 参见迈克尔·波特《国家竞争优势》,李明轩、邱如美译,华夏出版社2002年版,第65-67页。
⑦ 参见姚士谋、于春、年福华《城市化问题的深度认识——关于提升南京城市竞争力》,载《南京社会科学》2002年增刊。

市和地区竞争力间的密切联系。① 近来，文化、环境、制度、规划等要素对于提升城市竞争力的重要性日益得到重视，并被当作影响城市竞争力的核心部分来看待。②

（二）促进香港城市竞争力的经济发展定位分析

回归20年来，影响香港城市竞争力的内外部环境已发生了很大的变化，因此对香港的"超级联系人"的发展定位需要有一个再认识的过程。

1. 香港仍具内地任一城市无法比拟的优势

改革开放40年，内地早已走出几近完全"封闭经济体"的状态。中国作为全球第二大经济体仍以强劲的步伐迈进着。虽然，目前全国已有超过180座城市提出要建成现代国际性大城市，但内地在对外经贸合作与拓展方面所需要的国际平台，绝对不是仅仅局限于一般意义上的国际城市。因为，作为一般性的国际经贸合作平台在整个内地沿海地区已呈"串珠状"分布。而且从整体上看，内地城市的国际化水平在不断提高，但城市真正的国际化水平，不仅仅是看你的GDP及外贸额有多高，你能用多大规模的财政资源，举办过多少次国际性运动会或其他的各类峰会，更是看你拥有多少行政资源。香港作为一个国际性多功能经济城市，至今为止，在国际化程度上，无论从产业的活力、经济运行机制、市场拓展能力，还是发展环境上看，内地的任何一个城市均无法望其项背。内地虽然在对外合作与联系方面已出现了不少"直通"管道，很多的城市及港口均能直接开展对外经济合作与联系活动，但在对外联系方面均尚存在着经济运行机制未做到无缝隙对接等不完善的问题。而且这些问题在可以预见时间内，或因基础薄弱，或因体制改革的滞后性，均难以完全解决。就是以上海、广州和深圳为代表的金融业发达地区，仍然未能充分发挥潜力为全国高水平的对外经贸合作及拓展提供支持，因此体现出香港这一国际化程度很高的全球性高端服务平台式的"超级联系人"不可或缺的功能作用。据《2017年世界投资报告》显示，2016年，香港吸引外国直接投资金额达1030亿美元，而内地吸引的外国直接投资总额1340亿美元③，仅一个城市便能吸引外国直接投资达到内地的81%；对外直接投资流出存量达到1.58万亿美元，仅次于美国，比中国内地的1.28万亿美元还高，④ 其对外直接投资的体量远跳出一个城市所能达到的水平。香港在国际进行大额、高频金融交易的金融基础设施是世界一流水准，能实时处理涉及主要币种和港元的交易，且覆盖了包括银行、股票和债券等多种金融中介渠道，债券交易时中央货币市场系统能与之无缝对接，并与周边国家的有关系统联通。外汇交易进，香港汇丰银行和中银香港作为持续连接银行（Continuous Link Settlement Bank）的会员能为客户提供安全、实时的结算服务，最大程度降低了结算风险。⑤ 这充分体现了香港作为世界金融中心等，确实具有集散资金流量及其他要素的现实优势。内地推进全球化进程以高度融入世界经济体系，缺少及需要的正是香港这样的对外经贸合作及拓展的高端平

---

① Martin Boddy, "Geographical Economics and Urban Competiveness: A Critique," *Urban Study* 36, (1999): 811-842.

② 参见罗涛、张天海、甘永宏、邱全毅、张婷《中外城市竞争力理论研究综述》，载《国际城市规划》2015年第S1期。

③ 资料来源：http://www.360doc.com/content/17/0626/19/18816423_666742347.shtml。

④ 资料来源：http://quejh97nju.blog.163.com/blog/static/16851963220175108407373。

⑤ 参见王应贵、彭海涛《转口贸易、离岸金融与香港经济结构演变》，载《国际经贸探索》2014年第9期。

台。因此，香港作为一个国际性多功能经济中心已不能再与20世纪末一样，在内地对外经济联系上起无所不包的"全息化"的作用。如在发展金融服务时，应考虑到上海、广州和深圳等城市已有相当的基础和较迅猛发展的态势，在功能层次的定位上，必须着力于法制化、市场化和国际惯例化，以再演绎国际金融高端化的"纽伦港""三城记"。

2. 当好内地的"超级联系人"应具驰骋世界经济体系中的顶端优势

现在国际竞争十分激烈，"距离衰减律"在城市及其产业的国际影响与辐射中的作用在日益淡化。内地企业要在国际市场上筹资，既可以在香港，也可以在新加坡、纽约、伦敦或其他国际金融中心进行。对香港进行具体定位若没有做相应与时俱进的调整，必定会出现难以有效引导香港经济健康发展的问题。"内—港—外"的定位环境已发生巨大的变化，当前人们所认识的香港"超级联系人"角色（如定位为"中外经贸联系""内地实施'一带一路'倡议的对外联系人"等），主要还是在原来"内—港—外"的逻辑轨道上，其"超级"的"层级"的量能不够高，这不但限制香港在世界经济体系的顶级圈层上扮演其应有的角色，而且是香港在内地已全面走上对外开放轨道的今天，自身的能量无法施展，在发展上难有作为的核心原因之一。仅靠"内—港—外"定位已无法阐述及引导香港经济的有效发展。香港要作内地的一个"超级联系人"，必须在国际上先有所作为，以继续维持并提升自身于世界经济体系中作为一个国际性多功能经济中心的水平及竞争力。所以，当好内地的"超级联系人"，香港首先必须是世界经济体系中的"超级联系人"。

3. 香港"超级联系人"的新定位

国际性多功能经济中心是有着不同的层级的。配置资源能力的水平决定了一个城市在世界经济体系中地位的高低。世界经济体系中处于最高层级的经济中心，即世界级经济中心的量能是足以覆盖整个世界市场的。意大利学者米凯利·阿库托认为，全球城市不仅是世界事务中的联网代理人和全球化社会空间中经济增长的引擎，其富有创意的方法以及外向型的机制结构还可以应对人类的安全问题。[①] 肖林对高水平国际经济中心的定义是：具有全球经济、科技、信息、文化资源配置能力，全球综合服务功能和世界发展潮流引领带动力的现代化国际大都市。[②] 香港有着发展成世界级经济中心的众多有利资源及条件，如具备背靠一个相对封闭而经济发展潜力巨大的大陆，面向正需借助外部经济中心辐射以大踏步走向世界经济体系的东南亚的"区位优势"和"区域腹地优势"，以及规范的法制体制与自由港政策体系等"文化特质优势"和国际性多功能经济中心等"综合实力"。[③] 2016年，有来自世界不同地区的驻港公司7986家，来自海外及中国内地的公司在香港设立办事处近7600家，有800多家与海运相关的公司提供包括船舶管理、船舶经济及租赁、海事保险、船舶融资及海事法律和仲裁等优质海事服务。根据资源及相应的条件，香港有可能在更高、更大的市场空间有所作为，故对于"超级联系人"，应将其定位于"世界经济体系中不同国家及不同经济体之间的全方位、高水平的联系人"。从有效提升香港城市竞争力出发，香港若能确立一个合理的发展定位，并有效地运用主观能动性和城市自身具备的动员能力，便有可能争取将自身打造成世界级的经济、国际金融、国际贸易、国际航运中心，迈向更高层级的全球城市。

---

① 参见米凯利·阿库托《全球城市：我们还能视而不见吗？》，陈丁力编译，载《城市观察》2011年第3期。
② 参见肖林《上海迈向全球城市的战略路径》，载《全球化》2013年第2期。
③ 参见杨英《香港经济新论》，暨南大学出版社2002年版，第17－24页。

基于这样的考虑，笔者认为，将香港经济发展定位于"世界经济体系中不同国家及不同经济体之间的全方位、高水平的'超级联系人'"。香港要扮演这样一个高水平的国际性多功能经济中心，在推进国民经济的全球化进程方面拥有以下大量的资源。

香港要在国内对外联系与合作方面发挥更大的功能与作用，必须跳出"内—港—外"的有限视角定位自身的发展。香港只有在更多广泛的空间有所作为，才能更好地履行"超级联系人"的角色及职责。基于这样的考虑，笔者认为，香港要在世界上开拓更大的市场维度及可作为的空间，其"超级联系人"角色，必须从如下两个层面进行定位：一是国际经济体系中，东方与西方、整个远东地区不同国家及不同经济体之间经贸联系与合作的全球性平台；二是内地与世界经济体系之间的经贸联系平台。其中，前者是它的立城之本。仅有后面的定位，香港的城市自身很难在质的方面得到提升，其发展空间会让内地日益发展且为数越来越多的水平在逐步提升的外向型城市不断地挤占。只有按照前面的定位要求进行建设与发展，才有可能成为内地独一无二的对外"超级联系人"，实现后面的定位。

三、香港按新定位发展要求经济的对策思路

香港要不断地巩固及提升其在国际市场上的竞争力，在"世界经济体系中不同国家及不同经济体之间的全方位、高水平的'超级联系人'"的定位下发展经济，必须从以下三个方面做努力。

（一）改变观念，理顺并对接经济运行机制

香港作为一个"超级联系人"要有效地向内地辐射，必须以与内地经济运行机制对接为基本前提。"一国两制"中的"一国"的宪法地位无可挑战，但"两制"的优势则需进一步发掘及发挥。我们在政治上强调"一国"是必需的，但在经济发展上应更多地推出创新的思路及措施以突出"两制"的优势。如在市场机制建设方面，内地的市场化水平及法治水平与香港相比还是有较大的差距。对此，没有处理好"两制"的关系应该负有着不可推托的责任。国家早在 20 世纪 90 年代便提出了要发展市场经济，到前几年更明确指出要使市场在资源配置中起决定性作用。然而，由于原有体制的惯性及改革的时间尚短等诸多原因，目前内地的市场化发展水平与发达市场经济体还存在着不少的距离。即内地脱胎于计划经济体制并遗留着一定程度的"政府干预"的非市场化状况，与香港形成鲜明的对比。关于这一点，笔者曾在做一个关于 CEPA 的研究项目时，在一次与珠三角投资的港商参加的座谈会上听到的一个港商的感慨，便颇能说明问题。他说："在香港投资是围着'市场'转，而一跨过罗湖桥便需围着'市长'转。"陈勇、付丽琴认为目前中国的社会信用度较低，拉低了市场调控的有效性；竞争有效性得分也不高，表明中国存在社会信用度低、价格信号失灵、资源低效使用的现象；中国的市场化程度与市场经济国家仍有较大的差距。香港与内地之间，"两制"是社会制度的不同，而不应该是经济运行机制的差别。[①] 为此，加快内地市场机制的培育，便成为促进内地与香港经济运行机制对接的重要内容[②]。内地着力于培育市场机制，即须按市场经济发展的要求促使政府职能转变，以使市场在资源配置中真正发挥决

---

① 参见陈勇、付丽琴《新时期我国市场化程度测算探析》，载《上海商学院学报》2016 年第 1 期。
② 参见杨英、张守哲《区域治理视角下粤港澳经济运行机制对接的基本思路》，载《中国发展》2012 年第 4 期。

定性作用。按照国家的计划安排，以建设统一开放、竞争有序的市场体系为目标，在形成企业自主经营、公平竞争、消费者自由选择、自主消费、商品和要素自由流动、平等交换的现代市场体系，在着力于矫正过多限制市场的不合理行政体制，清除市场壁垒，提高资源配置效率和公平性等方面做文章，以加快市场经济体系的培育，促使其经济运行机制能与香港高度对接，使香港作为一个"超级联系人"能更有效地向内地辐射。这方面的工作，珠江三角洲地区必须以粤港澳大湾区建设为目标与契机，先行先试，以起先导作用。

（二）与珠三角共同构筑相应的产业体系

香港"世界经济体系中不同国家及不同经济体之间的全方位、高水平的'超级联系人'"的建设，必须以吸引及发展国际一流的相关产业为着力点，以便有效地提升自身对世界经济体系的影响力，为东西方相互之间的合作与交流以及为内地"引进来"及企业的"走出去"提供其他一般区域性经济中心无法提供的高水平的相关服务支持。要营造及强化这样的经济功能，香港必须根据自身的产业发展要求，在粤港澳大湾区的层面上对产业发展进行有机地整合。具体考虑以下三个方面：

一要通过与珠三角的合作推进共同发展，提升香港主导性支柱产业的发展规模、水平及其于世界经济体系中的竞争力。过去一段时间，香港既有的金融、经贸、旅游及航运等主导性支柱产业之所以发展受阻，主要是因为其在经济发展上没有很好地融入粤港澳大湾区整体发展的产业体系中去。为突破这一障碍，香港今后应该通过与珠三角共同构建一个发展平台，整合整个粤港澳大湾区的资源，进行合理且紧密的分工与合作来发展。如与穗深两地共建互为"前店后厂"（香港为内地对接及开拓国际市场的"店"，而穗深则为香港对接及拓展内地市场的"厂"）的国际性金融中心、国际性经贸中心、国际性航运中心和国际性旅游中心。这一产业体系建设，香港因有符合国际惯例的成熟的经济运行机制及相应的产业基础，可更加坚定地着力于在国际上整合金融资源、商贸资源、航运资源和旅游资源，以世界上一流的城市作为标杆予以发展。[①] 如根据香港虽然金融服务涵盖广泛，包括了银行、保险、证券经纪、资产管理及其他金融服务，但金融市场偏重银行及股市，债券、外汇及商品业务发展相对迟缓，整体抗逆能力较弱的特点，着力推进香港金融业的更多元化以使其更具韧力。珠三角的中心城市在这些产业发展上则应更多地着力于衔接及整合内地资源上。

二要优化运营环境，加快培育香港具潜能优势的先导性产业。为文化及创意产业、医疗产业、教育产业、创新科技产业、检测及认证产业和环保产业等"六大优势产业"正名，将其改称为"六大先导性产业"，并按先导产业的规律，一方面通过拓展香港先导性产业与整个世界经济体系（也包括内地）之间联系的便捷渠道及网络，另一方面则通过出台一系列降低交易成本及相应的支持政策给予培育，以为将"六大先导性产业"尽快、尽可能培育成香港的支柱产业群做努力。只要不断地维持香港的产业运作的规范优势和专业优势，运用"飞地"发展模式可以既贴近市场又能更好地获取拓展空间，有效地解决这一问题。

三要重新调整"再工业化"的基本方向。香港振兴制造业并非不可能，但其"再工业化"不能仅仅停留在一般化的追求转型升级的路向上。受产业发展空间及历史机遇的约束，

---

① 参见杨英《新时期粤港澳经济更紧密合作的基本趋向》，载《华南师范大学学报》（社会科学版）2016年第4期；参见杨英、林显强《香港旅游业的"内地化"弊端与国际化走向》，载《南方经济》2008年第10期；参见冯邦彦《香港产业结构第三次转型：构建"1+3"产业体系》，载《港澳经济》2015年第4期。

香港提出且正在践行的"再工业化",只能定位于高新技术产业的"孵化"及其选择性的产业性向度上。因为,高新技术产业的"孵化"是一种风险投资活动,其发展需要同时具有"科技"及"市场"两个基本要素予以支撑。根据"市场要素"的"不可移动"及"科技要素"的"可移动"的特性,可看到内地因缺乏风险投资所必备的"市场要素",高新技术产业孵化难以真正意义地发展起来。香港可以运用自身拥有的规范且高效的"市场要素",有效整合两地互补性资源,特别是从内地"移"进规模巨大的"科技要素""孵化"高新技术产业[①],并将对空间资源及劳动力资源占用量较低的高新技术产业予以本地产业化。争取经过一段时间的努力之后,将香港建设成一个国际上知名的高新技术产业"孵化"中心及创新产业基地。

(三)优化与"双向"乃至"多向"联系的环境

为巩固及提升作为世界经济体系中的"超级联系人"的地位及水平,香港必须在软件建设和硬件建设两个方面优化其在发展"双向"及"多向"联系的环境。

1. 硬环境建设

虽然,香港近些年的基础设施等硬件环境建设有很大的改观,水平也相当不错,但总体上看离建设高水平的全球性金融、经贸和航运中心尚有很大的提升空间。提升香港硬件水平应该按高水平的全球性金融、经贸和航运中心的要求进行规划、建设基础设施。具体考虑:

一是要加快提升香港机场水平的建设步伐。英国独立航空公司服务调查机构 Skytrax 公布,2017 年全球最佳机场排名,新加坡樟宜机场蝉联首位,连续 5 年夺得世界第一,香港国际机场与 2016 年同样排第五位(排第二至第四位的依次为东京羽田机场、韩国仁川国际机场及德国慕尼黑机场)。目前香港机场已与内地 46 个机场建立了紧密的航线联系,交通运输部还拟着手研究继续扩大香港与内地的航线网络。通过统筹整合香港和深圳两个相互紧邻的机场的资源发掘其潜力,远比它们各自建设第三跑道经济合理,还能高效地支持香港巩固其国际航空交通枢纽地位,保持和提升整体竞争力。

二是要整合粤港澳大湾区的港口和物流等资源。目前,粤港澳大湾区有香港、深圳和广州 3 个集装箱吞吐量居全球前十位的港口。香港港口与珠三角港口合作日益紧密,香港港口通过与珠三角港口的合资合作,拓展了港口发展空间,优化了港口资源结构和航线配置,提升了综合竞争力,形成分工明确、优势互补、共同发展的粤港澳大湾区港口群。建设以这 3 个港口为龙头的粤港澳大湾区港口群是提升香港对外及对内物流集疏能力,以强化及提升香港国际航运中心地位的不可回避的问题,有关部门应尽早着手开展这方面的研究工作并推动粤港澳大湾区港口群的建设。由于港珠澳大桥香港口岸可以通过完善的道路系统,连接香港国际机场和东涌新城区,未来再通过策略性的道路系统,连接新界西北及香港其他各区,最终把其建设成一个港、珠、澳三地的立体交通联运枢纽。在港珠澳大桥落成及开通之前与内地就该大桥的管理模式及通行规则等进行客观的定位,并作可行性研究,以有效拓展香港"世界经济体系中不同国家及不同经济体之间的全方位、高水平的'超级联系人'"在内地的西向腹地。

三是要在既有京九铁路的基础上,加快推进北京—赣州—深圳—香港(九龙)高速

---

① 参见杨英《中国高新技术产业园区布局评析》,载《中国发展》2011 年第 3 期。

铁路、北京—广州—深圳—香港高速铁路的建设；在既有的连接香港的多条公路的基础上，加快推进深圳东部过境高速公路的建设，以使香港的道路运网能与内地铁路和公路体系进行便捷且无缝隙的对接。

2. 软环境建设

软环境的建设远比硬环境的建设复杂得多。香港与内地的上海等国际性金融中心（International Financial Center）相比，其金融业的发展不仅是局限于国际金融的一般性的沟通与联系，而主要集中于高端金融业务的拓展、运营及全球性金融事务的治理，应该充分利用"两制"所赋予的自由港、独立关税区及可与发达经济体对接的法治体系等优势，以全球金融中心（Global Financial Center）为基本定向，从以下四个方面做努力：一是香港特别行政区必须按城市经济学发展基本要求，对金融、经贸和航运业以及其他先导性产业的发展制定长远的战略规划和相应的系统性实施策略。二是在继续维持按照国际惯例运作的机制运作基础上，不断地参与国际金融、经济、贸易、物流方面合作，参与联系机制的顶层设计、谈判、制定及建设，为香港全球性金融、经贸和航运中心的建设、发展、提升地位创造良好的外部环境及条件。三是考虑到香港国际性金融中心、航运中心和贸易中心的发展离不开内地的经贸联系，故香港应根据产业发展定位，探索能系统强化香港产业发展与自身腹地联系的机制，并争取尽快将其列入 CEPA 补充协议，以将对内地的经贸活动纳入支撑香港产业发展的轨道上。四是要充分认识到香港规范的法治体系与港人的拼搏精神的有机结合的产物，切实维护香港的法治环境。

创新粤港合作模式联手打造粤港澳大湾区

周运源[*]

摘　要：本文主要讨论香港回归20年以来，粤港经济合作的简要历程，分析了其中的主要成就和需要解决的约束问题，结合新时期全面落实党的十九大精神、国家和广东省"十三五"时期实行的新政，提出新时期深化粤港经济合作的若干思考，包括：创新粤港经济合作的模式，促推粤港合作新发展；香港最自由经济体的连续保持，促推粤港合作新发展；深化粤港企业合作，拓展国际市场，实现双赢；继续实施规划内容，深化和精准合作发展；拓展广州—深圳科技创新走廊，继续完善科技合作；联手打造粤港澳（海绵城市）大湾区，促推区域一体化发展，通过新时代全面深化和加强粤港澳合作，促进区域经济可持续发展。

关键词：香港回归；粤港合作反思；发展前景探讨

一、粤港经济合作发展的沿革

（一）改革开放大潮中缘起的经济合作

粤港经济合作源远流长。我国实行改革开放的基本国策以后，粤港之间血浓于水的亲情更加浓厚，两地间的联系合作更为紧密，成效更为显著。改革开放以来，粤港合作优势发挥成效显著，全面推进区域经济发展一体化，实现具有粤港特色的区域发展模式突出，为中国整体发展提供了可持续发展的范例。

香港回归为其与内地特别是广东的合作提供了更为广阔的空间，彼此合作更紧密，合作成效更为显著。

（1）有资料显示，从1997—2016年，香港本地生产总值年均增长3.2%，在发达经济体中位居前列。粤港经贸合作的持续发展，突显了香港在内地对外贸易中具有重要的作用。对外贸易是香港经济成长的发动机，而转口贸易是香港出口增长的主要动力。加上香港具有基础设施完善、服务先进等优势，造就了其世界商贸中心的地位。粤港贸易规模从1997年的2797.9亿元人民币提高到2016年的1.2万亿元，年均增长8.1%。仅据2016年的统计，粤港两地人员往来超过2亿人次，日均往来人员超过60万人次。

（2）广东率先引进港资，使香港成为内地最大的直接投资者。香港在资金等方面对内地特别是广东的改革开放和现代化建设给予了有力的支持。香港对内地的投资缓解了内地经

---

[*] 周运源，中山大学港澳珠三角研究中心教授，广东省产业发展研究院特约研究员。

济发展中资金、技术等不足的状况，促进了内地投资规模的增长，推动了内地一些企业的技术改造和管理的改进，加快了内地特别是东南沿海地区产业结构的调整和国民经济的发展。

（3）粤港金融合作中"深港通"及"债券通"的开展，巩固了香港国际金融中心的地位。引进外资，拓展国际金融业务，促进了内地特别是广东经济的发展。香港高度开放的金融市场，是国际资金的集散中心之一，香港具有时差上得天独厚的有利条件，是国际金融市场每天24小时连续运转的重要接力站，这对利用优势开展国际金融业务是非常有益的。

（4）粤港经济合作发展持续进行，使香港为内地特别是广东市场经济发展提供了丰富的实践经验。香港成为我国的一个特别行政区，也是我国的一个经济最发达，对外自由开放程度最高地区。香港以成功的经济业绩为内地提供内容丰富的市场经济样板。香港成功的自由港经济为内地的改革开放提供了宝贵的经验。香港回归祖国以来，粤港经济合作具有新时代的特征——合作层次多元化、合作水平不断提高。如果说20世纪80年代和90年代，中国实施改革开放，并建立经济特区和发展以跨境加工贸易合作为主要标志的时代，是粤港合作的"1.0"的阶段；而20世纪90年代中国全方位对外开放形成和发展背景下，粤港深化合作层次和水平，则是粤港合作的"2.0"的阶段；1997年7月1日以后，粤港无论是合作的领域，还是合作的形式都发生了新变化，科技、教育文化等全面合作的实现，2004年中国内地与港澳更紧密经贸关系安排（CEPA）的实施及先后多个补充协议，及以商品贸易、货物贸易、投资贸易便利化为主要标志的合作，则是粤港合作的"3.0"阶段；而从2015年3月开始，以中国（广东）自贸区的建立和运作为主要特征的合作，及以经贸制度、法律对接，技术、标准一体化和离岸贸易、跨境金融、"互联网+"等高端服务业和服务贸易自由化为主导的粤港合作则是"4.0"阶段，包括新时期引入区域经济学发展中的湾区发展机制，建设粤港澳大湾区海绵城市群，就是举足轻重的重要内容。

（二）粤港经济合作发展的成绩与若干问题

以若干大型基础设施为合作的突破口，带动多领域的合作，成效显著。2009年10月28日，我国正式批准建设的港珠澳大桥作为中国建设史上里程最长、投资最多、施工难度最大的跨海桥梁项目，是我国继三峡工程、青藏铁路、南水北调、西气东输、京沪高铁之后又一重大基础设施项目，现被评为"新的世界七大奇迹"之一。它连接起世界最具活力的经济区，快速通道的建成对香港、澳门、珠海三地经济社会一体化意义深远。由此可见，加大基础设施建设和资源整合力度，积极推进口岸查验模式改革，促进粤港澳经济社会、文化、科技、教育、卫生等全面交流合作，显示出粤港在重大基础设施方面的紧密合作，实现三地人员、资金、货物、信息等要素便捷流动等也取得了有益的成效。据《2017年广东省政府工作报告》的资料显示，2016年广东全省生产总值达7.95万亿元，比2015年增长7.5%；财政总收入达2.28万亿元、增长9%；地方一般公共预算收入达1.039万亿元、增长10.3%；居民人均可支配收入突破3万元、增长8.7%。实施自贸试验区和"一带一路"建设倡议，带动国际经贸规则和对外开放布局创新。出台广东自贸试验区条例，率先实施"证照分离"、综合行政执法体制等改革试点，形成第二批39项改革创新经验并复制推广。自贸试验区新设企业7.6万家，合同利用外资520亿美元、增长1.3倍，基本完成粤港、粤澳合作框架协议中期目标，粤港澳服务贸易自由化成效明显。粤港合作近年来不断加深，实际上，改革开放以来香港一直是广东最大的投资来源地，据商务部2016年7月15日的资料显示，截至2015年年底，累计批准香港投资项目134592个，实际外资金额2385.08亿美元。2016年1—5月，广东对香港协议投资66.2亿美元，实际投资额78.2亿美元，同比增长

206.9%。据广东省商务厅的资料显示，2016 年 1—12 月，广东全省吸收实际外资 233.49 亿美元，同比下降 13.12%；新批设立外商直接投资项目 8078 个，同比增长 14.92%，其中，2016 年广东与香港的进出口贸易总额（含转口）超过 5000 亿美元，服务进出口的总额同比增长约 17%。如此等等，充分展示了粤港合作的骄人成绩。

当然，梳理香港回归以来粤港合作的历程，我们同样会发现，粤港经济合作过往的发展成效与新时期所赋予的要求仍有差距，特别是双方在合作体制等的方面，仍有进一步扩展的现实空间。例如，粤港双方的合作理念仍需继续加强；有的深层次、体制性、结构性矛盾仍制约着发展；供给侧结构性改革任务仍然艰巨；粤港合作中的协调性仍有不足；区域发展和自主创新能力等方面还要继续强化。新时期粤港合作协议仍需进一步完善，如何继续完善粤港合作机制，仍然是粤港双方在新形势下所面临的重要课题。在深化改革开放中，国家提出五大发展理念（创新发展、协调发展、绿色发展、开放发展、共享发展）。无论是创新、协调、绿色、开放、共享的五大新发展理念的集中提出，还是其中开放发展理念的具体深入的阐述，作为我国"十三五"时期的发展思路、发展方向，都要求把这些高度概括的颇具科学性的发展理念加以贯彻落实。而且，无论是我国在新时期实施的"一带一路"发展倡议，或是建立和发展自由贸易试验区，还是粤港澳大湾区的建设和发展等，实际上，都是我国全面深化对外开放战略的创新发展，是加强和深化粤港澳合作的重大内容，而开放发展理念对于改革开放继续先行，加快转型升级和践行创新发展重大战略的广东而言，同样突显重要性和紧迫性。

二、粤港合作发展前景探讨

回顾和总结香港回归 20 年来的粤港经济合作，可以给出的启示是：合作则共赢，共谋发展则利。当年广东在全国"先行一步"进行改革开放，取得举世瞩目的成效。尔后，广东以此"四先"（先行、先试、先改和先突破）的政策为导向，并以广东的前海、横琴和南沙三大自由贸易区为引擎，率先深化与香港的合作，逐步将粤港紧密合作引入深度发展。全面落实习近平总书记对广东"四个坚持、三个支撑和二个继续走在前列"重要批示精神①，凝聚广东全省人民的智慧和力量，继续深化改革开放，全面实施创新驱动发展战略，促进经济转型升级，全面推动供给侧结构性改革，强化精准合作的新动能，促进新时期粤港经济联系与合作的健康深入发展。

（一）继续完善和创新合作模式，促进粤港联系新发展

过往粤港经济模式主要是以广东提供土地、厂房和劳动力，港方提供资金、设备和技术（管理经验），举办"三来一补"（来料加工、来样加工、来件装配和补偿贸易）、"三资"（中外合资、中外合作、外商独资）企业的"前店后厂"来起步；后期是"厂店结合"发展，主要是制造业合作发展模式；自从 20 世纪 90 年代以来，则是粤港从过去单一的制造业合作模式发展为制造业与服务业同时并举发展。从地区层面上讲，则是由前期的港商在珠三角合作发展为主，转到广东全境（包括粤东西北地区）的合作发展。笔者认为，新时期除

---

① 习近平总书记的重要批示：希望广东坚持党的领导、坚持中国特色社会主义、坚持新发展理念、坚持改革开放，为全国推进供给侧结构性改革、实施创新驱动发展战略、构建开放型经济新体制提供支撑，努力在全面建成小康社会、加快建设社会主义现代化新征程上走在前列。

了继续完善原有的有成效的合作模式外，还应当结合新要求，创新拓展更多的合作模式。根据国家总体发展的要求和粤港的实际，加强在"一带一路"、发展自由贸易区等内容或模式上的合作发展。有资料显示，2017年，起国资国企改革将在各地全面开展。国企混改被列为2017年重点工作，这样可提升资产证券化率、发展投资运营公司、加速重组整合。在2016年8月16日，国务院正式宣布推出"深港通"。2017年7月3日，"债券通"正式启动，这是继"沪港通""深港通"之后，内地与香港资本市场之间深化开放的又一重要举措，也是内地特别是广东新时期继续率先发展先行点试验区的需要。这不仅有助于完善两地债券市场的国际化进程，也利于通过内地特别是广东与香港的金融证券业合作，进一步巩固和发展香港国际金融中心的地位，还十分有利于粤港金融证券业逐步走向国际（境外）市场。

（二）香港最自由经济体的连续保持，促推粤港合作新发展

2017年2月16日，香港连续23年被美国传统基金会评为全球最自由经济体，展现出香港经济发展强劲的活力，同时也为新时期粤港合作注入了强大的推动力。根据美国传统基金会的报告，香港的法律制度有效保障产权且有力支持法治。此外，香港有效的监管制度及对外商业开放，也为企业活动带来有力支持。而香港特区政府财政司司长陈茂波也指出："政府会致力于维持良好的营商环境、自由开放的贸易、低税率及简单税制和法治及司法独立。同时，政府亦会继续加强金融基建、与主要贸易伙伴建立更紧密的经济合作等，以巩固香港作为国际城市的领先优势。"所有这些无疑为内地特别是广东在新时期进一步拓展与香港的全面合作提供了可能。近年来，内地特别是广东全面落实粤港合作框架协议，特别是在金融、商贸、旅游、基础设施文化、教育和法制等领域进一步扩大对外开放度，例如在推动广东自由贸易试验区建设和实施"一带一路"等与香港的合作中推出了新举措，包括吸引香港等境外投资者进入的税收政策，而广东的工商企业营商环境如多证合一等各类环境的大改善，充分说明新时期粤港之间广阔的合作发展前景光明。

（三）以拓展国际市场为引擎，深化粤港企业合作

实际上，经济社会发展中一个国家或地区的经济发展和成长，无不是主要依靠企业在其中支撑的，而企业又是通过利用国内和国际市场得到发展壮大的。新时期广东的企业通过利用香港多个国际经济中心的优势，继续深化粤港企业合作，发挥双方的优势，抱团合作、发展壮大，颇具广阔空间。《广东省国民经济和社会发展第十三个五年规划》中强调：把握国家推进"一带一路"建设与中国（广东）自由贸易试验区建设的重大机遇，参与全球经济合作和竞争，深化粤港澳合作，加快建立与国际接轨的开放型经济新体制，强化内外联动，提高开放水平，构建全方位开放发展新格局，形成广东参与国际竞争的新优势。因此，新时期通过粤港紧密合作，拓展国际市场，实现双赢是完全可能的。例如，通过全面深化粤港合作，广东企业与香港企业合作联手进入国际市场，主动承接国际产业新转移，拓展"互联网＋"现代产业新模式，发展以物流业为龙头的国际商务服务业，以信息产业、文化产业为龙头的知识产业，全面提升广东在国际产业体系中的战略地位和战略竞争力。又如，香港企业可以跟内地特别是广东的企业加强合作，以强强联合"走出去"，为广东民营企业"走出去"积极营造良好的营商环境。在东亚地区以及其他"一带一路"市场的投资项目中起到"联系者""营运者"和"投资者"的作用，大有可为。2017年年初，时任香港特首梁振英出席香港广东社团总会新春团拜时再次强调粤港合作，认为广东不单是香港的毗邻，还

是好邻居，在多方面也是香港的合作伙伴。两地在粤港联席会议和 CEPA（《内地与港澳关于建立更紧密经贸关系的安排》）等机制下，做了大量共同发展、促进共同发展的工作，包括在金融、专业服务、贸易方面与经济有关的活动，也有包括青少年教育、环保工作。未来会仍然重视与广东在各个方面的合作，包括与广东一起"走出去"，到"一带一路"沿线国家共同发展。可见，根据改革开放以来特别是近年来广东民企（民营资本）发展壮大并相继在海外投资卓有成效的状况，新时期应当通过推动粤港之间的紧密合作，共同设立面向"一带一路"沿线国家和地区的相关机构，积极筹集海内外投贷基金（包括广东的民营资本），为粤港企业"走出去"投资、并购提供投融资等方面的服务具有很强的现实意义。

（四）实施规划内容，深化精准合作，促推粤港新发展

《珠江三角洲地区改革发展规划纲要（2008—2020年）》提出，珠三角要"建设与港澳地区错位发展的国际航运、物流、贸易、会展、旅游和创新中心"。《广东省国民经济和社会发展第十三个五年规划》强调，要深化粤港澳紧密合作，深入实施 CEPA 有关协议，推进粤港澳服务贸易自由化，重点在金融服务、交通航运服务、商贸服务、专业服务、科技服务等领域取得突破。随着内地与香港关于建立更紧密经贸关系的安排后续多个补充协议的签署，港澳在服务贸易开放措施，内地在法律、建筑、计算机、房地产等多个原有领域将会进一步开放，并已经允许香港殡葬业者在内地以独资或合资等方式投资，经营除具有火化功能的殡仪馆以外的殡仪悼念和骨灰安葬的业务。金融合作方面，内地将研究两地基金产品互认；支持符合资格的香港保险业者参与经营内地交通事故责任强制保险业务；对香港保险业者提出的申请，将根据有关规定考虑并提供便利。贸易投资便利化方面，两地将进一步加强商品检验检疫、食品安全、质量标准和知识产权保护领域的合作。由此可见，今后随着国家"十三五"规划以发展服务业作为产业结构优化升级的战略重点的实施，香港的服务业将取得更快发展，而 CEPA 的多项措施以广东省为试点，先行先试，这实际为国家引进香港的服务业提供了实验场地。通过实施 CEPA，香港的服务业更方便进入内地市场，有利于提升国家整体服务业的发展水平。因此，新时期坚持实施"一国两制"，贯彻香港基本法、港人治港、高度自治，深化香港与中国内地特别是广东的全面合作，通过继续实施《粤港合作框架协议》和 CEPA 基本实现内地与香港服务贸易自由化等，为香港的整体经济特别是香港服务业持续发展起到重要的作用。在建设"国际金融中心、国际商贸中心、国际航运中心和国际信息中心"等发展的基础上，继续营造现代服务业的相关必要环境，合作发展现代金融、证券服务业，法律服务业，会计、保险服务业，旅游会展业和货运代理服务等服务业，并以这些行业的优势互补，使之更好更快发展，促进粤港整体经济持续增长。

（五）以珠三角国家创新试验区为机遇，通过拓展广州到深圳科技创新走廊，促进大湾区科技合作新发展

2015年11月12日，珠三角国家自主创新示范区正式挂牌，后来广东省人民政府也颁布了《珠三角国家自主创新示范区建设实施方案（2016—2020年）》《珠三角国家自主创新示范区发展空间调整规划（2016—2025年）》《广深科技创新走廊规划（2017—2030年）》，这为广东提供了实施创新驱动发展战略的又一重要的发展机遇。新时期落实广东省政府《关于全面深化科技体制改革加快创新驱动发展的决定》《广东省人民政府关于加快科技创新的若干政策意见》，落实《粤港合作框架协议》和《粤澳合作框架协议》，继续全面深化粤港澳区域合作特别是创新科技合作。包括利用新时期广州到深圳科技创新走廊强势发展的

基础，营造建设粤港澳大湾区的新动能，以建设粤港澳创新圈为科技创新平台，促进合作发展，成为新时期三地发挥优势、整合资源、促进科技园区合作发展的重要内容。近年来，珠三角国家自主创新示范区通过发挥创新要素相对集聚的优势，加快建设高水平科技孵化育成体系，实施孵化器倍增计划，加大力度培育创新企业。以打造国际一流的创新创业中心的战略目标。以建设珠三角成为国家自主创新示范区、实施创新驱动发展战略的核心区为广东省创新发展的强大引擎，重点开展高新区对高新区、孵化器对孵化器。因此，我们认为，全面落实创新科技驱动战略，加大力度扶植战略型新兴企业发展，瞄准国际产业变革的方向，抢占产业制高点，充分运用粤、港、澳三地的资源优势，特别是科技资源的优势，促进三地创新科技合作新发展是可能的。

（六）精准合作，优质建设粤港澳大湾区，促进区域一体化发展

习近平同志在党的十九大报告中指出，坚持"一国两制"，推进祖国统一。支持香港、澳门融入国家发展大局，以粤港澳大湾区建设、粤港澳合作、泛珠三角区域合作等为重点，全面推进内地同香港、澳门互利合作。2017年7月1日《深化粤港澳合作 推进大湾区建设框架协议》在香港签署，为粤港澳合作建设和发展大湾区提供了蓝图。这一湾区是正在成长发展的大都市城市群。假以时日，粤港澳大湾区城市群有可能发展成为类似纽约湾区、旧金山湾区和东京湾区的世界性湾区，成为全球区域经济一体化发展中的奇葩。李克强总理在《2017年国务院政府工作报告》中指出，要推动内地与港澳深化合作，研究制定粤港澳大湾区城市群发展规划，发挥港澳独特优势，提升在国家经济发展和对外开放中的地位与功能。因此我们认为，新时期粤、港、澳三地更新理念，加强紧密合作，联手打造粤港澳（海绵城市）大湾区，对于推动粤港澳区域经济一体化更好发展，促进我国整体经济的长远发展，实现中华民族的伟大复兴，具有十分重要的意义和作用。既然粤港澳大湾区城市群发展规划已经得到部署，这就为国家的长远发展战略加以实施，并在当今竞争又和平共存的世界经济发展中与时俱进提供了可能。因此，在建设粤港澳大湾区城市群发展中，应当发挥粤、港、澳三地优势互补合作，夯实三地的地位和角色功能，充分利用香港作为国际金融、航运、贸易中心、全球离岸人民币业务枢纽和国际资产管理中心等多个国际经济中心地和澳门联系欧盟等优势，结合广东经过数十年改革开放积累的厚实基础，在全面深化粤港澳紧密合作中，把建设粤港澳大湾区城市群当作新时期"重中之重"的规划内容具体落实到位。如根据粤港物流业发展的基础优势，拓展现代物流业特别是冷链物流业的发展；又如通过实施广州到深圳科技创新走廊战略为建设粤港澳大湾区的引擎，整合粤港澳科技资源促进整体经济社会的全面发展。通过各相关的主体功能区建设。以三地间的紧密合作，联手打造粤港澳（海绵城市）大湾区为最具发展空间和增长潜力的世界级经济湾区，实现粤港澳区域经济一体化更好发展。

总之，我们相信，随着广东"十三五"规划的全面实施，广东携手香港和澳门，发挥好各自的独特优势，进一步全面深化交流和精准合作，努力在创新发展、经济转型和自贸区建设以及打造粤港澳大湾区海绵城市群等领域取得新的合作成效同样是可能的。

参考文献：

[1] 周天勇. 2016—2020：未来五年的五大挑战 [J]. 学习参考，2016 (2).

[2] 周运源. 创新驱动，推进中国（广东）自贸区建设发展 [J]. 广东经济，2015 (3).

［3］王鹤. 广东粤港澳合作 走向深度合作层面［N］. 广州日报，2016-03-03.

［4］徐静. 广东到2020年高新技术企业力争达1.5万家［N］. 广州日报，2016-03-28.

［5］庞彩霞. 广东高新企业总数居全国首位［N］. 经济日报，2017-02-17（10）.

［6］郑佳欣，戴双城，卓泳，崔森，黄伟，向松阳. 广东开启对外开放新格局［N］. 南方日报，2016-03-09（A10）.

［7］中国高新技术产业园区市场现状调研与发展趋势分析报告：2015—2020年［R/OL］. http：//www.cir.cn.

［8］周雪婷."中总论坛"探讨2017年香港经济机遇［N/OL］. http：//china.huanqiu.com/hot/2017-02/10121316.html.

人口、政府投入、经济、对外贸易与港口发展的关系研究
——基于粤、港、澳三地的面板数据

邓利方　李铭杰*

摘　要：随着广东、香港与澳门的关系日益密切，粤、港、澳三地全方位的合作发展已是大势所趋。本文通过理论猜想，揭示人口、政府投入、经济、对外贸易与港口发展之间的内在联系。并且利用2000—2016年粤、港、澳三地的面板数据进行实证检验。研究发现，人口、政府投入、经济、对外贸易与港口物流显著正相关，人口、政府投入、经济、对外贸易的协同发展将大大促进港口的发展。因此，如果想要深入贯彻党的十九大提出的全面开放新战略，实现粤港澳共同合作发展的新局面，就需要建设粤港澳人才合作示范区，完善粤港澳基础设施建设，全面落实粤港澳合作框架协议。

关键词：粤港澳；面板数据；协同发展；合作共赢

2017年，粤港澳大湾区被写入《2017年国务院政府工作报告》（简称《政府工作报告》），这意味着这个区域的合作发展已经上升为国家战略层次。

粤港澳大湾区是《推动共建丝绸之路经济带和21世纪海上丝绸之路的愿景与行动》文件中要重点打造的区域，是国家"十三五"规划纲要中要重点推进的项目，是国家发展和改革委员会点名要启动的跨省城市群规划。自改革开放以来，广东始终站在改革开放的前沿，勇当改革开放的"排头兵"，近期还积极响应党的十九大关于推动形成全面开放新格局的要求，负责任、有担当地推动粤港澳大湾区的建设，取得累累硕果。粤港澳大湾区的建设，标志着粤、港、澳三地的深入合作已迈向新台阶。

论文的前半部分基于文献梳理和学理分析提出了人口、政府投入、经济发展、对外贸易与港口物流发展的猜想命题，并进行了初步的实证检验。实证结果显示，人口数量、政府投入、经济发展、对外贸易均与港口物流发展正相关。进一步的推论显示，人口、政府投入、经济发展、对外贸易的协同发展将大大促进港口物流的发展。

论文的后半部分对初步的实证结果进行了两轮稳健性检验。我们采用完全面板FGLS回归和增加地理区位虚拟变量两种稳健性检验的方法来验证主要结论。经研究后发现，理论猜想、实证分析和稳健性检验的结论均一致。因此，应该着力建设粤港澳人才合作示范区，完善粤港澳基础设施建设，全面落实粤港澳合作框架协议。

本论文与很多类型的文献有关联。关联性最强的是研究关于对外贸易与港口发展之间的

---

* 邓利方，中共广东省委党校；李铭杰，中共广东省委党校。

关系的文献。① 现有文献探究了对外贸易与港口发展的基本关系，认为对外贸易可以促进港口发展，这可以作为本文的重要参考。王领、俞雅乖运用协整理论和 Granger 因果检验来得出两者间的因果关系。② 本文的研究运用面板 OLS 和面板 FGLS 两种方法进行回归，得到对外贸易与港口发展正相关的结论。

本论文和研究政府投入与港口发展之间的关系的文献也有联系。③ 蒋满元以广西贵港为例，深入探讨了财政投入如何促进港口发展。④ 本文采用粤、港、澳三地的数据，进一步地现了政府投入与港口发展正相关的关系。

本论文和研究人口数量与港口发展之间的关系的文献也有联系。⑤ 张洁等构建了一个城市区域经济模型来探究人口数量与港口发展之间的联系。⑥ 本文采用粤、港、澳三地的数据，发现了人口数量与港口发展显著正相关的关系。

本论文和研究经济发展与港口发展之间的关系的文献也有联系。⑦ 安萌使用引力模型来探究经济发展对港口发展的影响。⑧ 连慧慧等使用动态结构方程来估计经济发展对港口发展的影响。⑨ 黄滨使用多元回归分析方法来探究经济发展对港口物流需求的影响。⑩ 本文以粤、港、澳三地的面板数据为基础来探究经济发展与港口发展之间的关系。

---

① Blonigen B A, Wilson W W, "International trade, transportation networks, and port choice," *Transportation Journal*, (2006); 参见王领《对外贸易与现代物流关系的实证研究——基于上海市 1978—2008 年的数据》，载《国际贸易问题》2010 年第 1 期; 参见俞雅乖《现代物流与对外贸易关系的实证研究——基于浙江省 1986—2009 年的数据》，载《国际贸易问题》2012 年第 1 期。

② 参见王领《对外贸易与现代物流关系的实证研究——基于上海市 1978—2008 年的数据》，载《国际贸易问题》2010 年第 1 期; 参见俞雅乖《现代物流与对外贸易关系的实证研究——基于浙江省 1986—2009 年的数据》，载《国际贸易问题》2012 年第 1 期。

③ 参见蒋满元《财政支持与内河港口物流集散中心的发展——以广西贵港为例》，载《中共桂林市委党校学报》2010 年第 2 期; 参见梁双波、曹有挥、吴威《上海大都市区港口物流企业的空间格局演化》，载《地理研究》2013 年第 8 期; Datche R M, Kisingu T, "Factors Influencing Logistics Service Delivery at the Port of Mombasa – A Case Study of Kenya Ports Authority Mombasa," *Imperial Journal of Interdisciplinary Research*, 3, No. 3 (2017): 1010—1035.

④ 参见蒋满元《财政支持与内河港口物流集散中心的发展——以广西贵港为例》，载《中共桂林市委党校学报》2010 年第 2 期。

⑤ 参见曾远翔《大亚湾区工业化城市化进程中农民问题的思考》，载《南方经济》2005 年第 5 期; 参见张洁、杨文国《港口物流流量与相关影响因素的关系及其数学模型研究》，载《物流技术》2014 年第 13 期。

⑥ 参见张洁、杨文国《港口物流流量与相关影响因素的关系及其数学模型研究》，载《物流技术》2014 年第 13 期。

⑦ 参见安萌《内陆腹地经济发展对港口物流量的影响——以青岛港为例》，载《统计与信息论坛》2010 年第 9 期; Lean H H, Huang W, and Hong J, "Logistics and economic development: Experience from China," *Transport Policy* 32, (2014): 96 – 104; 参见黄滨《基于多元回归方法的成都市物流需求分析》，载《山西财经大学学报》2015 年第 S2 期。

⑧ 参见安萌《内陆腹地经济发展对港口物流量的影响——以青岛港为例》，载《统计与信息论坛》2010 年第 9 期。

⑨ Lean H H, Huang W, and Hong J, "Logistics and economic development: Experience from China," *Transport Policy* 32, (2014): 96 – 104.

⑩ 参见黄滨《基于多元回归方法的成都市物流需求分析》，载《山西财经大学学报》2015 年第 S2 期。

本论文和研究全方位协同发展与港口发展之间的关系的文献也有联系。① 马永刚提出港口的发展应当是全方位的综合发展，不是单方面的发展。② 孙开钊等从宏观经济层面上分析认为影响港口发展的要素具有多样性，因此应该采用综合发展的手段来促进港口的发展。③ 尹航等认为港口的发展应该从区域经济、基础设施等多方面同时着手。④ 本文使用粤、港、澳三地的面板数据，全面地探究了人口、政府投入、经济、对外贸易等因素对港口物流所起的影响。

研究相关文献可以发现，现有文献至少有两点值得借鉴的理由：第一，国内外学者关于人口、政府投入、经济发展、对外贸易与港口物流之间的关系的理论研究为本文的研究奠定了理论基础。第二，国内外学者关于港口物流发展及其影响因子的实证研究为本文的研究奠定了实证基础。同时，现有文献也启示我们有以下可以深入研究之处：①基于粤、港、澳三地的面板数据来探究人口、政府投入、经济、对外贸易等因素对港口物流的影响。这就可以深入地立足粤港澳的实际情况，探究全方位深入合作发展对港口物流所起的影响，为广东、香港和澳门的深度发展提供可能的建议。②基于面板 OLS 和面板 FGLS 的实证方法证明人口、政府投入、经济、对外贸易等因素对港口物流的影响，并通过完全面板 FGLS 回归和增加地理区位虚拟变量的方法来进行稳健性检验。现有的部分研究着重实证单一因素对港口发展的影响，但并没有深入研究人口、政府投入、经济、对外贸易等因素对港口发展的综合影响。那么究竟人口、政府投入、经济、对外贸易等因素对港口发展有什么样的综合影响，同时，立足粤、港、澳三地的最新实践，是否存在理论和实证均一致的结论，还需要进行深入探讨。

因此，本文旨在探讨人口、政府投入、经济、对外贸易等因素对港口发展的作用机制并通过实证分析进行验证。区别于其他文献，本文的不同之处在于：①首次从实证角度探讨人口、政府投入、经济、对外贸易等因素对港口发展的深层作用机制。更全面地了解全方位发展对港口物流发展的作用原理。②立足于广东新提出的"一个率先，四个基本"的奋斗目标的最新背景进行分析。当前，广东突出开放型区域创新体系建设，强调建立具有全球竞争力的产业新体系，积极推动粤、港、澳三地的开放与合作，这些举措对广东经济的长期影响值得探讨。③采用面板数据回归分析方法。面板数据回归分析方法，可以增加估计量的抽样精度，获得更多的动态信息，因此具有良好的计量属性。另外，本文立足于粤、港、澳三地最新的面板数据进行分析，从而可以得出更有效的结论和政策建议。

---

① 参见马永刚《基于 FCE – AHP 的港口物流竞争力研究》，载《经济管理》2007 年第 22 期；参见孙开钊、荆林波《打造国际航运中心 助推港口物流发展——基于我国港口发展的宏观视角》，载《广东财经大学学报》2010 年第 2 期；参见尹航、魏琪嘉《我国港口物流系统产能竞合发展策略评价研究》，载《山东社会科学》2017 年第 9 期。

② 参见马永刚《基于 FCE – AHP 的港口物流竞争力研究》，载《经济管理》2007 年第 22 期。

③ 参见孙开钊、荆林波《打造国际航运中心 助推港口物流发展——基于我国港口发展的宏观视角》，载《广东财经大学学报》2010 年第 2 期。

④ 参见尹航、魏琪嘉《我国港口物流系统产能竞合发展策略评价研究》，载《山东社会科学》2017 年第 9 期。

一、变量和数据说明

本文采用广东省 20 个地级市（河源市缺失的数据太多，所以被剔除）和香港、澳门 2000—2016 年的数据进行研究，广东省内数据来源于《广东统计年鉴》，香港数据来源于香港特别行政区政府统计处，澳门数据来源于澳门统计暨普查局。考虑到数据的可得性，本文使用表 1 所示的变量。一些重要变量的描述性统计见表 2。

表 1 变量及其定义

类型	变量	指标选取	相关文献	说明
被解释变量	港口发展	港口货物吞吐量	曾小彬[1]	河源市缺失的数据太多，故删除。潮州市 2004 年缺失的数据用平均值插值法补充。澳门是按货柜货物毛重作为近似指标来计算的。所有数据均经过单位调整。为了计算 β 系数，数据均做了标准化处理
协同解释变量	经济发展	人均 GDP	安萌[2]、连慧慧等[3]	所有数据均按年平均汇率进行汇率调整，并统一了单位。为了计算 β 系数，数据均做了标准化处理
协同解释变量	人口数量	常住人口数	张洁等[4]	香港和澳门的指标采用人口数。所有数据均经过单位调整。为了计算 β 系数，数据均做了标准化处理
协同解释变量	政府投入	政府一般公共预算支出	蒋满元[5]	香港和澳门的指标采用政府支出。所有数据均按年平均汇率进行汇率调整，并统一了单位。为了计算 β 系数，数据均做了标准化处理

---

[1] 参见曾小彬《广东省港口集装箱吞吐量及增长速度预测》，载《广东财经大学学报》2005 年第 1 期。

[2] 参见安萌《内陆腹地经济发展对港口物流量的影响——以青岛港为例》，载《统计与信息论坛》2010 年第 9 期。

[3] Lean H H, Huang W, and Hong J, "Logistics and economic development: Experience from China," *Transport Policy* 32, No. 1 (2014): 96-104.

[4] 参见张洁、杨文国《港口物流流量与相关影响因素的关系及其数学模型研究》，载《物流技术》2014 年第 13 期。

[5] 参见蒋满元《财政支持与内河港口物流集散中心的发展——以广西贵港为例》，载《中共桂林市委党校学报》2010 年第 2 期。

（续表1）

类型	变量	指标选取	相关文献	说明
协同解释变量	对外贸易	进出口贸易总额/GDP	巴罗尼根等①、王领②、俞雅乖③	所有数据均按年平均汇率进行汇率调整，并统一了单位。为了计算β系数，数据均做了标准化处理
控制变量	地理位置	沿海港口虚拟变量	方书生④	沿海（广州、深圳、汕头、湛江、香港、澳门）港口设为1，其他设为0

注：广东省内数据来源于《广东统计年鉴》，香港数据来源于香港特别行政区政府统计处，澳门数据来源于澳门统计暨普查局。

表2　主要变量的描述性统计

变量	观察值	平均数	标准差	中位数	最大值	最小值
港口发展	374	0.00	1.00	−0.40	5.12	−0.60
经济发展	374	0.00	1.00	−0.35	6.10	−0.64
人口数量	374	0.00	1.00	−0.22	3.54	−1.61
政府投入	374	0.00	1.00	−0.33	5.87	−0.50
对外贸易	374	0.00	1.00	−0.47	2.99	−0.86
地理位置	374	0.27	0.45	0.00	1.00	0.00

二、粤港澳港口物流发展的实证分析

粤港澳地区的人口数量增加，会使市场潜力和就业资源增加。政府投入力度的加大，会使地区的基础设施和人文保障得以提升。经济的不断发展和对外贸易的不断发展，会使港口物流得以可持续发展。所以，经济增长、人口增加、政府投入加大、对外贸易发展，都会使越来越多的物流企业选址在港口，港口的容量也会不断提升，最终变成货物运输和进出口贸易的重要枢纽。

基于对文献的认真研读和学理性分析，归结得到命题1，即经济增长、人口数量增加、政府投入加大、对外贸易发展都会促进港口物流的发展。由命题1可以得到推论1，即粤港澳地区在经济、人口、政府投入、对外贸易同时进行合作发展，将使港口物流得到很大的发

---

① Blonigen B A, Wilson W W, "International trade, transportation networks, and port choice," *Transportation Journal*, (2006).
② 参见王领《对外贸易与现代物流关系的实证研究——基于上海市1978—2008年的数据》，载《国际贸易问题》2010年第1期。
③ 参见俞雅乖《现代物流与对外贸易关系的实证研究——基于浙江省1986—2009年的数据》，载《国际贸易问题》2012年第1期。
④ 参见方书生《地理、市场与规制：两宋以降南中国外贸港口偏移分析》，载《上海经济研究》2017年第5期。

展，有利于把粤港澳地区建成"一带一路"的重要物流枢纽。

为了检验猜想的命题及其推论是否成立，借鉴张岩等[①]的因果分析和理论研究，以及范林榜[②]、黄滨[③]的变量选取和实证分析框架，采用面板 OLS 和面板 FGLS 回归分析方法来验证。采用以下基本回归方程：

$$port_{it} = c_1 pop_{it} + c_2 gov_{it} + c_3 gdp\_p_{it} + c_4 trade_{it} + \Psi X_{it} + \varepsilon_{it} \quad (1)$$

其中，$port_{it}$ 代表港口发展，pop_{it} 代表人口数量，gov_{it} 表示政府投入，gdp_p_{it} 表示经济发展，$trade_{it}$ 表示对外贸易，X_{it} 为其他一些控制变量，ε_{it} 为残差项，i 为地级市或特别行政区标识，t 为时间标识，c 为回归系数。由于各变量均经标准化处理，所以没有常数项。

表3 基本回归结果

解释变量	无滞后				滞后一阶			
估计方法	Panel OLS		Panel FGLS		Panel OLS		Panel FGLS	
加权方式			Cross-section weights	Period SUR			Cross-section weights	Period SUR
误差修正	White cross-section	Cross-section SUR (PCSE)			White cross-section	Cross-section SUR (PCSE)		
组别	A1	A2	A3	A4	A5	A6	A7	A8
人口数量	0.610*** (13.883) [0.044]	0.610*** (17.658) [0.035]	0.504*** (26.459) [0.019]	0.585*** (31.548) [0.019]	0.639*** (16.414) [0.039]	0.639*** (19.693) [0.032]	0.501*** (24.300) [0.021]	0.617*** (33.850) [0.018]
政府投入	0.292*** (4.320) [0.067]	0.292*** (8.568) [0.034]	0.335*** (13.189) [0.025]	0.279*** (22.613) [0.012]	0.319*** (6.120) [0.052]	0.319*** (10.908) [0.029]	0.347*** (13.301) [0.026]	0.310*** (19.249) [0.016]
经济发展	0.147*** (5.730) [0.026]	0.147*** (9.438) [0.016]	0.130*** (6.630) [0.020]	0.111*** (6.489) [0.017]	0.142*** (6.615) [0.021]	0.142*** (8.408) [0.017]	0.135*** (7.172) [0.019]	0.126*** (9.588) [0.013]

---

① 参见张岩、段楠《基于货物吞吐量季节调整的我国港群竞争与合作问题研究》，载《经济问题探索》2012 年第 2 期。

② 参见范林榜《社会物流成本占 GDP 比重的影响因素》，载《财经科学》2014 年第 8 期。

③ 参见黄滨《基于多元回归方法的成都市物流需求分析》，载《山西财经大学学报》2015 年第 S2 期。

(续表3)

解释变量	无滞后				滞后一阶			
估计方法	Panel OLS		Panel FGLS		Panel OLS		Panel FGLS	
对外贸易	0.036** (2.226) [0.016]	0.036** (2.305) [0.016]	0.069*** (5.137) [0.013]	0.036*** (5.283) [0.007]	0.039*** (2.845) [0.014]	0.039** (2.330) [0.017]	0.101*** (7.404) [0.014]	0.033*** (5.034) [0.007]
r2_a	0.739	0.739	0.838	0.874	0.738	0.738	0.859	0.876
观测值数	374	374	374	374	352	352	352	352

注：***、**和*分别表示在1%、5%和10%水平下显著，小括号内为回归系数的t统计量，中括号内为标准误。对于OLS估计，r2_a为调整后的拟合优度。对于FGLS的估计，r2_a为加权并调整后的拟合优度。

为了确保实证结果的可靠和稳健，我们使用了一组协同解释变量。为了降低估计方法的选取对结果的可能影响，我们采取了面板OLS和面板FGLS两种方法进行回归。为了降低异方差和自相关引起的面板OLS估计偏误，我们对标准误做了修正。为了降低修正标准误方法的选取对结果的可能影响，我们更换了修正标准误的方法进行回归。为了降低加权方式的选取对结果的可能影响，我们更换了面板FGLS的加权方式进行回归。为了降低解释变量与被解释变量之间可能存在的时滞性对结果的影响，同时，降低由于双向因果关系所引致的内生性对结果的可能影响，在回归的A5～A8列中我们对解释变量均取一阶滞后进行回归。具体计算结果见表3的A1～A8列。由于在以上回归中，我们主要研究的是各协同解释变量对港口物流发展的稳定关系，因此四行的回归结果都应关注。从表3的结果可得到如下的结论：

（1）人口数量与港口发展正相关。由A1～A8列人口数量的系数均显著为正可知，人口数量与港口发展正相关，并且结果比较稳健。这是因为港口在本质上来看就是物流企业的集群和进出口货物的集散地，所以港口的兴旺和人口数量密切关联。由于人口数量直接体现出市场潜力、就业资源等的实际程度，因而人口数量的增加会在很大程度上影响物流的多少和港口的长远发展。

（2）政府投入与港口发展正相关。由A1～A8列政府投入的系数均显著为正可知，政府投入与港口发展正相关，并且结果比较稳健。物流企业的选址与城市的基础设施、人文保障密切相关，城市的基础设施和人文保障越好，就越容易吸引更多的物流企业进驻，从而使得港口物流得以发展。而城市的基础设施与人文保障很大程度上取决于政府的投入。政府投入得越多，城市的基础设施和人文保障越好，就越容易吸引物流企业进驻，而港口作为货物的重要周转地，会不断随着货物的扩容而发展。

（3）经济发展与港口发展正相关。由A1～A8列经济发展的系数均显著为正可知，经济发展与港口发展正相关，并且结果比较稳健。居民消费的商品、企业的很多实物投资如果本地库存满足不了，部分就要通过港口从外地运输过来，这就是消费和投资促进港口吞吐量增加的原因。进出口的货物也要通过港口进行集散。因此，地区经济的发展就部分体现在港口的物流增加上面。

（4）对外贸易发展与港口发展正相关。由A1～A8列对外贸易的系数均显著为正可知,对外贸易发展与港口发展正相关,并且结果比较稳健。伴随着对外贸易的发展,进出口都会不断增加,港口作为进出口货物的集散地,自然也会更加繁忙,这表现为港口物流的增加和不断扩容。

(5)人口、政府投入、经济、对外贸易的协同发展将大大促进港口的发展。由 A1～A8 列人口数量、政府投入、经济发展和对外贸易的系数均显著为正可知,人口、政府投入、经济、对外贸易的协同发展将大大促进港口的发展,并且结果比较稳健。如果人口、政府投入、经济、对外贸易各提高一倍标准差,那么港口物流平均将增加大约一倍的标准差。伴随着地区整体实力的加强,区域对港口物流企业的吸引力将加大,越来越多的物流企业会选址到各方面实力均较强的地区,从而促进港口物流的发展。

三、稳健性检验

对于上述回归结果,虽然符合理论预期,但为了保证结论的稳健性,本文设置多组稳健性检验。

(一)完全面板 FGLS 回归

由于在进行面板 FGLS 回归时,我们没有采用稳健的残差来估计误差的协方差矩阵,因此只是部分地修正了异方差和自相关所造成的不良后果。我们基本沿用(1)式基本回归方程,首先进行带 PCSE 的面板 OLS 估计,再以稳健的残差来进行面板 FGLS 估计,以考察结果是否稳健。

表4 完全面板 FGLS 的稳健性检验结果

解释变量	无滞后				滞后一阶			
估计方法	Panel FGLS							
加权方式	Cross-section weights	Period weights	Period SUR	Cross-section weights	Period weights	Period SUR		
误差修正	Period weights (PCSE)	Period SUR (PCSE)	Cross-section weights (PCSE)	Cross-section SUR (PCSE)	Period weights (PCSE)	Period SUR (PCSE)	Cross-section SUR (PCSE)	Cross-section weights (PCSE)
组别	B1	B2	B3	B4	B5	B6	B7	B8
人口数量	0.504*** (25.956) [0.019]	0.504*** (8.559) [0.059]	0.524*** (15.319) [0.034]	0.585*** (27.794) [0.021]	0.501*** (24.030) [0.021]	0.501*** (8.295) [0.060]	0.562*** (15.945) [0.035]	0.617*** (29.866) [0.021]
政府投入	0.335*** (11.815) [0.028]	0.335*** (4.315) [0.078]	0.354*** (13.681) [0.026]	0.279*** (20.379) [0.014]	0.347*** (12.144) [0.029]	0.347*** (4.595) [0.075]	0.351*** (14.178) [0.025]	0.310*** (16.966) [0.018]

(续表4)

解释变量	无滞后				滞后一阶			
经济发展	0.130*** (5.944) [0.022]	0.130** (2.135) [0.061]	0.144*** (8.156) [0.018]	0.111*** (6.429) [0.017]	0.135*** (6.448) [0.021]	0.135** (2.459) [0.055]	0.143*** (7.324) [0.020]	0.126*** (8.707) [0.014]
对外贸易	0.069*** (5.527) [0.012]	0.069* (1.866) [0.037]	0.021* (1.801) [0.012]	0.036*** (4.879) [0.007]	0.101*** (7.663) [0.013]	0.101*** (2.751) [0.037]	0.035*** (2.827) [0.012]	0.033*** (4.601) [0.007]
r2_a	0.838	0.838	0.751	0.874	0.859	0.859	0.748	0.876
观测值数	374	374	374	374	352	352	352	352

注：***、**和*分别表示在1%、5%和10%水平下显著，小括号内为回归系数的t统计量，中括号内为标准误。对于OLS估计，r2_a为调整后的拟合优度。对于FGLS的估计，r2_a为加权并调整后的拟合优度。

为了确保实证结果的可靠和稳健，我们使用了一组协同解释变量。为了降低异方差和自相关引起的面板OLS估计偏误，我们对标准误做了修正。为了降低修正标准误方法的选取对结果的可能影响，我们更换了修正标准误的方法进行回归。为了降低加权方式的选取对结果的可能影响，我们更换了面板FGLS的加权方式进行回归。为了降低解释变量与被解释变量之间可能存在的时滞性对结果的影响，同时降低由于双向因果关系所引致的内生性对结果的可能影响，在回归的B5~B8列中我们对解释变量均取一阶滞后进行回归。具体计算结果见表4的B1~B8列。可以发现，稳健性检验中主要变量的系数大小发生了明显变化，但系数的显著性和符号均没有发生太大变化，所以总的结论没有发生太大变化。而且，面板分析和稳健性检验相配合，使得理论猜想中的命题得到了有效且可靠的验证。

（二）增加地理区位虚拟变量进行回归

由于沿海地区港口和非沿海地区的港口可能会存在空间异质性，我们基本沿用（1）式回归方程，但增加一个地理区位虚拟变量进行回归（地理区位虚拟变量的定义请参见表1，描述性统计请参见表2），以考察结果是否稳健。

表5 增加地理区位虚拟变量的稳健性检验结果

解释变量	无滞后		滞后一阶	
估计方法	Panel OLS	Panel FGLS	Panel OLS	Panel FGLS
加权方式		Period weights		Period weights
误差修正	White cross-section	Cross-section SUR (PCSE)	White cross-section	Cross-section SUR (PCSE)	White cross-section	Cross-section SUR (PCSE)	White cross-section	Cross-section SUR (PCSE)

(续表5)

解释变量	无滞后				滞后一阶			
组别	C1	C2	C3	C4	C5	C6	C7	C8
人口数量	0.567*** (16.451) [0.034]	0.567*** (20.222) [0.028]	0.513*** (20.223) [0.025]	0.513*** (20.395) [0.025]	0.577*** (19.932) [0.029]	0.577*** (22.280) [0.026]	0.535*** (22.344) [0.024]	0.535*** (21.388) [0.025]
政府投入	0.291*** (4.120) [0.071]	0.291*** (7.981) [0.036]	0.358*** (10.239) [0.035]	0.358*** (13.412) [0.027]	0.322*** (5.668) [0.057]	0.322*** (10.057) [0.032]	0.361*** (13.363) [0.027]	0.361*** (14.687) [0.025]
地理位置	0.207*** (3.203) [0.065]	0.207*** (3.855) [0.054]	0.125** (2.247) [0.056]	0.125** (2.567) [0.049]	0.299*** (4.753) [0.063]	0.299*** (5.384) [0.056]	0.222*** (3.710) [0.060]	0.222*** (4.190) [0.053]
经济发展	0.100*** (3.514) [0.028]	0.100*** (5.271) [0.019]	0.113*** (4.072) [0.028]	0.113*** (5.397) [0.021]	0.073*** (3.032) [0.024]	0.073*** (4.287) [0.017]	0.092*** (3.638) [0.025]	0.092*** (4.575) [0.020]
对外贸易	0.039** (1.997) [0.019]	0.039** (2.298) [0.017]	0.020* (1.862) [0.011]	0.020* (1.754) [0.012]	0.039*** (2.620) [0.015]	0.039** (2.467) [0.016]	0.032*** (3.291) [0.010]	0.032*** (2.689) [0.012]
r2_a	0.746	0.746	0.755	0.755	0.753	0.753	0.760	0.760
观测值数	374	374	374	374	352	352	352	352

注：***、**和*分别表示在1%、5%和10%水平下显著，小括号内为回归系数的t统计量，中括号内为标准误。对于OLS估计，r2_a 为调整后的拟合优度。对于FGLS的估计，r2_a 为加权并调整后的拟合优度。

为了确保实证结果的可靠和稳健，我们使用了一组协同解释变量和控制地理区位的虚拟变量。为了降低估计方法的选取对结果的可能影响，我们采取了面板OLS和面板FGLS两种方法进行回归。为了降低异方差和自相关引起的面板OLS估计偏误，我们对标准误做了修正。为了降低修正标准误的方法的选取对结果的可能影响，我们更换了修正标准误的方法进行回归。为了使面板FGLS的回归结果更加稳健，我们在回归中使用了完全面板FGLS的方法进行回归。为了降低解释变量与被解释变量之间可能存在的时滞性对结果的影响，同时降低由于双向因果关系所引致的内生性对结果的可能影响，在回归的C5～C8列中我们对解释变量均取一阶滞后进行回归。具体计算结果见表5的C1～C8列。可以发现，稳健性检验中主要变量的系数大小发生了明显变化，但系数的显著性和符号均没有发生太大变化，所以总的结论没有发生太大变化。而且，面板分析和稳健性检验相配合，使得理论猜想中的命题得到了有效且可靠的验证。

四、结论和政策建议

党的十九大报告明确提出,要以"一带一路"建设为重点,坚持引进来和走出去并重,遵循共商共建共享原则,加强创新能力开放合作,推动形成全面开放新格局。广东省高瞻远瞩,早在《广东省"十三五"规划纲要》中就明确提出要建设粤港澳大湾区,如今更是一心一意贯彻落实十九大精神,积极推动粤、港、澳三地联动合作发展,使粤港澳合作发展迈向新征程。

论文先从学理上分析了粤港澳地区的人口数量、政府投入、经济发展、对外贸易对港口发展的影响,后又使用粤、港、澳三地的面板数据进行了实证检验。理论和实证得到的结论均一致。

本文的结论如下:第一,人口数量与港口发展正相关。这是因为港口在本质上来看就是物流企业的集群和进出口货物的集散地,所以港口的兴旺和人口数量密切关联。由于人口数量直接体现出市场潜力、就业资源等的实际程度,因而人口数量的增加会在很大程度上影响物流的多少和港口的长远发展。第二,政府投入与港口发展正相关。物流企业的选址与城市的基础设施、人文保障密切相关,城市的基础设施和人文保障越好,就越容易吸引更多的物流企业进驻,从而使得港口物流得以发展。而城市的基础设施与人文保障很大程度上取决于政府的投入。政府投入得越多,城市的基础设施和人文保障越好,越容易吸引物流企业进驻,而港口作为货物的重要周转地,会不断随着货物的扩容而发展。第三,经济发展与港口发展正相关。居民消费的商品、企业的很多实物投资如果本地库存满足不了,部分就要通过港口从外地运输过来,这就是消费和投资促进港口吞吐量增加的原因。进出口的货物也要通过港口进行集散。因此,地区经济的发展就部分地体现在港口的物流增加上面。第四,对外贸易发展与港口发展正相关。伴随着对外贸易的发展,进出口都会不断增加,港口作为进出口货物的集散地,自然也会更加繁忙,这表现为港口物流的增加和不断扩容。第五,人口数量、政府投入、经济、对外贸易的协同发展将大大促进港口的发展。伴随着地区整体实力的加强,区域对港口物流企业的吸引力将加大,越来越多的物流企业会选址到各方面实力均较强的地区,从而促进港口物流的发展。

因此,特提出以下政策建议:第一,鼓励引进港澳创新人才和创新资源,建设粤港澳人才合作示范区。促进粤港澳地区人才自由流动,建设粤港澳创业创新合作示范园区。第二,发挥港珠澳大桥等跨境基础设施功能,辐射带动珠江西岸地区加快发展。港珠澳大桥的建设,将进一步密切香港与澳门之间、港澳与珠三角地区之间的联系,对于改善珠三角地区的投资环境有着重要意义。第三,全面落实粤港澳合作框架协议。深入实施 CEPA 有关协议,推进粤港澳服务贸易自由化,重点在金融服务、交通航运服务、商贸服务、专业服务、科技服务等领域取得突破。

高等教育、区域创新与经济增长：
粤港澳大湾区建设中大学的角色与作用研究

许长青*

摘　要：国家高度重视粤港澳大湾区的深度融合发展，致力于打造国际一流湾区，建设全球先进制造业中心、科技创新中心、国际金融和国际贸易中心。粤港澳大湾区与其他国际湾区相比，经济体量大致相当，但在主导全球资源配置、引领全球经济发展、带动全球产业升级等方面依然存在显著差距，高等教育与科技创新则是突出的短板之一。高等教育是区域创新引擎，粤港澳大湾区建设必须明确和发挥大学的角色与作用，重构区域创新体系，锻造全球科技创新中心。在粤港澳大湾区建设中，为了实现强有力地支撑国家和湾区创新驱动发展战略的最终使命，大学必须明确定位，承担起人才培养、科学研究、社会服务和文化传承的四大使命，完成输出高水平创新型人才、输出科学与技术成果、输出新型研发机构、输出新思想的四大任务。由此，大学必须分层分类，明确理念；教书育人，教育英才；学术研究，创造一流；服务社会、追求卓越；国际交往，引领潮流。

关键词：粤港澳大湾区；大学；区域创新；经济增长

一、问题的提出

从世界范围看，湾区既是一个地理概念，也是一种经济现象，更是一种成熟的大都市群体形态。国际上已经有了一些成熟的世界级大湾区，如旧金山湾区、纽约湾区和东京湾区。粤港澳大湾区概念的提出已经 10 年有余，但从国家层面进行规划建设，却是当下的事情。2005 年 8 月，广东省政府在《珠江三角洲城镇群协调发展规划（2004—2020）》中提出，要划分粤港澳跨界合作发展地区，把发展"湾区"列入重大行动计划。2008 年 12 月，国家发改委在《珠江三角洲地区改革发展规划纲要（2008—2020 年）》中提出，到 2020 年，形成粤港澳三地合作、优势互补、全球最具核心竞争力的大都市圈之一，支持共同规划实施环珠

---

* 许长青，男，中山大学中国公共管理研究中心研究员、中山大学政治与公共事务管理学院教授，教育学博士。从事教育经济与财政、教育政策与领导、人力资本与劳动力市场经济、科技创新政策与区域经济发展、粤港澳与国际比较教育研究。项目基金：广东省 2016 年软科学项目"广东区域协同创新主体深度融合研究：基于三重螺旋模型的理论构建、实践推理及修正路径"（2016A070705026）；2017 年度教育部人文社科学研究一般项目"中国特色'双一流'大学建设研究：战略、路径与绩效动态监测评估"（17YJA880083）；中国科学院学部 2017 年咨询评议项目"高等教育、区域创新与经济增长：粤港澳大湾区建设中大学的角色与作用研究"阶段性研究成果。

江口地区的"湾区"重点行动计划。2009年10月，粤、港、澳三地政府发布《大珠江三角洲城镇群协调发展规划研究》，提出合力建设充满生机与活力、具有全球竞争力的协调可持续的世界级城镇群，打造"一湾三区"积聚、"三轴四层"拓展、"三城多中心"发展的整体空间结构。2010年4月，《粤港合作框架协议》提出率先建设在全国乃至亚洲具有较强引领作用，更具活力、发展潜力和国际竞争力的世界级新经济区域，实施环珠江口宜居湾区建设重点行动计划。2015年3月，国家发展和改革委员会、外交部、商务部《推动共建丝绸之路经济带和21世纪海上丝绸之路的愿景与行动》中指出，充分发挥广州南沙、深圳前海、珠海横琴、福建平潭等开放合作区作用，深化与港澳台合作，打造粤港澳大湾区。2016年3月，国务院《关于深化泛珠三角区域合作的指导意见》中指出，要充分发挥广州、深圳在管理创新、科技进步、产业升级、绿色发展等方面的辐射带动和示范作用，携手港澳共同打造粤港澳大湾区，建设世界级城市群。2017年3月，《国务院政府工作报告》提出，要推动内地与港澳深化合作，研究制定粤港澳大湾区城市群发展规划，发挥粤港澳独特优势，提升在国家经济发展和对外开放中的地位与功能。2017年7月，《深化粤港澳合作 推进大湾区建设框架协议》提出，要完善创新合作机制，促进互利共赢合作关系，共同将粤港澳大湾区建设成更具活力的经济区、宜居宜业宜游的优质生活圈和内地与港澳深度合作的示范区，打造国际一流湾区和世界级城市群。

粤港澳大湾区的发展目标是到2020年基本形成国际一流湾区，世界级城市群框架基本确立，2030年位居全球湾区榜首，成为全球先进制造业中心、全球重要创新中心、国际金融和贸易中心，参与全球合作与竞争能力大幅度提升，跻身世界知名城市群前列。着力加快推动制造业转型升级，重点培育发展新一代信息技术、生物技术、高端装备、新材料、节能环保、新能源汽车等战略新兴产业集群，打造具有国际竞争力的现代产业先导区。如何才能实现这样一个宏伟目标？毫无疑问，交通运输等互联互通的硬件设施是重要条件，但制度建设、体制机制创新、科技创新更是重中之重。知识经济时代，科技创新是经济和社会发展的内在驱动。综观世界级大湾区，我们发现它们具有某些共同特征：都是全球科技创新中心、科技产业中心、金融服务业中心、航运物流业中心、先进制造业中心；都具有较为完备的创新链、产业链和供应链以实现"一条龙"的创新过程；都拥有创新的动力源——世界一流大学。因此，粤港澳大湾区建设必须充分发挥大学，尤其是高水平研究型大学的作用，重构区域创新体系，打造全球创新中心。从成熟的世界湾区来看，纽约湾区雄踞世界湾区之首，是美国经济中心、世界金融核心中枢，这里拥有哥伦比亚大学、康奈尔大学、纽约州立大学、纽约大学、罗彻斯特大学等世界一流大学；东京湾区乃日本重要的制造业中心，这里拥有东京大学、庆应大学、早稻田大学、横滨国立大学等高水平大学；旧金山湾区系世界上最重要的高科技研发中心，这里聚集着大批的世界500强企业，世界著名的硅谷坐落于此。硅谷之所以成为世界微电子、计算机和信息产业的中心并带来区域经济繁荣和城市发展，是因为其每一阶段的发展都与斯坦福大学雄厚的学科与科研实力息息相关。此外，硅谷地区还有加州大学伯克利分校、加州大学旧金山分校、加州理工学院、圣塔克拉拉大学、圣荷塞州立大学、米逊社区大学等7所州立、社区大学和10所专科学校以及33所技工学校、100多所私立专业学校。粤港澳大湾区制造业发达，整体处于由工业经济向服务型经济和创新型经济转型过程中，单纯从经济总量看，粤港澳大湾区与纽约湾区大体相当，但在引领全球经济发展、主导全球资源配置、带动全球产业升级等方面却存在明显差距，导致差距的根本原因在于科技创新力的差距。因此，粤港澳大湾区建设必须充分发挥大学的作用，明确大学角色，倾力打造全球创新中心，促进区域创新体系的完善和经济增长。

二、粤港澳大湾区建设中大学的角色与作用

在社会学中，社会角色被界定为"与人们的某种地位、身份相一致的一整套权利、义务的规范与行为方式"①。大学角色则可定义为"与大学的某种地位、身份相一致的一整套权利、义务的规范与行为方式"。社会人在面对不同主体时可以扮演不同的角色，随着其角色的转变需要不同的行为规范来面对相异的对象，大学也是如此。角色的扮演常常受到理念的影响。理念是一个哲学范畴，是同类事物最完美、最完全的本质，是事物的共性，是人们对于某一事物或现象的理性认识、理想追求及其所形成的观念体系。大学理念是人们对大学的理性认识、理想追求及其所持的大学教育思想观念和哲学观点。因此大学的定位与角色受到大学理念的影响和支配。在高等教育实践中，由于办学理念的差异，大学角色经常会出现一些问题，这些问题主要表现为：角色距离——大学的实然角色与应然角色之间存在距离，如大学本应该是区域经济发展中知识创新和人才培养的主体，但事实上某些大学却热衷于经商办企业；角色冲突——大学承担的多种角色之间出现了冲突，如大学既要适应区域经济的发展，又要保持自身独特的学术追求；角色不清——大学对于自身角色定位模糊，不同层次的大学角色定位一样，同质性有余，差异性不足。大学作用称之为大学功用、大学职能，是大学所承担的角色对社会产生的影响，是一所大学的基本活动，反映着大学的具体职能、任务和责任，是大学立足于社会最基本的、最关键的活动要素。大学扮演什么样的角色，就会产生什么样的作用，因此，大学的角色和作用密不可分。粤港澳大湾区建设中，大学面临着新使命，扮演着新角色。笔者以为大学在这一过程中所扮演的角色与作用主要有：承担四大使命——人才培养、科学研究、社会服务、文化传承；完成4个输出——输出高水平创新型人才、输出科学与技术、输出新型研发机构、输出新思想；实现一个目标——强有力地支撑国家创新驱动发展和大湾区创新驱动发展战略。

（一）大学是人才培养的摇篮——为粤港澳大湾区建设输出高水平创新型人才

约翰·纽曼1852年出版的《大学理念》第一次系统地对"大学理念"进行了概括，指出"大学是探索普遍学问的场所"，"是所有知识和科学、事实和原理、探索和发现、实验和思考的有效保护力量"。纽曼倡导"博雅教育"，在他看来，大学是培育绅士的地方，"育人"是大学的主要目标。② 这种以探索普遍学问和培养人才为主的大学理念和使命对后世大学的影响深远。中国古代《大学》有言：大学之道，在明明德，在亲民，在止于至善。"大学"，即大人之学，是做大学问的地方；"亲"同"新"，大学的使命在于培养一代又一代的新民，当每个人都成为新人时，"民"也就形成了。大学的职能多种多样，但建立在大学之上的职能只能有一个主体功能，其他职能只能衍生在主体功能之上。不管大学职能如何变化，大学都应该自始至终围绕人才培养这一核心。人才培养既是大学职能的历史起点，也是大学职能的逻辑起点，科学研究、社会服务、文化引领等都是围绕人才培养而产生的辅助职

---

① 郑杭生：《社会学概论新修》，中国人民大学出版社2013年版，第155页。
② John Henry Cardinal Newman, *The Idea of a University: Defined and Illustrated* (Chicago, Ill.: Loyola University Press, 1987), p. 464.

能。所以大学的作用是一个以人才培养为核心的综合体系。大学的各种职能都要有利于人才培养，如果不利于人才培养，只是为研究而研究，为服务而服务，那么就违背了大学职能的本意。国内外经验也证明，无论是高新技术产业发展还是传统产业升级改造，首要条件是要有一个能促进人才辈出、释放人才能量的软硬件环境。因为科技人才既是与高新技术有关知识的载体，也是知识的创造者。传播知识、造就人才乃大学促进科技与知识发展的最根本、最本质的价值表现形式。因而，为大湾区提供源源不断的创新型高水平人才是大学的本质要求和使命。

（二）大学是知识创新的源泉——为粤港澳大湾区建设输出科学与技术成果

现代意义上的大学起源于19世纪的欧洲，其标志是洪堡1810年创建的柏林大学，这所大学全面实践了一种新的大学理念，即"学术自由"和"教学与科研相统一"。大学理念首次发生变革，实现了由教学型大学向研究型大学的转型，西方学者把它称之为"第一次学术革命"。大学不但培养人才，还要发展科学，使大学成为研究高深学问的机构，将教学与研究相结合，使研究成为大学的新使命。虽然不断地也有学者反对，但大学还是逐渐开展各种科研活动，大学的科研职能是在人才培养这一基本职能的基础上衍生出来的。大学为什么能成为知识创新的渊薮？这是因为大学拥有一批值得尊重而又有经验的人，大学是充满激情而又渴望知识的人激荡思想的地方。鲁迅先生在《我观北大》中说，北大是常新的。其实这是对所有大学的期望。为什么大学是常新的？因为她每年都有新的学生，每年都有新的教师。如果她每天再有新的知识、新的见解、新的思想产生，大学就真正成为社会精神财富与知识创新的源头活水。这样，不但大学是常新的，一个国家、一个民族也将是常新的。[①] 大学是知识的源泉，知识是大学生活的中心。大学对知识有5种处理方式：传播知识、运用知识、收藏知识、创新知识、交换知识。大学不是公司，它是非营利性的，因此可以专心于知识和真理；大学不是政府，无须随一时的政治需要或俯或仰，因此可立足长远，心无旁骛地追求知识。斯坦福大学校长造访中国时在一次演讲中说，在历史上，大学是社会进步和经济发展的强大动力。今天的大学，在这方面又被赋予了更多的期望，特别是在知识创新方面。大学的知识创新研究一般分为3类，即基础研究、应用研究和发展研究。其中在基础研究中大学具有独特优势，发挥着主体作用。基础研究是对新知识、新理论、新原理的探索，其成果对技术科学、应用科学和生产发展具有不可估量的作用。由于产业界对长远的基础研究缺乏兴趣，大学的作用尤为凸显。只有扎根于基础研究的肥沃土壤，才会有应用研究的百花齐放。粤港澳大湾区产业发展将紧紧围绕研发及科技成果转化、国际教育培训、金融服务、专业服务、商贸服务、休闲旅游及健康服务、航运物流服务、资讯科技八大产业。打造国际科技创新中心是粤港澳大湾区发展重点之一。在科技创新生态中，高等教育是不可缺少的一环。不管是作为人才发动机，还是作为创新孵化器，大学都被诸多观察人士认为是粤港澳大湾区未来发展需要加强的一个要素。

（三）大学是天然的孵化器——为湾区建设输出新型研发机构与创新企业

1904年，范·海斯任美国威斯康星大学校长，提出社会服务理念，提出"州的边界就是大学的边界"。认为学校不应仅仅局限于某一区域，不要一直困于象牙塔之中，而是要走出边界，与社会接轨，为社会服务。到20世纪中期，以斯坦福大学、麻省理工学院为代表

---

① 参见徐显明《大学理念论纲》，载《中国社会科学》2010年第6期。

的研究型大学纷纷进行技术转移,实现科技成果产业化。从研究型大学到创业型大学的转型被称之为"第二次学术革命","创业"成为大学的又一项任务。大学是一个天然的孵化器,正如19世纪中叶德国著名化学家尤斯图斯·李比希所预言的学术研究可以促使创新企业的形成。① 包括粤港澳大湾区经济在内的我国经济正在经历着转型升级,这种转型的特征主要有:以知识为基础,而不是以劳动力为基础;大量创新型企业的涌现;研究科技成果世界范围的保护;反映了科学技术的持续、急剧变革;经济增长不仅仅体现在规模,还要不断降低成本或提高质量。面对经济增长的急剧转型,高等教育对经济增长的重要性深入人心。斯坦福国际研究院(SRI International)认为经济发展是一个持续创新的过程,在这一过程中,促使组织和个人提高生产商品和劳务的能力、创造财富的能力、为地区创造更多的就业机会、税收和收入。理想大学对经济增长的介入就是基于资源的战略使用以支持当地、区域及国家经济的发展。大学拥有提升产品制造、服务,进而创造财富、提供工作职位、收入水平及税收能力的资源。大学适当的角色就是基于教学、研究或公共服务的职能为经济和社会发展做出贡献。当代经济发展中的一个重要支点是区域经济的崛起,崛起的区域形象地超越了国家与行政边界,在经济全球化国际分工中显示出不可替代的作用:一方面,区域经济发展中的鲜明个性特征成为全球化经济发展过程中的一个闪亮点,区域的个性存在成为区域价值的核心;另一方面,区域的崛起又加速了区域个性化的发展。美国高等教育学家克拉克·科尔在提到高等教育对区域经济发展的作用时,对大学的职能做了精彩评述:"高等教育在维护、传播和研究永恒真理方面的作用是无与伦比的;在探索新知方面的能力是无与伦比的;在服务先进文明社会的众多领域方面所做的贡献也是无与伦比的。"无疑,高等教育成了区域经济增长的"动力源"。② 我国大学承担着加快自主创新步伐,构建区域创新网络,增强区域核心竞争力,带动社会生产力实现质的飞跃的社会责任。粤港澳大湾区内的大学已经具有长期的办学经验积累,中央各级地方政府给予了重点扶持,具备尖端的科研人才团队和先进的科研所需设施,在培养高质量人才、基础研究和推进科技成果转化方面具有明显的优势,发挥其"高校技术创新基地、高新技术企业孵化基地、创新和创业人才集聚和培育基地、高新技术产业辐射催化基地"的作用是其促进大湾区经济发展功能的具体表现。创新服务经济发展是国际湾区经济发展的基本特征,创新驱动发展战略是粤港澳大湾区核心发展战略,如何进一步推动湾区内知识成果转移、实现产业化已成为大学的新使命。

(四)大学是思想的高地——为湾区建设输出新思想,创造新文化

大学是自由者的乐园。1929年,陈寅恪在所其作的王国维纪念碑铭中,首次提出以"独立之精神,自由之思想"为追求的学术精神与价值取向。他向中国两千年"学""仕"不分的传统提出了挑战,堪称体悟现代大学精神的知识分子先驱。"自由"不是排斥权威,而是要排斥资本的权威、政治的权威、宗教的权威,确立知识的权威。有思考能力的个人永远是社会文明进步的最终源泉。有独立精神和自由思想,方有探索和创新的自由。③ 大学不限于传播知识,它还是传递价值观的地方。大学应占据社会的精神高地,成为普罗大众心灵中仰望的净土。大学是社会的灯塔,当社会陷入黑暗时由它发出光明。点亮灯塔的是思想,

---

① Etzkowitz H, "Entrepreneuralrial scientists and Entrepreneuralrial Universities in American Academic Science," *Minerva* 21, (1983): 198 – 233.
② 参见克拉克·科尔《大学之用》(第五版),北京大学出版社2008年版,第1页。
③ 参见徐显明《大学理念论纲》,载《中国社会科学》2010年第6期。

没有思想的大学，就是没有光明的大学，也是被笼罩在黑暗和世俗中的大学。粤港澳大湾区区域创新高地的发展必须不断地推出新知识与新思想。大学在科学研究方面具有学科、人才、信息、学术环境等诸多优势，大学作为培养高层次人才的沃土，其本身积聚了一大批高层次高学历人才，尤其是在研究型大学中，许多教师本身就是某一领域和学科的专家，专家学者是最宝贵的人才资源。随着全球化的持续深入和信息技术的快速发展，当今世界各国之间的竞争不仅仅是"硬实力"的竞争，更重要的是以思想、观念、文化为核心的"软实力"的竞争，思想库作为国家思想创新的动力和源头是"软实力"竞争的关键。21世纪的中国需要拥有众多世界级水平和影响力的思想库作智力支持，大学思想库的发展规模和创新能力决定了国家和民族的未来。粤港澳大湾区内不乏一些知名大学，这些大学中普遍拥有众多基于多学科发展起来的研究机构，自然科学、人文科学和社会科学等多层次、多边缘交叉研究活跃。大学的学科综合不仅能在很广阔的领域里为思想库的跨学科研究提供良好条件，而且能为学科间交叉渗透和新兴学科和创新思想培育提供前提。粤港澳大湾区大学思想库的定位必将充分体现出大学的人才资源优势、知识创造优势以及其对公共政策和舆论宣传方面强大的影响力，引领社会主义核心价值观和"一国两制"思想的发展，从而促进湾区社会经济发展。

（五）大学是国际交流的基地——为湾区建设构建国际交往与合作的平台

20世纪80年代以来，世界各地提出了许多新的大学理念。联合国教科文组织经过酝酿、整合，于1995年发表了一份《关于高等教育的变革与发展的政策性文件》，提出了现代大学的三大理念：高等教育的针对性、高等教育的质量观和高等教育的国际化。① 这三个理念为1998年10月联合国教科文组织在巴黎总部举行的首届"世界高等教育大会"所接受，形成了大会所通过的《21世纪的高等教育：展望与行动宣言》和《高等教育变革与发展优先行动框架》中关于21世纪高等教育发展的三个核心概念。其中，高等教育的国际化是指一个国家的大学教育或某所具体的大学在国际意识、开放观念指导下，通过开展国际性的多边交流、合作与援助等活动，进而不断促进国际社会理解、提高国际学术地位、参与国际教育事务、促进世界高等教育改革与发展的动态发展的过程或趋势，即各国大学教育立足国内，面向世界的相互交流、合作与援助的一种发展过程或趋势。大学的国际合作与交往的理念是21世纪世界各国大学的新理念之一。在粤港澳大湾区建设中，科技竞争力是区域国际竞争力的核心，高等教育国际化亦是提升湾区高等教育竞争力的必由之路。香港和澳门在高等教育国际化中具有独特的区位优势，香港正在打造国际高等教育枢纽，广州高等教育具有特色和优势，在共同的国际交流与合作中，湾区内高等教育国际竞争力必将进一步提升，同时为湾区内其他领域的国际交流与合作搭建一个重要的平台。

三、粤港澳大湾区建设中、大学该如何明确角色和发挥作用

（一）分层分类，明确理念

大学没有一成不变的格式，大学理念将不断发展、不断调整、不断充实。在新的历史条

---

① 联合国教科文组织：《关于高等教育的变革与发展的政策性文件》，http://old.moe.gov.cn/publicfiles/business/htmlfiles/moe/moe_236/200409/975.html。

件下，我们要系统地研究大学理念的内涵及其对实践的指导作用，认真研究和不断完善大学的角色定位与社会责任。但实践中大学的角色定位与作用并不明确，如有的大学在庆幸和欢呼突破了传统高等教育理念的束缚后，却发现自身新的角色定位并不清晰，对于社会各方的多元诉求感到有些无所适从；有的大学在面对来自社会各方激烈的批评以及内部的反对声中，遭遇新的迷茫和困惑……这都会导致大学角色的模糊和冲突。历史和现实已经表明，大学只有结合时代发展要求，明确自身所要承担的角色和发挥的作用，才不至于在时代大潮中迷失方向。对于一所大学来讲，意识到自身的角色就是找准自身定位，如果定位不正确，再努力恐怕也无济于事，如许多高校追求专业的大而全，却泯灭了自身独特的专业优势。准确的角色定位不仅对大学自身发展有利，更对人才培养及社会经济发展有利。

在大湾区建设实践中，大学定位和功能发挥需要解决以下一些突出的问题：

一是明确大学基本定位，规范大学行为的基本清单。知识生产和人才培养是大学的基本定位。发达国家的大学主要定位在提供各种服务，或鼓励师生携带专利参与兴办高新技术企业，高校与高新技术企业的关系是建立在技术资产基础上的一种松散联系。国外大学一般不直接以事业法人身份管理和运作高新技术企业，大学所扮演的是企业孵化器的角色而不是直接管理者和规划者的角色。其根本的原因在于知识生产组织和经济生产组织在发展目标、行为方式、组织结构、价值评判以及研究取向等方面存在明显的差异。大学不能逾越组织角色的基本边界。

二是大学办学层次必须分类，不同大学应恰当定位，明确角色。明确大学在区域高等教育结构中的地位、角色，明确自己的目标与任务，给自己一个恰当的定位，是办好每一所大学的基本前提。事实上，不同类型的大学之间，历史和现实均存在着一个学术层次、专业类别、功能分工以及服务对象等方面的差异。这种差异的产生，既是社会发展的要求，也是大学发展过程的历史积淀的结果，当然也不排除人的主观设计的因素。一般认为，研究型大学主要以学术水平高、研究力量强，对湾区建设具有多方面重大影响为主要特点。尤其是在重大基础研究方面，包括自然科学、社会科学以及人文学科诸方面对湾区建设都将产生重大影响。教学型大学则主要是以培养各类综合性人才和专业性人才为主，培养人才是其主要任务，人才培养的质量为其办学水平的重要依据。应用技术型大学则主要是培养湾区建设中的各种实用型专业人才为主，着力培养学生的实践应用和操作能力。理工类大学着力于专利输出，文科类大学致力于思想智库的输出，而高职类大学重点在工匠精神的输出。

三是大学要固好本位，扮演好自己的角色。固好本位首先是安守好本位，其次就是要巩固和强化好自己所处的位置，在自己的角色领域内办出特色，办出成效。

四是要自然超位，不断地超越自己的角色。超位并不意味着越位，其基本的含义是大学要用发展的角色观去看待自身的定位与角色，在适当的时机实现角色转换和超越。

五是大学要不断地进行角色转换，避免角色冲突。[①] 在粤港澳大湾区建设中，不同类型的大学必须树立正确的办学理念，明确自身所要扮演的角色及其所要承担的作用。意识到自身的角色就是找准自身定位，如果定位不准确，再努力恐怕也无济于事。同时大学也要善于在不同角色之间进行转换，避免角色冲突。大学绝对不可以将自己定位为某一类型的角色，而应该具有转换自身角色的意识。如果一所大学只抱着"象牙之塔"的角色定位不放而忽

---

① 参见周焱《论大学的角色定位与转换》，载《重庆师范大学学报》（哲学社会科学版）2004年第3期。

视与经济建设及整个社会的接触,就会故步自封、落后于他人,甚至渐失追求、亦步亦趋于社会大潮之后。

（二）教学育人,教育英才

教学育人必须以人为本,创造一切条件,依靠学术造诣深的学者、专家及广大教师培养具有高度社会责任感、高尚的思想品德和职业道德、创新精神和实践能力,能够活跃于信息时代,适应市场经济竞争环境和善于终身学习的高素质人才;重视培养学生批判性思维的能力,培养学生的创业技能,使学生基础宽、素质高、有特长、适应广,使学生不仅仅是求职者,更应首先成为工作岗位的创造者。由于港澳与珠三角城市在社会制度上的差异,高等教育在创新人才培养的合作上既存在一些障碍,也面临着难得的发展机遇。在教育创新合作上可以借鉴国际上一些成功案例,如欧盟高等教育合作的一些做法。欧洲高等教育区具有国际化的高等教育目标、国际化的学生交流、国际化的教师交流、国际化的科研合作、国际化的课程设置与学分转换、国际化的办学模式、国际化的质量评估体系等特点。以此为参照,粤、港、澳三地一是可以在政府部门的指导下,成立粤港澳大湾区合作教育委员会,管理和协调辖区内的教育机构,整合大湾区教育机构,为创新型经济服务。二是可以争取国家的优惠政策,在广州南沙自贸区先行先试,建立粤港澳高等教育特区。高等教育特区的任务主要包括:学生交流、教师交流、实施课程开发合作、实施多种形式的合作办学、打造教育培训基地等。如允许香港澳门的中学及大学在湾区内建分校,其管理直接复制原有模式,这些学校,无论独资还是合作,都应该允许其面向整个湾区招生,从而给内地和香港澳门的教育机构提供一个重新配置资源的机会和舞台;实施产学研合作培养创新人才模式及创新实践基地等载体的建设;建设人才交流培养平台,支持高校、科研院所、企业跨国跨地区开展学术交流和项目共建,推动境内外人才联合培养;鼓励海外人才入区,与海外机构建立人才优势共享机制,联合开展科研项目研究,进行科研成果产业化;加强大湾区多元化教育体制改革,引进民间资本和外部教育机构独立办学,逐步解决创新型经济急需的人才本土化问题等。三是借助国家"双一流"大学建设的历史机遇,加大对大湾区高水平大学建设力度,努力培养出更多的高素质创新型人才。我国"双一流"战略不是各类院校的简单升级,而是高校组织和管理的重新构建,是落实高校内涵式发展的综合举措。"双一流"大学绝不是自封的,也不是指定的,它具有共性的特征,也必有自身的个性特征;它既是国家的,也是国际的。我们要对"双一流"大学建设的基本价值取向和国际化标准有一个准确地把握,国家战略、核心思维和国际标准都是不可或缺的。香港、澳门、广东三地在高水平大学建设上各有优势,建议整合力量,按国家战略、核心思维和国际标准的要求,建设好粤港澳大湾区世界一流大学和一流学科。建议国家将香港、澳门纳入"双一流"大学建设范畴,共同打造大湾区人才培养高地。现代大学的基本功能是知识信息的传播、创造和人才培养。因此,三地高校应改变封闭式的教学观念,树立开放合作办学理念,通过培养杰出的人才,取得创造性的学术成果,运用自身拥有的思想、知识、文化的力量,特别是着眼未来的批判精神,为经济和社会发展提供正确的价值导向,引领湾区经济社会前进。

（三）学术研究,追求一流

创设宽松、浓厚的学术氛围,突出学术自由与独立,追求真理,发展科学,加强学科建设,输出高水平的学术成果;坚持基础研究和应用、开发研究并重;明确以探索和发现未知世界为目标的基础研究是现代科技发展的基础地位,加强产学研合作,推动科技成果产业化；打造粤港澳大湾区高等教育联盟，不断提升粤港澳大湾区学术研究整体竞争力。我国高等教育从"211"工程到"985"工程、"2011计划"，再到"双一流"大学建设的发展路径表明，高等教育资源投入策略已经从单维的以高等院校个体为单位的布点式投入，转向多维的以高校科研机构和企业联合体或合作创新团队为单位的网络布局式投入。其目的是要加快高等教育创新方式的转变，积聚和培养拔尖人才，在经济建设和社会发展中发挥更大的作用。在此背景下，建设高校联盟，整合优质资源，进一步增强高校联盟的核心竞争力，走协同创新集群式发展道路符合国家高等教育发展战略方针，也是未来高等教育发展的一个趋势。通过湾区高等教育联盟可以达到资源分享与共建，为学生与教职员提供更多的生活与学术选项，促进成员学校在人才培养、教师专业成长、学校经营等多方面的发展，推动区域创新与经济发展等的目的。

高等教育联盟主要有两大类：一类是基于近邻性而形成的区域高等教育联盟，是一种区域高校联合体形态，具有自己的职责运营架构，但又与成员学校保持相对距离的独立法人实体；另一类是跨区域或全国性的高等教育联盟，是按照学术能级对等原则，经过筛选和吸收学校加入而形成的高校联合体形态，如美国常春藤大学联盟。[①] 高等教育联盟的根本的目的在于，利用学校之间地缘近邻的客观条件，基于共同目标导向，放大区域高校集群效应，通过自主调控资源的内部与内外流动，在成员学校之间，在联盟与区域社会之间建立稳固、紧密、规范化的合作乃至一体交融的关系，实现高等教育与区域经济社会的共同发展。粤港澳高等教育联盟宜采用第一种运作模式，主要是基于邻近性原则的考量。粤港澳高等教育联盟具有天然的区位优势，联盟内的大学可参照国际合作办学的运作模式，在学生招收、教师招聘、课程设计、共建联合实验室和科技成果产业化基地建设等方面创办真正意义上的合作办学。合作的重点可从人才培养、学科建设、科研攻关、教育信息资源共享、科技成果产业化等方面着手。粤港澳高校分别招收学生，联合集中培养，共同制订培养计划，聘请优秀教师从事课堂教学，毕业时颁授双方学历、学位。在知识产业化上，利用自贸区政策，通过引进境内外优秀科技企业，联合开展科技成果产业化工作，推进产业和技术研发的深度合作。

（四）服务社会，追求卓越

为社会培养各层次各种类型专门人才，利用大学人力资源和科学技术方面的优势进行高科技产业开发；为社会上的企业提供各种技术咨询与服务，解决经济生产部门在技术革新、设备改造、产品更新、科学管理等方面的问题，提高经济效益；承担国家和地方政府下达的重大科研项目或重大工程项目，通过科学研究为国家或地方政府提供政策和决策咨询；通过人才培训为最广泛的人进行知识的传递和推广，为终身教育、继续教育等发挥作用；全面参与经济建设和社会发展。当下的大学已从社会边缘的"象牙塔"成为现代社会的"轴心机构"。

目前，珠三角制造业发达，整体处于由工业经济向服务经济及创新型经济转型过程中，若能加快实施创新驱动战略，以香港、广州、深圳为区域创新体系核心，构建粤港澳大学及科研院所的科技合作，必将大大推进湾区建设步伐。但现实面临的状况是，粤港澳大湾区内大学科技创新合作的潜力和空间远未被挖掘，离深度融合目标相距甚远，亟须提出合作的新战略、新路径和新思路，如在合作动力、协同、开放及大学治理等方面的新思路，建立新的

---

① 参见陈立、刘剑虹《美国区域高等教育联盟的现状与特征》，载《宁波大学学报》（教育科学版）2014年第5期。

动力机制、协同机制、开放机制、大学治理机制等。动力机制是创新的动力来源及其作用方式，是能够推动创新实现优质、高效运行并为达到预定目标提供激励的一种机制。新时代背景下，需要建立完善并大胆创新粤港澳大学科技创新合作的各种创新激励机制，如技术股权制度、专利产权制度、科技经费使用制度、科技成果评价制度等，最大限度地激发大学教师及科技工作者创新的精神原动力。协调机制是指围绕创新目标，多主体、多因素相互补充与共同协作，建立"政产学研资"多位一体的"螺旋式上升"协同创新机制，增强科技创新要素的整合力。

近年来尽管粤港澳经贸联系日渐紧密，政府高层之间往来日趋频繁，但高等教育之间的联系却没有明显加强的迹象，香港、澳门高校对广东高校几乎没有任何实质性的影响，反之亦然，长期下去将浪费粤港澳大湾区宝贵的区位优势，不利于大学科技创新水平的提高。因此需要建立起协调联络机构，联络机构宜简不宜繁，主要包括决策机构、执行机构和监督机构，共同推动三地高校科技创新合作的实施。建议在遵循"一国两制"原则下，建立中央政府主导下的粤港澳大学科技合作机制协商平台，制定合作规划与逐步推进的工作计划。科学规划三地高校科技创新合作的行动方案，使科技合作与交流从形式走向实质。三地政府联合出台专门政策，制定目标和行动方案，通过多种形式的合作交流，如学分互认、学历互认、自由选修、师生交换、学术会议、合作研究、合作办学、设立分校、创办校区等，整合粤港澳研究力量，促进三地大学科技创新合作发展。开放机制就是要打破区域封闭性壁垒，从开放的全球视野审视三地大学科技合作，构建禀赋开放型的合作体系。三地大学在科技合作过程中要大力加强与国内外其他高校、世界500强企业研发机构的合作，联合创建工程技术研究开发中心、技术转移中心、企业技术中心、实验室等研发机构，充分发挥这些机构在技术扩散、管理示范、人才培养等方面的"溢出效应"。治理机制就是要建立一种有利于三地大学科技创新合作的管理模式与运行机制。建立现代大学制度和现代大学治理机构，发挥大学在科技创新合作中的自主权和引领作用。建立集中型和分权型相结合的科技管理体制，加强法治型、服务型政府建设，实现政府管理由以研发项目、科技资源管理为主的管理模式向以提升创新能力、构建创新体系和营造创新环境的管理模式转变，增强政策公信力和执行力，实现政府引导、市场机制、学术共同体自治的良性互动机制。

（五）国际交往，引领潮流

自觉地发挥文化和文明"交往"的功能，建立不同国家（地区）间、不同国家高等院校间教育、科技的国际合作与交流以及援助计划，进一步推动学者和学生的国际交流；为人类文化的交往、沟通与合作，加强与各行各业的海内外朋友团结互助，共创未来，促进高等教育自身的发展，进而带来科学技术和国家经济的进步，促进世界和平与发展。尤其需要强调的是，不同的大学应根据自己的定位，有所侧重地实施大学国际化职能。大学理念无法一统，也不必硬统，各个大学完全可以按照自己的历史传统和类型性质，发展出自己独特的大学理念和评价标准。应该看到，经济日益全球化、人才和人力跨国界的流动和配置，给粤港澳大湾区高等教育的改革带来一系列新课题。走出去，面向世界，迎接挑战，创新发展，这是现代大学新的历史使命。粤港澳大湾区内的大学有责任把经济全球化提出的各种问题纳入教学、研究和开发的视野之中，在迎接挑战中开拓进取，在抓住机遇中创新发展，化解风险，为粤港澳大湾区经济建设和融合发展做出新的贡献。

四、结语

粤港澳大湾区发展是在"一个国家、两种制度、三个关税区、四个核心城市"背景下深化合作,既有体制叠加优势,也亟待推进体制机制改革以最大限度推进人流、物流、资金流、信息流畅通。粤港澳大湾区建设中一个突出的问题是粤港澳内部存在三个相互独立的经济体,相互之间还没实现要素的自由流动。这导致湾区内原始创新不足,区域内整体创新合作程度不深,创新资源未能完全实现共建共享,创新潜力尚未完全释放。因此,打造全球创新高地、建立区域创新网络是谋划粤港澳大湾区的发展的重中之重。区域创新网络的构建本质上就是要建立一个协同的创新机制。迈克尔·吉本斯曾提出知识生产模式变化的新观点,讨论了怎样制定和实施新的科学政策以适应于新型知识生产方式。刘易斯·M. 布兰斯科姆、理查德·佛罗里达和东京大学的儿玉文雄认为,知识产业化是美日两国大学与产业界之间联系的纽带。伊茨科维兹指出:"知识产业化是学术和工业界之间的联结,是经济增长的一个因素。一方面它是新产品和新公司的源泉,另一方面也是知识流向现有企业的源泉。这两个机构之间日益增强的联系被看作大学重构的力量"。大学—工业—政府的三重螺旋关系将促进区域创新网络的发展,促进国家创新体系和区域创新体系的建设。安纳利·萨克森宁对硅谷和128公路地区进行比较研究后认为,硅谷的竞争优势归功于硅谷的文化;钱颖一认为,硅谷是众多创业公司的"栖息地"(Habitat),他们都强调了区域创新网络的作用。区域创新网络是在某一经济/地理区域内形成的社会网络、商业网络和专业网络的总和。这些网络的作用,就在于它使创新/创业所需要的各种要素在这里被富集并被激活,通过网络中和网络间的联系,相互自由地碰撞和选择。大学作为国家/区域创新系统中最重要的主体之一,对区域创新驱动发展起到强大的支撑作用。从区域创新网络主体看,区域创新网络体系的支持要素包括科技"引擎"企业、世界一流大学、风险投资者、创新创业人才、政府等。大学—产业—政府必将形成一个螺旋式上升的区域开放型的创新网络体系,这一创新体系必将加快聚集和对接国内外创新资源,充分发挥大学在基础研究的主体和应用研究的生力军作用、企业在技术创新的主导作用、政府在市场机制中的规范作用以及金融风险投资的支撑作用,提升大学和科研机构科技成果产业化能力,将粤港澳大湾区打造成全球重要的科技创新中心,大大支撑区域经济转型升级,促进湾区创新驱动发展和经济社会融合发展,最终实现国家战略目标,这是粤港澳建设中、大学的最终使命。

粤港澳大湾区高校战略联盟构建策略研究

焦 磊*

摘 要： 国际湾区的发展经验表明，高水平大学对湾区经济具有重要的支撑作用。作为对标国际湾区的粤港澳大湾区，创新将是其达到甚至超越其他国际湾区的核心竞争力。因此，粤港澳大湾区与区域高等教育联盟具有耦合关系。本文在分析粤港澳大湾区城市群高等教育发展状况及制约其高等教育深度合作障碍的基础上，指出粤港澳大湾区高校联盟不同于一般意义上的区域高等教育联盟，有其自身的独特性。最后提出粤港澳大湾区高校战略联盟构建的策略。

关键词： 粤港澳大湾区；高校战略联盟；发展策略

一、粤港澳大湾区建设与"区域"高等教育联盟的耦合

（一）粤港澳大湾区的定位及其对高等教育的挑战

粤港澳大湾区的提出引起了社会各界的广泛关注，这一议题同样成为学者们的研究热点。2017年3月，李克强总理在《国务院政府工作报告》中提出要"研究制定粤港澳大湾区城市群发展规划"，7月1日国家发展和改革委员会、广东省人民政府、香港特别行政区、澳门特别行政区签署了《深化粤港澳合作 推进大湾区建设框架协议》，标志着粤港澳大湾区建设正式纳入国家的发展战略之中。粤港澳大湾区由珠三角地区的广州、深圳、珠海、佛山、东莞、中山、江门、惠州、肇庆9市和香港、澳门两个特别行政区组成，旨在打造国际一流湾区和世界级城市群。粤港澳之间的经济合作由来已久，尤其是2003年内地与香港、澳门特别行政区分别签署了《关于建立更紧密经贸关系的安排》，粤港澳经贸合作得以全面提升。那么粤港澳大湾区与以往的合作有何不同呢？湾区经济和城市群成为粤港澳大湾区建设的新特色，是建基于粤港澳已有合作基础之上的深度融合，是粤港澳合作的升级版，目的在于建成具有强大引导力和辐射力的世界级湾区。相较于国内其他地区，粤、港、澳三地以创新引领发展走在全国前列，创新驱动发展型经济的特征明显。要建成对标纽约湾区、旧金山湾区、东京湾区三大湾区的国际湾区，粤港澳大湾区应顺应世界科技革命和第四次工业革命的潮流[①]，以创新为突破口，瞄准科技、产业创新中心，通过集聚创新资源，完善区域协

---

* 焦磊：华南理工大学高等教育研究所副研究员，博士，硕士生导师。研究方向为高等教育基本理论、港澳高等教育、比较高等教育等。

① 参见覃成林、刘丽玲、覃文昊《粤港澳大湾区城市群发展战略思考》，载《区域经济评论》2017年第5期。

同创新体系,打造国际创新中心。而在知识经济时代,高等院校在创新(包括科技创新)中的作用愈加彰显。因此,粤港澳大湾区对粤港澳高等教育的支撑能力提出了诉求和挑战。

(二) 区域高等教育联盟对湾区的支撑作用

参照纽约湾区、旧金山湾区、东京湾区三大国际湾区的经验,创新是湾区发展的核心驱动力。旧金山湾区是以硅谷为典型的知识驱动型湾区[①],旧金山湾区拥有一批全球知名的科技公司,如英特尔、苹果公司、惠普、谷歌、脸书、雅虎、易贝等。旧金山湾区坐落于加利福尼亚州,该州可谓美国院校系统最发达的一个州。硅谷的成功得益于其周边的麻省理工学院、斯坦福大学和加州大学伯克利分校等世界知名学府群落作为主要支撑,为其提供雄厚的科研实力作为创新源。同样,东京湾区周边聚集了像横滨国立大学、庆应大学等著名学府,通过大学与企业的紧密产学研合作,为佳能、索尼等高科技公司提供强有力的支持。

就粤港澳大湾区而言,粤港澳大湾区城市群已表现出创新驱动发展的势头,具有巨大的创新发展潜力。如深圳、广州具有极强的创新能力与潜力,深圳是位居世界前列的创新中心,是典型的创新发展型城市,广州的创新能力也正在不断攀升。香港同样聚集着大量创新资源,且具有持续汇聚创新资源的能力。澳门作为国际旅游中心,未来面临经济转型发展的现实需求,而创新发展将是其转型的最优选择,高度国际化的特点有助于其吸纳创新资源。其他湾区城市经济实力较好,制造业发达,但亟待完成产业结构的转型升级。粤港澳大湾区经济的发展应以深圳、广州、香港、澳门聚集的创新资源辐射其他湾区城市,发挥湾区城市群的区域创新体系合力。基于上述国际湾区的经验可知,科研及创新人才集散是湾区经济发展的动力和引擎[②],集聚一批高水平的大学成为湾区发展的不竭动力。粤港澳大湾区要实现湾区经济及城市群的崛起与超越,需建设成为国际创新中心,而国际创新中心需要人才资源和技术资源优势的支撑,高等院校无疑是提供人才及技术资源的重要保障。然而,正如华南城市研究会副会长孙不熟所言,粤港澳大湾区的短板即表现在高等教育方面,美国加州高等教育基本上可以与东海岸等量齐观,而粤港澳还不如京津冀和长三角。[③] 因此,以世界湾区为旨归的粤港澳大湾区急需一批高水平大学提供持续、高效、优质的支撑。粤、港、澳三地已有数所高水平大学,但其数量、规模仍不足,同时大湾区城市仍是各自规划、发展自己的高等教育而未能组建高度协同的院校联盟。粤港澳大湾区的成效须借助区域高等教育联盟提供的科技创新支撑,并发挥其人才汇聚效应。

二、粤港澳大湾区高等教育发展境况及深度合作的困境

(一) 粤港澳大湾区城市群高等教育发展的境况

粤、港、澳三地高等教育资源较为丰富。广东省拥有数量丰富的高等院校,共有普通高

---

① 参见申明浩、杨永聪《国际湾区实践对粤港澳大湾区建设的启示》,载《发展改革理论与实践》2017 年第 7 期。
② 参见张日新、谷卓桐《粤港澳大湾区的来龙去脉与下一步》,载《改革》2017 年第 5 期。
③ 参见杜弘禹、戴春晨《粤港澳合作新定位:对标国际一流湾区和世界级城市群》,http://new.hexun.com/2017-03-09/188423301.html。

校151所,其中本科层次高校64所(含中外合作办学、内地与港澳台地区合作办学),[①] 但整体而言,优质高等教育资源稀缺。香港虽为弹丸之地,却拥有较为丰富的高等教育资源,拥有数所高水平大学。澳门在三地之中面积最小,属典型的微型社会,其高等教育规模较小,优质高等教育资源亦相应有限。

从粤港澳大湾区的11个城市高等教育资源具体情况来看,内地9城中,广州拥有的优质高等教育资源最为丰富。如表1所示,广东省高水平大学建设的一流大学及一流学科高校几乎均坐落在广州,国家双一流建设高校则全部聚集在广州。除此之外,广州还坐拥多所中外合作办学机构。深圳高等教育正处于快速发展中,深圳大学纳入广东省一流学科建设高校,南方科技大学是广东省高水平理工科建设高校之一。此外,深圳在与国外及港澳台地区合作办学机构方面也获得了新的进展。佛山的佛山科技学院和东莞的东莞理工学院进入广东省高水平理工高校建设之列,且东莞理工学院与国外高校设有中外合作办学机构。珠海则吸引了两个中外合作办学机构入驻。而惠州、中山、江门、肇庆4城虽建有高等院校,但高等院校数量少,办学水平层次较低。如表2所示,基于香港和澳门的面积和人口,两地的高等教育资源相对较为丰富。香港拥有丰富的优质高等教育资源,以教育资助委员会资助的香港大学、香港中文大学、香港浸会大学、岭南大学、香港理工大学、香港城市大学、香港科技大学、香港教育大学8所大学为典型代表,其中香港大学、香港中文大学、香港科技大学、香港城市大学、香港理工大学5所高校在世界大学排名中有着不俗的成绩。澳门高等教育由于历史的原因发展相对迟缓,整体实力不强,但澳门大学、澳门科技大学、澳门理工学院近年来获得较快发展,尤其是澳门大学横琴校区的建立为其发展提供了新的契机。

表1 粤港澳大湾区九城市优质高等教育资源

城市	广东省高水平大学		国家双一流建设高校		高水平理工	中外合作办学机构(含内地与港澳台地区合作办机构)
	一流大学建设高校	一流学科建设高校	一流大学建设高校	一流学科建设高校		
广州	中山大学、华南理工大学、暨南大学、华南农业大学、南方医科大学、华南师范大学、广东工业大学	广州中医药大学、广东外语外贸大学、汕头大学、广东海洋大学、广州大学、广州医科大学	中山大学、华南理工大学	中山大学、华南理工大学、暨南大学、广州中医药大学、华南师范大学	—	中山大学—卡内基梅隆大学联合工程学院、暨南大学伯明翰大学联合学院

[①] 参见教育部《全国高等学校名单》,http://www.moe.edu.cn/srcsite/A03/moe_634/201706/t20170614_306900.html。

（续表1）

城市	广东省高水平大学		国家双一流建设高校		高水平理工	中外合作办学机构（含内地与港澳台地区合作办机构）
	一流大学建设高校	一流学科建设高校	一流大学建设高校	一流学科建设高校		
深圳	—	深圳大学	—	—	南方科技大学	香港中文大学深圳校区、深圳北理莫斯科大学
佛山	—	—	—	—	佛山科学技术学院	—
东莞	—	—	—	—	东莞理工学院	东莞理工学院法国国立工艺学院联合学院
惠州	—	—	—	—	—	—
中山	—	—	—	—	—	—
珠海	—	—	—	—	—	北京师范大学—香港浸会大学联合国际学院、中山大学中法核工程与技术学院
江门	—	—	—	—	—	—
肇庆	—	—	—	—	—	—

注："—"表示无。

表2　港澳高等教育资源

地区	公立	私立
香港	香港大学、香港中文大学、香港浸会大学、岭南大学、香港理工大学、香港城市大学、香港科技大学、香港教育大学、香港公开大学、香港高等科技教育学院、香港演艺学院	香港树仁大学、珠海学院、恒生管理学院、东华学院、明爱专上学院、明德学院
澳门	澳门大学、澳门理工学院、澳门旅游学院、保安部队高等学校	澳门城市大学、圣若瑟大学、镜湖护理学院、澳门科技大学、澳门管理学院、中西创新学院

(二) 粤港澳大湾区高校深度合作的瓶颈

1. 粤港澳大湾区内部体制障碍依然存在

众所周知,粤港澳大湾区存在两种社会制度,香港和澳门特别行政区实行的是资本主义制度,而内地9个城市实行的是社会主义制度。相较而言,国际大湾区内部城市间的行政壁垒相对较低、协同度高,技术、人才、资本等生产要素能够在湾区内部自由流动,粤港澳大湾区城市群之间则面临着体制的阻隔。同时,粤、港、澳三地的教育制度亦存在差异,教师、学生、人才的共享与流动仍缺乏制度保障,体制机制仍不畅。要实现湾区城市群间教育资源的自由"流通",首先需破解其行政壁垒。

2. 湾区城市群高等教育缺乏统筹,难以形成支撑湾区经济的合力

目前,粤港澳大湾区城市群间高校的发展仍是"各自为政",粤港澳高校之间虽然素有合作的历史与优势,但多以自发交流合作为主,合作的领域分散,合作的深度、广度仍十分有限。此外,香港和澳门的高校与内地高校合作的其中一个重要动因在于吸纳内地的生源,而非以"区域"高等教育联盟的形式支撑区域经济社会的发展。因此,粤港澳大湾区城市群中高等院校之间还远未形成合力。

3. 湾区城市间高等教育发展水平参差不齐

通过上述粤港澳大湾区城市群高等教育发展现状的分析可知,11个城市间高等教育发展水平差异较大。惠州、中山、江门、肇庆优质教育资源显著不足;广州、香港拥有较为丰富的院校资源;深圳正蓄力推进高水平大学的发展,高等教育实力显著提升;佛山、东莞、珠海在与国外高校及港澳高校合作方面取得了一定的进展。但基于粤港澳大湾区国际创新中心的定位,以及国际湾区的发展经验,湾区经济或城市群需要一批研究型大学的支撑。香港聚集了多所高水平研究型大学,广州也拥有多所研究型大学,但除中山大学、华南理工大学之外,其他大学与国际高水平研究型大学仍差距较大。澳门高等教育虽具有国际化的先发优势,有4所大学可授予博士学位(见表3),但无一所进入世界大学排行前200名,因而亦缺乏高水平研究型大学。

表3 澳门高校系统及其学位课程设置情况

高等院校	属性	开设课程类型
澳门大学	公立	博士、硕士、学士、高等专科、学位等文凭课程
澳门理工学院	公立	学士、高等专科、文凭及证书课程
澳门旅游学院	公立	学士、高等专科、文凭及证书、培训课程
保安部队高等学校	公立	学士、学位课程
澳门城市大学	私立	博士、硕士、学士、学位等文凭课程
圣若瑟大学	私立	博士、硕士、学士、学位等文凭课程
镜湖护理学院	私立	学士、学位等文凭课程
澳门科技大学	私立	博士、硕士、学士、学位课程
澳门管理学院	私立	学士、学位及高等专科学位课程
中西创新学院	私立	学士、学位及副学士文凭课程

三、识读粤港澳大湾区高等教育联盟的特殊性

依据不同的划分标准,高等院校联盟可以划分为多种类型。有研究者认为国内外大学联盟在实践中有联邦合并模型、资源共享模型、学分互换模型、联合课程模型和联盟共建模式5种①,其对5种模式的概括并无明确的划分依据,主要是借助对国内外一些典型大学联盟的分析,可以看成基于大学联盟特征的归结。地缘关系亦是大学联盟划分的基准之一,以美国为例,其高等教育联盟分为区域联盟、跨州联盟和全国性联盟。此外还有跨国高等教育联盟,如欧洲高等教育区。区域联盟以地缘邻近为基本特征,是美国乃至世界各国高等教育联盟的重要形式。相较于其他联盟类型,区域高等教育联盟因其地缘邻近,为联盟成员间更加紧密地开展实质性的合作活动提供了便利和保障。

粤港澳大湾区涵盖城市地理位置毗邻,具有构建湾区城市群大学联盟的先天优势。但粤港澳大湾区大学联盟又有着不同于传统区域高等教育联盟的特征。首先,不同于以地缘毗邻为基础的区域高等教育联盟。粤港澳大湾区高等教育具有跨区域性,因大湾区高校分属于粤、港、澳三个地区,所以不同于美国的州内区域联盟,如加州高等教育系统。其次,不同于跨区域高等教育联盟,跨区域高等教育联盟通常在地理位置上并不邻近。最后,不同于相互地理位置邻近且跨境的高等教育联盟,欧洲高等教育区各成员国相对地理位置邻近,且具有跨境性。粤港澳大湾区高等教育联盟看似与其类似,但实质上仍存在差异:一方面,粤、港、澳三地高校并非跨国;另一方面,粤港澳高校联盟覆盖地理空间远小于欧洲高等教育区。充分识读粤港澳大湾区城市群高等教育合作的特殊性是湾区高校深度合作的关键。

"战略联盟"(Strategic Alliance)的概念源于企业管理领域,最早由美国 DEC 公司总裁简·霍普罗德和管理学家罗杰·内格尔共同提出,指两家或两家以上的企业为实现相互匹配的战略目标而形成的一种紧密合作关系。② 战略联盟的各方通常具有各自的优势或资源,能够协助其他参与者提高,从而达到长期的双赢或多赢。在高等教育竞争日趋激烈的境况下,高校之间缔结战略联盟已成为一种国际趋势。鉴于粤港澳大湾区正处于建设与奋力追赶国际三大湾区之际,更应建立城市群高校战略联盟,彰显其服务于湾区的战略目的,为湾区提供强有力的支撑。

四、湾区背景下粤港澳高校战略联盟构建策略

1. 建立实体化的高校战略联盟,以服务湾区为旨归

高校战略联盟是成员高校基于共同的愿景和战略目标而组建的合作组织。一般而言,高校战略联盟都有协商一致的合作发展战略和实施计划、资源共享的运行机制以及不同层级的

---

① 参见董泽芳、聂永成《大学战略联盟:理论支撑与实践模式》,载《北京社会科学》2014 年第 8 期。

② Lin Chen, Nina Huina Gu, Hai Zhu, "Fairness theory applied to strategic alliance negotiations," last modified November, 14, 2017, http://www.duo.uio.no.

协调组织管理机构。① 粤港澳高等教育合作有着悠久的历史，且学者对粤港澳高等教育合作的呼吁由来已久，但远未达到深度合作。缺乏明确的战略目标是粤港澳高等教育松散合作的重要原因所在。而粤港澳大湾区的打造恰好为三地高等教育战略联盟的构建提出了挑战与契机。粤港澳大湾区高校战略联盟的构建应以服务于创新驱动的粤港澳大湾区为战略目标，通过高层次、复合型拔尖创新创业人才的培育、科技成果的转化等为湾区提供源源不断的创新动力。要实现这一战略目标则需要一个实体化的高校战略联盟组织来负责联盟计划的实施，战略联盟应由国家港澳事务管理部门、教育部、粤港澳大湾区城市群政府、地方高等教育管理部门、各联盟高校的校长等相关人员组成统筹管理委员会，负责协调、打通各种政策、体制障碍，并设立执行委员会负责具体事务。通过定期的会议制度，如月度、季度、年度会议研究制定驱动粤港澳大湾区发展的各种项目和计划。

2. 夯实根基，制订湾区高校战略联盟高等教育质量水平整体提升计划

前已述及，粤港澳大湾区城市群高等教育发展水平参差不齐，粤港澳大湾区高校战略联盟要切实发挥支撑湾区经济的作用端赖于雄厚、优质的高等教育资源。因此，制订并实施湾区高校战略联盟高等教育质量水平整体提升计划应是联盟统筹管理委员会须制定的项目和计划之一，并分阶段、分步骤制订和实施"高等教育质量水平整体提升计划"，搭建湾区"三层次"高校战略联盟。首先，粤港澳高校战略联盟早期应以坐落于湾区城市群的研究型大学为首组建战略联盟，即以香港教育资助委员会资助的香港大学、香港中文大学、香港城市大学、香港科技大学、香港理工大学以及入选国家一流大学建设之列的中山大学、华南理工大学为"核心层"发起大学战略联盟。其次，吸纳香港教育资助委员会资助的其他3所大学、澳门大学，坐落于广州、深圳、佛山的其他入选广东省高水平大学、高水平理工科大学建设的大学，以及广州、深圳、东莞、珠海的中外合作办学机构为"中间层"。最后，吸收以澳门科技、澳门城市大学、圣若瑟大学以及入选广东省高水平学科建设的大学为"基础层"。发挥核心层的引领作用，持续提升其国际竞争力，着力提升中间层和基础层的高等教育水平，逐步实现与核心层高校学术能级对等。

3. 资源共享，实现联盟高校间的协同

资源共享与共建是区域高等教育联盟的使命与优势所在。② 当前，粤港澳大湾区内高校的合作或资源共享仍是自发、松散的行为，甚至存在跨境高等教育资源共享的障碍。构建粤港澳大湾区高校战略联盟的要义之一即实现湾区高校优质资源共享，如香港高校、中山大学、华南理工大学拥有优秀的教师、实验室资源，可借助慕课等平台形式将香港高校、中山大学、华南理工大学的优质课程资源与其他联盟高校分享，并共享其先进的科研仪器设备，共同攻关重大科研项目，提升其他联盟高校的教育质量、科研水平。此外，湾区高校还可共享网络图书馆资源，降低资源重复购置等高投入低成效的问题，从而真正实现联盟高校间的协同。作为"一带一路"倡议支撑点的粤港澳大湾区③，内部协同合作的湾区高校战略联盟能够成为"一带一路"高等教育合作的重要支撑和高地，以粤港澳大湾区高校战略联盟的形式吸引"一带一路"沿线国家学生到此留学。

---

① 参见聂永成《大学战略联盟：理论基础与实践模式》，载《教育发展研究》2014年第11期。
② 参见陈立、刘剑虹《美国区域高等教育联盟的现状与特征》，载《宁波大学学报》（教育科学版）2014年第5期。
③ 参见丘杉《粤港澳大湾区城市群发展路向选择的维度分析》，载《广东社会科学》2017年第4期。

4. 联盟内设立创新创业教育平台，发挥聚集效应

国际湾区城市群对高层次人才具有极强的"吸附"能力，旨向国际创新中心的粤港澳大湾区应借助内地大学普遍探索创新创业教育的氛围，在湾区高校战略联盟内部设立贯通粤港澳大湾区城市群的创新创业教育平台，协同开展创新创业教育。从硅谷的经验可知，湾区内斯坦福大学等著名大学为其输送具备创新能力的创业型人才是硅谷成功的重要原因之一。创新创业型人才将是支撑粤港澳大湾区经济的重要人力资本，凭借湾区高校战略联盟创新创业教育平台实现创新创业教育、实践与孵化的一体化，打通湾区城市群间的人才流动体制。香港、广州、深圳在大湾区建设之前已显示出较高的人才吸引力，创新创业教育平台及创新创业高地的营造将发挥更加明显的人才聚集效应，从而为大湾区提供知识经济时代最有力的"双创型"人才支撑。

第三编　协同发展篇

粤港澳大湾区生产性服务业与制造业协同发展的机理分析及对策
——基于"一带一路"倡议背景

李晓峰 徐 芳[*]

摘 要: "一带一路"建设需要龙头和助力,粤港澳大湾区概念的提出将会有力地推动"9+2"泛珠三角洲合作向更高层次、更深领域、更广范围发展,其辐射半径延伸至东南亚国家,成为推动"一带一路"建设的龙头和强大力量。本文分析了粤港澳大湾区的经济发展潜力和制造业与生产性服务业的发展现状,并根据2002年、2007年的投入产出表数据分析得出结论:整体制造业对于其他部门所产生的影响程度高于社会平均水平,生产性服务业中除了金融业以外均对制造业产生正相关关系。文章最后提出政策建议:打造湾区"一小时经济带";利用政策倾斜加强香港、澳门地区生产性服务业对佛山、东莞、惠州等制造城市的反哺作用以促进湾区制造业转型升级;放宽金融业对制造业生产扩张、资金融通的要求限制。

关键词: 粤港澳大湾区;一带一路;制造业;生产性服务业

一、粤港澳大湾区助力"一带一路"倡议

"一带一路"倡议的提出,旨在促进经济要素有序自由流动、资源高效配置和市场深度融合,推动沿线各国实现经济政策协调,开展更大范围、更高水平、更深层次的区域合作,共同打造开放、包容、均衡、普惠的区域经济合作架构。它带给沿线各国无限发展机遇的同时也有挑战,它需要发展助力和龙头。粤港澳大湾区地处珠三角,坐拥香港、澳门两大国际性交流城市,又有佛山、东莞、惠州等内地工业性城市作为其发展的"引擎",它是全国的示范性对外开放城市群,也有能力成为对接国家"一带一路"倡议的龙头基地。随着国家对粤港澳大湾区规划思路与政策的渐渐明朗,粤、港、澳三地技术、金融、贸易、人才等交流、融合的步伐在不断加快,湾区对外开放平台优势也在不断显现,粤港澳地区有望成为世界级开放型经济区。粤港澳大湾区的建设,有着强大的产业优势、区位优势和制度优势,随着湾区公共服务体系的不断完善,它将成为"一带一路"最重要的巨型门户枢纽。

---

[*] 李晓峰,男,广东外语外贸大学国际贸易学教授,博士生导师。广东省政府港澳办研究基地广东外语外贸大学粤港澳大湾区研究院首席研究员;徐芳,女,广东外语外贸大学经济贸易学院研究生。

二、粤港澳大湾区有望成为世界经济总量第一的湾区

数据显示,从2000—2016年,粤港澳大湾区同比经济增速有升有落,但经济总量逐年上涨,于2016年经济总量达到9.35万亿元,增长速度同比上涨7.9%(见图1),经济总量已超过旧金山湾区,接近纽约湾水平。近年来,纽约、旧金山湾区经济增速基本稳定在低速水平,粤港澳大湾区总体经济增速略有回调,但依然保持在7%以上。2016年经济增速是纽约湾区的2.26倍,东京湾区的2.19倍,旧金山湾区的2.93倍,按照这种趋势发展,粤港澳大湾区有望在几年内超越东京成为全球经济总量最大的湾区。

从全球湾区经济发展的一般规律看,湾区经济的发展一般呈现出由港口经济、工业经济向服务经济、创新经济演化的过程。粤港澳大湾区目前总体上仍处于港口经济和工业经济阶段。从表1中可知,粤港澳第三产业比重在四大湾区中最低,常住人口最多,土地面积最大,约5.65万平方千米,是纽约湾区的2.6倍、东京湾区的1.5倍、旧金山湾区的3.1倍。港口集装箱吞吐量最多,约为其他三大湾区总量的4.5倍。人均GDP约为纽约湾区的32%,东京湾区的41%,旧金山的18%。

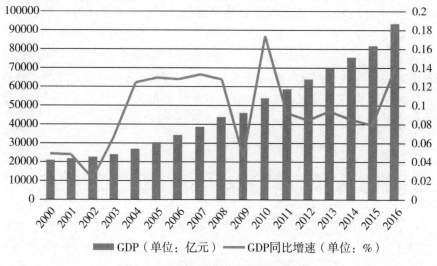

图1　粤港澳经济总量和经济增长率①

表1　四大湾区对比分析

湾区	产业构成（第三产比重）	常住人口（单位：万人）	土地面积（单位：万平方千米）	港口集装箱吞吐量（单位：万TEU）	代表产业
粤港澳大湾区	55.6%	6765	5.65	6520	金融、航运、电子和互联网
东京湾区	80%以上	4347	3.67	766	装备制造、钢铁、化工和物流
旧金山湾区	80%以上	715	1.8	277	电子、互联网和生物
纽约湾区	89.4%	2340	2.14	465	金融、航运和计算机

---

①　数据来源：广东省统计局。

粤港澳大湾区内部形成差异化发展态势，2016年，粤港澳大湾区GDP总值为9.35万亿元，占全国12%。其中，香港2.21万亿元，广州1.96万亿元，深圳1.95万亿元，为第一梯队。佛山0.86万亿元，东莞0.68万亿元，为第二梯队。惠州0.34万亿元，中山0.32万亿元，澳门0.31万亿元，江门0.24万亿元，珠海0.22万亿元，肇庆0.21万亿元，为第三梯队。① 广州和深圳服务业占比最高，其次为东莞、珠海，占比均超过50%，大部分城市正处于在工业经济向服务业经济转型阶段。香港是中国联系世界的"超级联系人"，它是世界第三大金融中心、贸易中心、航运中心和全球物流中心，具有明显的金融服务、专业服务和人文交流的优势。深圳在金融领域、电子通信、科技创新、人工智能、互联网、生态环境等方面具有超强竞争力，广州作为国际产业服务中心和全球性物流枢纽中心，也是岭南文化中心及华南重工业中心，具有科研资源丰富、交通便利和完整的产业链优势。

三、粤港澳大湾区生产性服务业与制造业的发展分析

生产性服务业是指为保持工业生产过程的连续性、促进工业技术进步、产业升级和提高生产效率，提供保障服务的服务行业。它依附于制造业企业而存在，贯穿于企业生产的上游、中游和下游诸环节中，以人力资本和知识资本作为主要投入品，把日益专业化的人力资本和知识资本引进制造业，是第二、第三产业加速融合的关键环节。主要包括研发设计与其他技术服务，货物运输、仓储和邮政快递服务，信息服务，金融服务，节能与环保服务，生产性租赁服务，商务服务，人力资源管理与培训服务，批发经纪代理服务，生产性支持服务这几类服务行业。制造业是指机械工业时代对制造资源（物料、能源、设备、工具、资金、技术、信息和人力等），按照市场要求，通过制造过程转化为可供人们使用和利用的大型工具、工业品与生活消费产品的行业。制造业包括：产品制造、设计、原料采购、仓储运输、订单处理、批发经营、零售。在主要从事产品制造的企业中，为产品销售而进行的机械与设备的组装与安装活动。

生产性服务业与制造业紧密相连，两者互为依存、互相促进。一个地区经济越发达，生产性服务业所占比重就越高，这是全球生产性服务发展的主要特征。当前，世界主要发达国家的产业结构均呈现由"工业型经济"向"服务型经济"转型的总趋势。日本学者并木信义指出，国际竞争的舞台中相互角逐的是制造业产品，而服务业则在制造业的背后，间接地规定着制造业的产业竞争能力。弗朗索瓦基于专业化分工和国际贸易理论，从理论上阐明了生产性服务业与制造业之间的耦合互动发展关系。② 格雷里等通过对OECD中11个经济体在1992—1999年的投入产出表分析，实证发现一国生产性服务业的竞争力取决于制造业的内部结构，以技术密集型制造业为主的国家，生产性服务业与制造业之间形成相互促进的良

---

① 参见方圆儒人《最全粤港澳大湾区研究报告来了！你想知道的都在这里》，http：//www.360doc.com/content/17/0703/21/16954316_ 668548919. shtml。

② J. F. Francois, "Trade in Producer Services and Returns due to Specialization under Monopolistic Competition," *Canadian Journal of Economics* 23, (1990): 109–124.

性互动。① 张沛东通过对 2006 年中国 29 个省级行政区域的产业数据进行综合测算，实证发现 2006 年中国大部分省份生产性服务业的发展水平远远落后于制造业的发展水平，制造业与生产性服务业的协调程度较低。② 程中华通过对 2004—2014 年中国 285 个地级城市的产业数据分析，实证发现城市制造业与生产性服务业之间形成了耦合发展的关系。③ 以上文献主要是讨论制造业与生产性服务业的协调发展关系。巴迪等基于非效率理论和产业集聚理论，从理论上阐明了制造业与生产性服务业的协调发展能够显著提升区域竞争力。顾乃华等通过分析 2000—2002 年中国 31 个省级行政区域的产业数据，实证发现转型期中国制造业与生产性服务业的协调发展能够显著提升制造业竞争力。④ 杜传忠等通过对 2006—2011 年京津冀和长三角两大经济圈的产业经济数据进行分析，实证发现制造业与生产性服务业的耦合协调能够显著提升区域制造业竞争力。⑤ 李志强等通过对 2008—2013 年中国 30 个省级行政区域的产业数据进行分析，实证发现制造业与生产性服务业的耦合协调能够显著促进地区经济增长。⑥ 以上文献是讨论制造业与生产性服务业协调发展对制造业竞争力、区域竞争力、区域经济发展等的积极效应。

综合以上文献，我们发现，尽管目前对制造业与生产性服务业的协调互动关系及其积极效应进行了较多理论和实证研究，但现有研究主要关注全国、省域整体层面，较少关注省域内部的差异。而粤港澳大湾区作为广东省乃至全国范围内的重要经济增长区域和极具潜力的世界著名湾区，探究它的生产性服务业与制造业之间的关系，能够推进制造业与生产性服务业的协调发展以及为产业结构的转型升级提供针对性的政策建议。

在 20 世纪 70 年代末，香港的制造业面临着地价攀升、工资刚性上涨、成本增加、竞争力减弱的巨大压力，其时恰逢中国实行对外开放政策，内地招商引资政策吸引了香港的制造业，于是香港的制造业开始向广东北移，当地仅留下交易环节，将珠三角作为生产基地，于是形成了"前店后厂"的模式。在这种模式下，珠三角地区凭借国家政策，土地、人工、生产成本低廉的优势成为香港制造业的生产基地，而香港则充当着珠三角的销售渠道，将产品推向国际市场。随着时间的推移，珠三角地区的产业逐渐成长，并面临着发展方式和增长模式的转变。例如，一方面珠三角的土地、人工、生产成本逐年升高，随之价格优势也逐步消失，旧的区域合作模式削弱；另一方面珠三角的产业也在逐渐成长，慢慢不再只是生产低端简单产品，开始具备开发高端科技产品的实力和人才。对此，香港、澳门在"一国两制"的方针下，按照世界贸易组织规则开展制度性合作新篇章，开启了探索服务贸易自由化的新

---

① C. J. Erceg, L. Guerrieri, and C. Gust, "Expansionary Fiscal Shocks and the US Trade Deficit," *International Finance* 8, (2005): 363 – 397.
② 参见张沛东《区域制造业与生产性服务业耦合协调度分析——基于中国 29 个省级区域的实证研究》，载《开发研究》2010 年第 2 期。
③ 参见程中华《城市制造业与生产性服务业的空间关联与协同定位》，载《中国科技论坛》2016 年第 5 期。
④ 参见顾乃华、毕斗斗、任旺兵《中国转型期生产性服务业发展与制造业竞争力关系研究——基于面板数据的实证分析》，载《中国工业经济》2006 年第 9 期。
⑤ 参见杜传忠、王鑫、刘忠京《制造业与生产性服务业耦合协同能提高经济圈竞争力吗？——基于京津冀与长三角两大经济圈的比较》，载《产业经济研究》2013 年第 6 期。
⑥ 参见李志强、吴心怡《产业协调发展对区域经济的影响研究——基于制造业与生产性服务业面板数据模型的分析》，载《商业研究》2016 年第 4 期。

尝试，为粤港澳深度合作和开放型经济注入了新动力。

大湾区的装备制造业主要位于广州北部、南部，佛山，中山，珠海等地区，行业有新材料、新能源、农业产品、生物医药、电子加工、制造外包等。先进制造业主要集中于惠州、深圳、珠海、江门等地区，主要行业有石油化工、汽油开采、医疗设备等。香港的区域定位是国际金融中心、对外开放渠道、贸易中心、航运中心，它为湾区的制造业提供外销平台，它的高端生产性服务业，例如会计师事务所、咨询行业、金融保险业、运输行业等为制造业提供高端服务，承担企业功能，降低企业运营成本。珠三角地区深耕于制造业多年，具备强大实体经济实力，又依靠香港、澳门两大"世界超级联系人"，传统制造将大步迈向先进"智造"，朝"工业4.0"目标前进。在湾区经济驱动下，珠三角城市群之间的物流、信息流、资金流将以更快速度流通，促进湾区整体工业，包括人工智能的发展。同时，珠三角强大实体经济实力有助于弥补港澳"工业空心化"的缺陷，港澳则以强大的对外平台反哺珠三角制造业对外贸易。

四、数据分析

投入产出分析是对经济系统中各个部分之间，表现为投入与产出的相互依存关系进行研究的经济数量方法，能够对产业间的技术关联关系做深刻揭示。产业关联的实质就是产业之间相互需求和供给、技术相互依赖和相互促进的关系。某部门生产过程中所发生的变化，将通过产业关联关系对其他部门产生波及作用，通常把某部门受其他部门的推动作用叫作感应力，而把它影响其他部门的拉动作用称为影响力。

具体而言，感应力，体现为某一部门对国民经济所有部门每增加一单位对其的最终使用而受到的需求感应程度，即某部门对国民经济的支撑力，感应度系数为每一个部门的感应度与国民经济平均感应度之比。计算公式为：

$$r_i = \frac{\sum_{j=1}^{n} b_{ij}}{\frac{1}{n}\sum_{i=1}^{n}\sum_{j=1}^{n} b_{ij}}, i,j = 1,2,\cdots\cdots,n$$

其中，r_i 为 i 部门感应度系数，b_{ij} 为直接消耗系数，表示 j 部门每生产一单位需直接消耗 i 部门的数量。该公式的分子 $\sum_{j=1}^{n} b_{ij}$ 表示第 i 部门对于其他部门的推动力，分母表示经济社会平均推动力或影响力。当 $r_i > 1$ 时，表明该产业的感应度超过了国民经济的平均感应度。

影响力，体现为某一部门增加一单位最终产品时对国民经济所有部门所产生的生产需求波及程度，即某部门对国民经济的拉动力，影响力系数为每一个部门的影响力与国民经济平均影响力之比。计算公式为：

$$f_j = \frac{\sum_{i=1}^{n} b_{ij}}{\frac{1}{n}\sum_{i=1}^{n}\sum_{j=1}^{n} b_{ij}}, i,j = 1,2,\cdots\cdots,n$$

其中，f_j 为 j 部门影响力系数。该公式的分子 $\sum_{i=1}^{n} b_{ij}$ 表示 j 部门对其他部门的拉动力。当 $f_j > 1$ 时，表明该产业的影响力超过了国民经济的平均影响力。

广东省投入产出表一共划分为42个行业，为了全面地分析生产性服务业与制造业之间的关系，本文选取八大生产性服务业①、整体制造业以及生产性服务业均值来进行研究分析。

粤港澳大湾区的概念相较于较早提出的"珠三角"概念，在地理上多出香港、澳门两座城市。由于粤港澳大湾区提出年份较近，有些数据难以取得，而香港、澳门两座城市的制造业占大湾区比重微乎其微，所以用珠三角2002年、2007年和2012年的投入产出表计算出八大生产性服务业和制造业的影响力和感应力系数（见表2）。

表2　2002年、2007年与2012年粤港澳整体制造业与八大生产性服务业影响力系数及感应力系数②

	影响力系数			感应力系数		
	2002年	2007年	2012年	2002年	2007年	2012年
整体制造业	1.4387	1.3971	1.1999	3.8389	2.9033	2.8496
交通运输及仓储业	1.1569	1.0811	0.9693	0.7585	0.8913	1.3205
邮政业	0.8584	0.9565	0.9753	0.5112	0.6061	0.8539
信息传输、计算机服务和软件业	1.0127	0.9368	0.8280	0.6482	0.8409	0.9839
金融保险业	1.1265	0.8225	0.7963	0.9104	0.7559	0.7359
房地产业	0.9438	0.6468	0.7414	0.6240	0.7993	0.8611
租赁和商务服务业	0.7423	1.0157	0.9163	0.7087	0.9921	1.8570
科学研究事业	0.9728	0.9650	0.9136	0.5012	0.6064	0.6641
综合技术服务业	0.7480	1.1784	1.2246	0.4989	0.6046	0.8562
生产性服务业均值	0.9452	0.9205	0.8435	0.6451	0.7621	1.0637

投入产出表统计结果如下，从2002年到2007年再到2012年，整体制造业的影响力系数虽然大于1，但相对于2002年影响力系数有下降趋势，说明整体制造业对于其他部门所产生的影响程度高于社会平均水平，但其对国民经济相关部门发展的拉动作用有所下降，其他产业对它的依赖程度有所下降。

从表中可得出，整体制造业感应力系数最高，对其他部门产业具有较大的后向推动作用，大力发展制造业可为粤港澳经济的全面平稳发展打好基础。从生产性服务业均值来说，感应力系数从0.6451上升到0.7621再上升到1.0637，上升趋势较明显，说明八大生产性服务业整体对于其他产业的后向推动作用正向增大；2012年、2007年数据相对于2002年来说，交通运输及仓储业，邮政业，信息传输、计算机服务和软件业，房地产业，租赁和商务服务业，科学研究事业与综合技术服务业这七大生产性服务业的感应力系数有上升趋势，说明这七大产业得到较好的发展，对其他产业部门的后向推动作用正向增大；只有金融保险业呈现下降趋势，但随着该地区经济迅猛发展和资本运营技术提高，未来的金融业对制造业的资金融通、产业扩张将起到重要作用，因此增加该部门产出可缓解其对国民经济均衡增长的

---

① 八大生产性服务业：交通运输及仓储业，邮政业，信息传输、计算机服务和软件业，金融保险业，房地产业，租赁和商务服务业，科学研究事业，综合技术服务业。

② 数据来源：《广东省统计年鉴》。

瓶颈制约作用。

五、政策建议

第一，加强港、澳地区外部生产性服务业与佛山、东莞、惠州等地区制造业的对接和联通。可以通过宣传、降税、补贴经济手段帮助湾区制造业产品通过港、澳增大外贸销量，提高制造业水平和企业家管理水平，同时，高质量的生产性服务会反作用于制造业，促使制造业正规化，智能化，高端化。

第二，加快生产性服务业与制造业的融合。扩大生产性服务业总量，支撑制造业的升级。主要从3个方面推进：一是大力发展现代物流业。二是积极培育新兴和知识密集型生产性服务业，丰富商务服务业、信息服务业和科技服务业各行业的种类和数量，促使生产性服务业内部结构向体系化、高级化发展，以提升生产性服务业质量水平和内部结构层次，增加生产性服务业与制造业的衔接点，实现与制造业的更紧密融合。三是加强金融业对制造业资金融通和生产扩张的作用。从上一章节中的结论中可以得出，金融业对制造业的促进作用远小于其他生产性服务业，因此，资本运营技术在制造业扩张中的作用潜力无限。

第三，充分利用自由贸易园区，大力发展生产性服务业。作为国家重点开发的广州南沙、深圳前海、珠海横琴三大自由贸易园区，对促进生产性服务业的发展发挥着重要作用，而生产性服务业对大湾区制造业城市有引领和联动效应，大力发展"互联网+"模式，深化制造业链条，延长产业链，向"微笑曲线"的两端迈进，发展高价值产业。

粤港澳大湾区税收合作的实证研究及启示
——以南沙自贸区税收专项调查为例

凌 华 廖 丹 徐意如 张云慧 张仁寿[*]

摘 要：本文以粤港澳大湾区的核心门户——南沙自贸区为例，针对南沙自贸区纳税人开展专项调查，旨在促进粤港澳税收合作发展。根据调查分析结论，提出从聚智平台集成创新、优化税务服务及管理、加大税收政策力度等方面对南沙自贸区税务体制提出改革方向，力求将南沙自贸区建设成跨越式、国际化合作桥梁，助推粤港澳大湾区税收合作协同创新。

关键词：粤港澳大湾区；南沙自贸区；税收合作

一、问题的提出

在"一国两制"的政策体制下，香港与澳门施行独立的税收制度，并自行立法规定各类税收事务，由此，内地与香港、澳门的税收制度存在较大差异，是导致税收合作难题的原因之一。同时，粤、港、澳之间的避税、双重征税、偷漏税等问题仍未得到良好解决。目前，粤、港、澳三地的税收合作主要体现在零关税贸易、税收安排及涉税跨境服务3个方面。

（一）粤港澳大湾区内税务体制特征

粤港澳大湾区涵盖的范围包括香港特别行政区、澳门特别行政区以及我国广东省的9个城市群，"一国两制"的背景导致在税收政策上有较大的区别（详见表1、表2）。

1. 中国内地（广东省的9个城市群）

主要税制以间接税为主，间接税与直接税相结合。直接税种类包括企业所得税、个人所得税、房产税、土地增值税、契税、车辆购置税等。间接税种类包括营业税（已改为增值税）、消费税、关税、印花税、车船使用税等。税收制度特点：级差收入税，受益税性质等。

2. 香港特别行政区

主要税制以直接税为主，仅就境内收入征税。利得税、薪俸税、物业税、个人入息税和遗产税等。间接税种类包括印花税、娱乐税、酒店房间税、专利税、汽车登记税、关税等。

---

[*] 凌华，硕士；廖丹，硕士；徐意如，硕士，广州大学经济与统计学院；张云慧，硕士，Deloitte&Touche LLP USA；张仁寿，博士，广州大学经济与统计学院教授。

税收制度特点：税种少、税率低、灵活性强、课税对象较窄、免税额较高、税制简便等。

3. 澳门特别行政区

主要税制以直接税为主，仅就境内收入征税。直接税种类包括专利税、营业税、房屋税、职业税、赠与税、遗产税等。间接税种类包括印花税、消费税、旅游税、彩池税、枪械税、旅客离境人头税等。税收制度特点：税种少、税率低、税负轻、实施收入来源地税收管辖权等。

表1 粤港澳大湾区税务体制的现状及特点①

地区	直接税种类	间接税种类	税收制度特点	主要税制
中国内地	企业所得税、个人所得税、房产税、土地增值税、契税、车辆购置税等	营业税（已改为增值税）、消费税、关税、印花税、车船使用税等	级差收入税、受益税性质等特点	以间接税为主，间接税与直接税相结合
香港	利得税、薪俸税、物业税、个人入息税和遗产税等	印花税、娱乐税、酒店房间税、专利税、汽车登记税、关税等	税种少、税率低，灵活性强，课税对象较窄，免税额较高，税制简便等	以直接税为主，仅就境内收入征税
澳门	专利税、营业税、房屋税、职业税、赠与税、遗产税等	印花税、消费税、旅游税、彩池税、枪械税、旅客离境人头税等	税种少、税率低、税负轻、实施收入来源地税收管辖权等	以直接税为主，仅就境内收入征税

表2 粤港澳大湾区主要税种的税率现状②

地区	税种	税率
中国内地	企业所得税	基本税率25%，低税率20%，优惠税率15%
	个人所得税	按3%～45%累进税率差异化征税
	增值税	基本税率17%，部分企业13%、11%、6%和零税率，小规模纳税人3%
	消费税	按最低3%，最高56%的税率差异化征税
香港	利得税	税率为16.5%
	薪俸税	按2%、9%、17%和20%4个档次差异化征税
	博彩税	按72.5%～75%累进税率征税
	差饷税	税率为5%。
	印花税	按0.1%～4.25%税率差异化征税

---

① 资料来源：由本文作者整理。
② 数据来源：香港、澳门各年度财政预算案。

(续上表)

地区	税种	税率
澳门	职业税	按7%～12%的累进税率征税，14.4万以下免税
	所得补交税	按12%税率征税，60万元以下免税
	印花税	按1%、2%、3%、5%的税率差异化征税
	房屋税	税率为16%。
	旅游税	税率为5%

（二）"一国两制"下税收合作存在的主要问题

1. 三地税收协同效应差

（1）税收合作未能协同。税制差异大是阻碍生产要素跨境流动的重要原因，也是企业逃避纳税得以生存的土壤。众多跨国企业看重内地的广阔市场，而由于内地与香港、澳门签署的CEPA及协定，给了跨国企业逃避纳税的空间。例如，企业可选择在香港或澳门注册控股公司或关联公司，利用其在港、在澳的优势，滥用税收协定进行逃税避税，以获取最大化收益。

（2）区域税收利益分配不合理。由于港、澳与内地相比税负极低，具有明显的税收竞争优势，于是出现了大量企业总部或研发、销售中心设在港澳，而生产基地设在广东的局面，造成内地税收的流失，税收利益的分配不均直接导致经济利益分配的不合理，不利于区域经济要素的流动和再分配，对区域经济一体化、粤、港、澳三地经济长足建设具有较为负面的影响。

2. 税收管理机制不完善

（1）缺乏规范体系和统一平台。由于粤、港、澳三地未建立起规范的税收管理体系，同时也缺乏统一的可进行三地交流、合作管理的平台，因此，无法对大湾区的税收管理进行高效的协调与合作，导致大湾区整体税收管理工作的效率低下。

（2）税收信息透明度较弱。无法及时、全面地获取涉税信息，是当前许多税务机关面临的主要挑战之一。由于粤、港、澳三地的政策制度的差异，内地涉税部门不易获取涉税信息、语权不高，且港澳在税收方面均为境外独立机构，在涉税信息的沟通和交换上难以满足税收透明度的基本原则。

3. 涉税法律制度不健全

（1）税收征管制度不足。在我国，《税收征管法》及实施细则没有关于税收情报交换的专门条款，虽然在香港CEPA与澳门CEPA中有涉及信息交换的条款，但在实践中，内地与香港、澳门间的信息共享远远落后于税收业务的需要，强制力也不足。因此，现行税收征收管理法关于"涉税信息共享制度"流于形式，实际效益偏低。

（2）信息交换内容所涉范围窄。以《多边税收征管互助公约》为例，其适用于除关税和船舶吨税以外的根据我国法律由税务机关征收管理的全部16个税种，大大加强了税收征管工作。但是内地与港澳是以香港CEPA与澳门CEPA中规定的相关信息为范围进行的涉税信息交换，其条款所涉及的税种较少，导致信息交换内容范围较窄。

4. 跨境电商带来新挑战

当前，电子商务高速发展，在此环境下，居民身份的认定、常设机构的判定、属地管辖权的适用等都需要重新规范，新的发展环境在三地税收的传统规定中无法进行有效约束，现有的准则和惯例也难以发挥有效作用。粤、港、澳之间的经济往来大多通过网络平台进行，利用国际银联结算，这类活动相关的税源管理、境内外劳务划分、常设机构判定都将给税收管理带来新的挑战。

（三）粤港澳大湾区税收合作的必要性

于粤港澳大湾区而言，税收是湾区经济建设发展的重要杠杆。在"一国两制"的大背景下，香港、澳门以及中国内地所实行的税收制度大不相同，如何打破大湾区税收制度的壁垒是其经济建设发展的重要瓶颈。粤港澳大湾区的税收合作是我国全面对外开放国家战略的重要表现，对抵御国际金融风险，促进该区域内经济建设的发展至关重要。

1. 提升粤港澳大湾区竞争力

区域经济竞争力的提升是区域经济一体化的必然发展趋势。区域经济一体性的强化，不仅需要经济的自然融合，而且需要政府为区域经济一体化扫除障碍。但目前摆在粤港澳大湾区经济发展面前的"天然壁垒"——税收制度的不一致、不协调的问题较为突出，不利于区域经济一体化的有效实施。故而在区域经济体内各政府主动协调制度差异和寻求制度上的合作是该区域发展的必经之路。

2. 协同港澳和内地经济发展

香港、澳门在经济发展中的税收制度优势明显，粤港澳税制的差异会阻碍税务机关的征管，导致征纳成本高、效率低。同时也在一定程度上增添纳税人负担，阻碍湾区内经济要素的自由流动，妨碍粤港澳经济的融合与发展。只有打破税收制度的壁垒，才能吸引不同的产业落座不同的片区，实现区域经济的协同发展。

3. 优化区域资源配置

据商务部的统计资料显示，香港是主要的资本流入地，内地对外直接投资中近65%的资本是通过香港输出到世界各地。香港和澳门主要依托的是其第三产业的发展，大湾区内其他9个城市则可以作为其发展的后备力量，为其提供商品、技术、资源等方面的支撑，香港澳门则作为我国对外开放的重要门户，将区域内的产品送上世界的舞台，使区域内的资源得以优化配置，加快粤港澳大湾区的经济向世界著名的三大湾区靠近的步伐。

二、粤港澳大湾区南沙自贸区发展与税收现状分析

（一）南沙自贸区经济发展概况

南沙自贸区共含7个区块，片区板块在南沙新区分布较散，并且各区块与周边联系密切。自南沙自贸区建区以来，经济始终保持增长趋势。2017年，南沙区生产总值达到1391.89亿元，同比增长10.5%，GDP增速连续4年广州第一。另外，2018年第一季度南沙自贸区规模以上工业企业产值达718.9亿元；南沙港全区港口货物吞吐量达11322万吨，吞吐量的同期增幅达到13.7%；南沙港的集装箱吞吐量达486万标准箱，同期增幅为

15.9%。就同期全球港口的各项吞吐量而言，南沙港吞吐量的增幅已跃居全球主要港口的前列。

（二）南沙自贸区税收现状

以2017年累计税收数据为例，自贸区内纳税人累计缴纳税收收入353.77亿元，同比增收68万元，增长率为23.80%。其中，国内增值税收入96.93亿元，同比增长10.52%；企业所得税收入67.38亿元，同比增长11.69%；海关代征税收141.96亿元，同比增长29.61%；国内消费税26.34亿元，同比下降6.30%。数据显示，南沙自贸区税收以增值税和企业所得税这两个税种为主，其中企业所得税所占比重最高。

从南沙自贸区纳税规模来看（详见表3），年纳税额超过千万的企业仅有8户，百万以上企业仅30户。说明南沙自贸纳税人仍以中小企业和个体为主，大企业的数量太少。大企业在税收和发展上的贡献是中小企业无法取代的，因此在今后的发展中，要加大力度吸引大企业入驻。

表3 南沙自贸区企业年纳税规模

年纳税规模	户数（户）	比重
1000万以上	8	0.28%
100万~1000万	30	1.06%
10万~100万	101	3.55%
10万以下	2703	95.11%
合计	2842	100%

注：数据来源广州南沙开发区，2015年年底。

登记注册类型方面（详见图1），目前自贸区内纳税人缴纳税收以中外合资经营企业、其他有限责任公司及（港澳台商）独资经营公司3种类型为主，税收合计占比近九成，而其他类型中仅有外资企业占比4.15%，其余各类型占比均在2%以下。

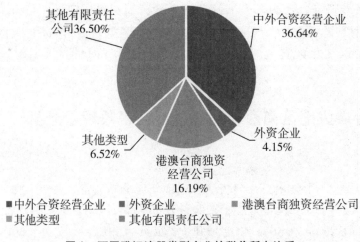

图1 不同登记注册类型企业的税收所占比重

行业结构方面，制造业是自贸区税收贡献最大的行业，税收贡献占总税收收入的25.36%。税收贡献第二的是批发零售业，占比20.44%。交通运输、仓储和邮政业位居第三，占比为16.91%。这三个行业的税收收入是自贸区总税收的主要组成部分，所占份额超过一半。另外，南沙自贸区科学研究和技术服务业的发展趋势良好，税收收入增长超过0.5亿元，增速超14倍，而租赁和商务服务业的发展规模也在慢慢扩大，税收收入增速超3倍。南沙自贸区税收收入下降最大的房地产行业，比2016年同期减收0.85亿元，同比下降75.16%。

三、大湾区企业涉税问题的调查分析——以南沙自贸区为例

（一）调查问卷设计

1. 调查目的

虽然南沙国家税务局现阶段可基本满足自贸区纳税人的涉税需求，但随着大湾区的深化合作和发展，笔者以大湾区门户南沙自贸区税收体系为例展开调研，于2015年度对南沙自贸区内的企业纳税人进行调查，梳理纳税人在自贸区特定环境背景下，对税收政策和纳税服务的需求与期望，为优化粤地区税收服务及出台配套政策提供设计思路和相应对策。

2. 调研方法

本文主要以南沙为例，对粤港澳大湾区的经济发展与税收对策的研究进行调查分析，因此本次问卷调查主要选取了南沙自贸区内的1000户企业纳税人作为调查对象，约占自贸片区全区纳税人的40%。本次调查选择多阶段抽样与整群抽样相结合的方法，调查的最小单元为企业，按照一般纳税人与小规模纳税人4∶6的比例选取，调查范围覆盖自贸区七大板块和五大主导产业。

3. 调查内容

本次调查针对一般纳税人和小规模纳税人设计了两份问卷，主要分为三部分：企业经营现状的信息调查、企业享受税收政策的现状调查、企业政策及服务需求的状况调查。

（二）调查问卷的统计分析

为了保证数据的有效性和统计的科学性，本次调研采取随机抽样的方式发放问卷。数据来源均为于2015年广州南沙开发国家税务局的调查内容，共发放问卷1000份，其中一般纳税人400份，回收373份，经过数据录入与预处理，有效问卷有349份，有效率达到87.25%；小规模纳税人600份，回收562份，有效问卷有521份，有效率达到86.83%。

1. 自贸区企业经营现状的信息调查

（1）自贸区企业经营规模及现状。从企业区域分布来看（详见图2），南沙一般纳税人和小规模纳税人分布差异小，主要集中在蕉门河板块，占到了总数的四成，南沙枢纽板块和海港板块也有一定分布（注：因为调查问卷中是多选，所以比例合计大于100%，下同）。从企业所在行业分布来看，南沙一般纳税人和小规模纳税人分布较类似，主要集中在批发和零售行业，交通运输业、仓储和邮政业和制造业也有一定比例。

（2）从企业经营过程中存在的问题来看，工资成本高、税收负担重和市场环境差是企业面临的主要问题（详见图3）。

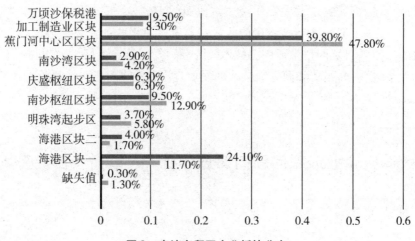

图2 南沙自贸区企业板块分布

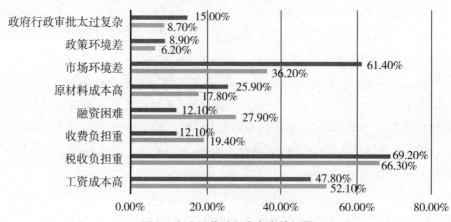

图3 企业经营过程中存在的问题

将统计结果进行聚类分析,由聚类成员表(详见表4)可以看出,政府行政审批太过复杂等属第一类,税收负担重属于第二类,工资成本高等属第三类,收费负担重等属于第四类。

表4 企业经营存在问题聚类分析成员

个案号	生产经营中存在的突出问题	聚类	距离
1	工资成本	3	0.210
2	税收负担	2	0.000
3	收费负担	4	0.090
4	融资困难	4	0.000
5	原材料成本	4	0.170
6	市场环境	3	0.000
7	政策环境	1	0.000
8	政府行政	1	0.068

由最终聚类中心（详见表5）可以看出，第二类问题比率在小规模纳税人以及一般纳税人中都偏高，第三类其次，第一类及第四类问题比率在两个变量中都不高。

表5 企业经营存在问题最终聚类中心

	聚类			
	1	2	3	4
小规模纳税人	0.0750	0.6600	0.4400	0.2167
一般纳税人	0.1195	0.6920	0.5460	0.1670

由 ANOVA 检验模型（详见表6）可看出，两类纳税人的显著性分别为 0.007 和 0.006，远小于 0.05，即两组之间的差异十分明显，此分组具有实际意义。

表6 ANOVA 检验模型

	聚类		错误		F	显著性
	df	均方	df	均方		
小规模纳税人	0.097	3	0.005	4	20.047	0.007
一般纳税人	0.130	3	0.006	4	21.901	0.006

第一类问题是纳税人所面临的突出问题，其次第二类对经营带来一定的影响，第三类对企业的影响相对较小，最后第四类对于企业经营的影响相对最小。说明税务部门今后的工作应主要从税负减免、降低工资成本、改善市场环境等方面着重入手。

（3）现有税收政策下企业遇到的主要问题（详见图4）。

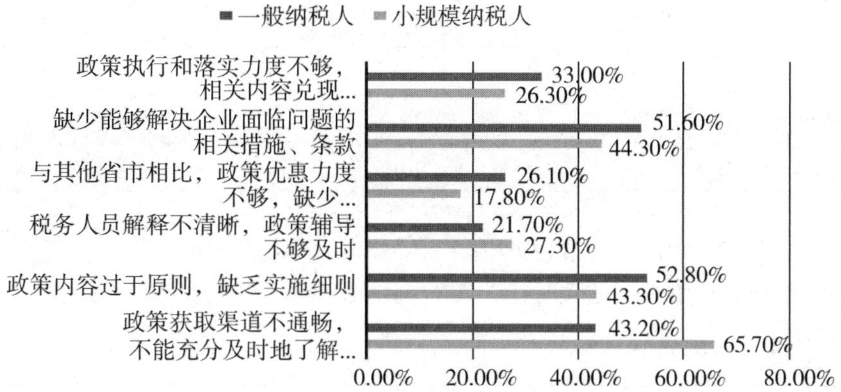

图4 企业在现有税收政策下遇到的主要问题

项目	一般纳税人	小规模纳税人
政策执行和落实力度不够，相关内容兑现…	33.00%	26.30%
缺少能够解决企业面临问题的相关措施、条款	51.60%	44.30%
与其他省市相比，政策优惠力度不够，缺少…	26.10%	17.80%
税务人员解释不清晰，政策辅导不够及时	21.70%	27.30%
政策内容过于原则，缺乏实施细则	52.80%	43.30%
政策获取渠道不通畅，不能充分及时地了解…	43.20%	65.70%

将企业在现有税收政策下主要问题统计结果进行聚类分析（详见表7），将以上6个主要问题分为三类。

表7 企业在现税收政策下所遇问题聚类分析

个案号	税收政策时遇到的主要问题	聚类	距离
1	政策获取渠道不通畅,不能充分及时地了解相关信息	1	0.000
2	政策内容过于原则,缺乏实施细则	2	0.000
3	税务人员解释不清晰,政策辅导不够及时	3	0.105
4	与其他省市相比,政策优惠力度不够,缺少吸引力	3	0.000
5	缺少能够解决企业面临问题的相关措施、条款	2	0.016
6	政策执行和落实力度不够,相关内容兑现麻烦或无法兑现	3	0.109

由最终聚类中心表(详见表8)可知,第一类主要问题在小规模纳税人、一般纳税人两组变量中都较高,其次是第二类问题相对第一类较低,第三类主要问题在两组变量中的占比都相对最低。

表8 聚类成员最终聚类中心

	聚类		
	1	2	3
小规模纳税人	0.6570	0.4380	0.2380
一般纳税人	0.4320	0.5220	0.2693

由ANOVA检验模型(详见表9)可知,此聚类模型对于小规模纳税人以及一般纳税人的分类的显著性均小于0.05,此分类具有实际意义。

表9 ANOVA检验模型

	聚类		错误		F	显著性
	均方	df	均方	df		
小规模纳税人	0.072	2	0.002	3	39.209	0.007
一般纳税人	0.040	2	0.002	3	18.238	0.021

从以上三组分类可知,政府及税务部门今后应该着重着手于政策渠道问题,确保政策下达及执行的有效性及政策条例的完整性,同时也要提升税务部门服务质量。

2. 自贸区企业享受税收政策的现状调查

(1)企业是否有享受税收优惠政策。从本次调研结果来看(详见图5),无论是小规模纳税人还是一般纳税人,70%以上的企业认为其享受过税收优惠政策。

(2)自贸区企业享受的税收优惠政策分布。从本次调研结果来看(详见图6),目前南沙自贸区70%以上企业享受了税收优惠政策,南沙区一般纳税人企业和小规模纳税人企业基本一致,主要是享受小型微利企业的税收优惠政策。

为了更好地监测税收优惠政策实施效果,将以上纳税人现阶段享有的税收优惠政策进行聚类分析(详见表10)。聚类成员表把小型微利企业优惠政策定为第一类,资源综合利用的

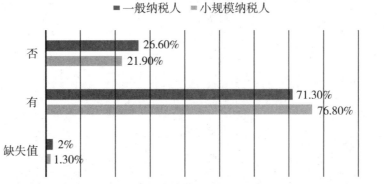

图5 企业享受税收优惠政策的情况

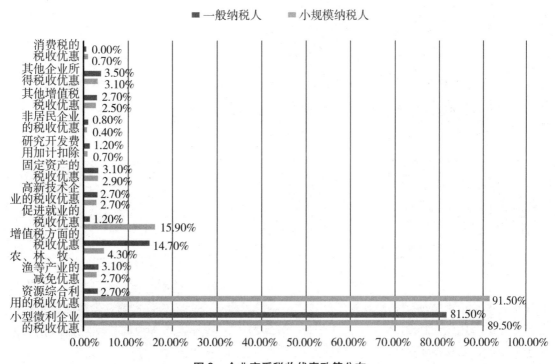

图6 企业享受税收优惠政策分布

税收优惠政策为第二类，促进就业的税收优惠政策为第三类，其余所有税收优惠政策为第四类。

表10 企业享受税收优惠政策分布聚类成员

个案号	企业享受税收优惠政策分布	聚类	距离
1	小型微利企业的税收优惠政策	1	0.000
2	资源综合利用的税收优惠政策	2	0.000

（续表10）

个案号	企业享受税收优惠政策分布	聚类	距离
3	农、林、牧、渔等产业的减免税政策	4	0.117
4	增值税方面的税收优惠政策	4	0.000
5	促进就业的税收优惠政策	3	0.000
6	高新技术企业的税收优惠政策	4	0.121
7	固定资产的税收优惠政策	4	0.117
8	研究开发费用加计扣除政策	4	0.140
9	非居民企业的税收优惠政策	4	0.144
10	其他增值税税收优惠政策	4	0.121
11	其他企业所得税收优惠政策	4	0.113
12	消费税的税收优惠政策	4	0.151

ANOVA假设检验（详见表11）结果中的显著性值接近于0，远小于0.05，说明拒绝原假设即接受备择假设，该聚类分组具有实际意义。

表11　ANOVA检验模型

	聚类		错误		F	显著性
	df	均方	df	均方		
小规模纳税人	0.425	3	0.000	8	2424.184	0.000
一般纳税人	0.187	3	0.002	8	98.664	0.000

由最终聚类中心可知，第一类税收优惠政策在两类纳税人中都有较高的分布；第二类税收优惠政策在小规模纳税人企业普及度较高，一般纳税人企业中极低；第三类税收政策在小规模企业中享用比例达到15.9%，远高于一般纳税人；第四类的9种税收优惠在两种纳税人企业中的享用比率都较低，需要政府及税务部门进行更多更全面的推广。

（5）自贸片区税务部门提供的帮助较大的创新服务。从当前南沙自贸区推出的国税创新服务措施（详见图7）中，对企业帮助较大的角度来看，大部分企业认为微信公众号等功能拓展对其帮助较大。

3. 自贸区企业政策及服务需求的状况调查

（1）企业希望进一步减免的税种。从企业希望进一步减免的税种来看，企业对增值税和所得税的减免期望普遍较高（详见图8），营业税由于2016年已全面施行"营改增"，因此本文中将不再探讨。

对纳税人希望进一步减免税种的统计结果进行相关性分析（详见表12），小规模纳税人与一般规模纳税人相关系数为0.951，接近于1，显著性为0.002，小于0.05。所以小规模纳税人和一般规模纳税人相关关系为正向，且相关性很强。

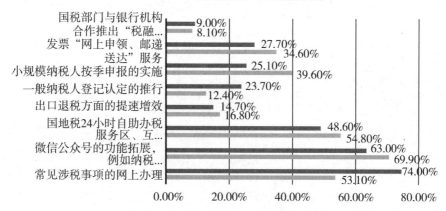

图7 企业国税创新服务措施的认可度

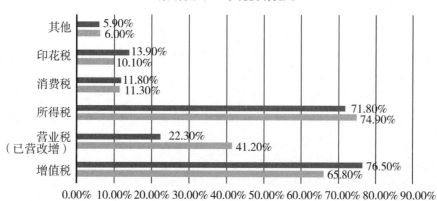

图8 企业希望进一步减免的税种分析

表12 企业希望减免税种相关性分析

		小规模纳税人	一般纳税人
小规模纳税人	Pearson 相关性	1	0.951**
	显著性（单尾）		0.002
	N	6	6
一般纳税人	Pearson 相关性	0.951**	1
	显著性（单尾）	0.002	
	N	6	6

注：**表示在置信度（单测）为0.01时，相关性是显著的。

政府及税务服务部门在制定税收优惠政策时应首先着手于小规模纳税人、一般纳税人共同的减税科目，确保税收优惠政策的精准性和有效性。

（2）企业希望地方政府及税务部门解决的问题。从本次调研的结果来看（详见图9），小规模纳税人在所列出的希望解决的问题中的占比均高于一般纳税人。

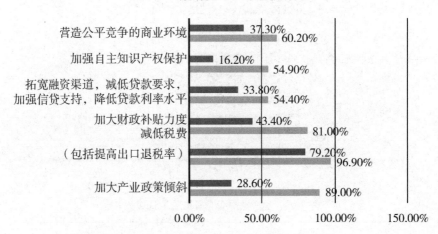

图9 企业希望地方政府及税务部门解决的问题

(3) 企业认为需要进一步加强的税收优惠政策。从本次调研的结果来看（详见图10），小规模纳税人与一般纳税人在税收优惠政策进一步加强的期望具有相似性，尤其是小型微利企业税收优惠政策和促进就业的税收优惠政策。

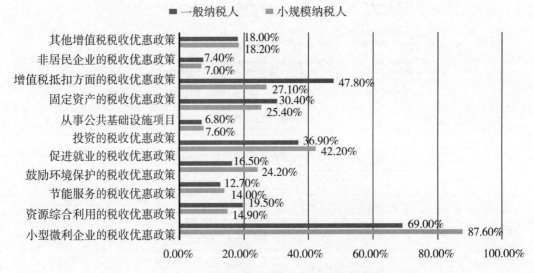

图10 企业希望进一步加强的税收优惠政策

在标准化数据的基础上进行双变量相关性分析（详见表13），计算出相关系数为0.91，显著性水平接近于0，所以小规模纳税人和一般规模纳税人相关关系为正向，且相关性很强。

表 13　企业加强的税收优惠政策相关性分析

		小规模纳税人	一般纳税人
小规模纳税人	Pearson 相关性	1	0.910**
	显著性（单尾）		0.000
	N	10	10
一般纳税人	Pearson 相关性	0.910**	1
	显著性（单尾）	0.000	
	N	10	10

两类纳税人在希望进一步加强的税收政策方面具有很强的共线性，小型微利企业的税收优惠政策、促进就业的税收优惠政策、增值税抵扣方面的税收优惠政策这 3 个方面为两类纳税人都十分关注的税目。

（4）自贸区企业希望政府及税务部门出台的配套政策。通过本次调研结果可知（详见图 11），小规模纳税人和一般纳税人企业都认为便利的入户政策，固定资产投入、新雇用员工和环境设施的经费补助是十分重要的配套政策。政府及税务部门针对以上几种配套政策的可行性进行探讨和分析。

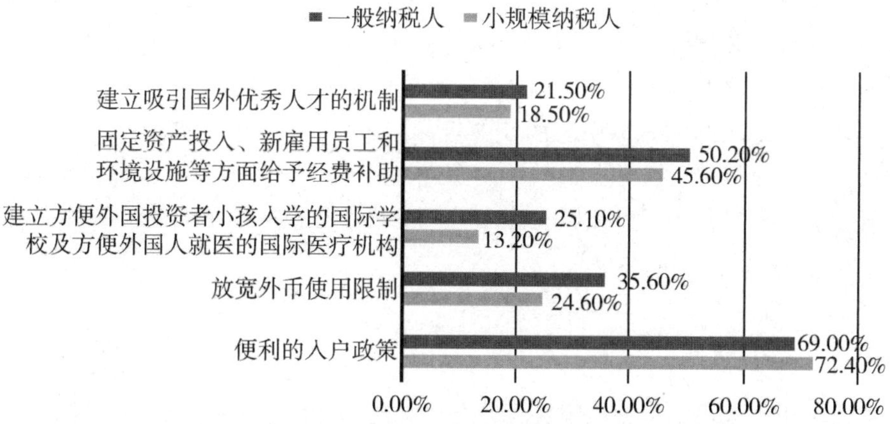

■一般纳税人 ■小规模纳税人
建立吸引国外优秀人才的机制
21.50%
18.50%
固定资产投入、新雇用员工和
环境设施等方面给予经费补助
50.20%
45.60%
建立方便外国投资者小孩入学的国际学
校及方便外国人就医的国际医疗机构
25.10%
13.20%
放宽外币使用限制
35.60%
24.60%
便利的入户政策
69.00%
72.40%
0.00%
20.00%
40.00%
60.00%
80.00%

图 11　南沙自贸区企业希望出台的配套政策

（三）专项调查结论

根据上述调查结果可知，南沙自贸区经济税收方面的现状和开发自贸区存在的问题如下：

第一，经济发展保持良好势头。作为粤港澳大湾区的核心门户，南沙自贸区目前虽处于发展初期，GDP 及第二、三产业占比就已在粤港澳大湾区较为领先。作为珠三角地区着力打造的“一城市三中心”，其承载着提升我国对外开放地位的使命，对此，南沙开发区政府适当出台了配套的优惠政策、灵活措施，从而增强自贸区的特有活力。

第二，税务服务水平有待提高。随着南沙片区经济规模的日益扩大和纳税人行业结构的复杂化，税务征税服务面临着变革的需求。调查结果显示，企业认为税收政策的获取渠道并不畅通，部分企业还认为税收政策的执行力度不够和税务人员办事效率低等问题都在一定程度上降低了办税效率，税务部门的"放管服"改革还需进一步深化。

第三，税务政策有待深化。由调查问卷可知企业普遍认为税负较重，尤其是增值税和企业所得税方面，另外资源综合利用、促进就业的这两种税收优惠在小规模和一般纳税人间的差异问题值得进一步探讨。自贸区企业大都认为政策条例的表述不清为政策的实施带来了阻力，其税收优惠力度和税收政策条例需要更进一步完善，以满足区内企业的要求。

第四，政府配套政策不完善。调研结果显示，企业在生产经营活动中普遍面临市场环境差、工资成本高等问题，他们普遍希望政府能加强财政补贴力度、加大产业政策倾斜及提供便利的入户政策。政府应对调查结果针对性的出台相应创新政策吸引人才，切实解决企业经营面临的困境。

四、对粤港澳大湾区税收合作的启示及建议

（一）聚智平台集成创新

广东南沙区作为跨越式、国际化合作桥梁，助推粤港澳区域协同创新，不断开拓大珠三角作为中国面向世界的国际门户的功能，引领广东乃至全国新一轮对外开放。政府及区内应建立"税收搭台、各方唱戏、协同发展"的聚智平台，从而推动南沙自贸试验区各部门间的长效合作、聚智南沙、协同发展、制度创新，持续为粤港澳大湾区建设注入新生力量，有效提升区域竞争力，为区内企业打造国际化、法治化、市场化的税收秩序和营商环境。

为鼓励"粤港澳大湾区"企业发展和降低行业税负，南沙国税应积极落实相关税收政策，争取启运港退税试点落实，力争实现南沙自贸区内海港与内河的"无缝转运"，助力实现建设重点港口城市和国际航运中心的经济目标；此外，还将以"对表""计时"的紧迫感，继续在创新服务举措、提升办税效率、深化征管改革、助力"粤港澳大湾区"建设等方面精准发力、十指弹琴，用税务机关的"辛苦指数"去换取纳税人的"幸福指数"。

（二）优化税务管理服务

1. 智能化管理

（1）智能自助终端。智能终端主要是利用办税终端在办税服务厅为纳税人提供电子自助体验窗口，利用信息技术将办税服务厅所有业务流程集成在手机、电脑、智能展示屏等电子产品上的一种管理服务端口。

（2）智能化绩效管理。一方面，建立以纳税人为中心的服务评价体系，通过微信投票、服务满意度调查等途径对各办税服务厅、前台及远程服务人员的绩效进行评定，并自动将评价结果推送至人事管理部门。另一方面，税务部门需要另外建立对智能自助终端的业绩评定方法，以推动智能自助终端的性能提升，更易于税务部门管理。

2. 优化税务服务

企业与税务部门之间信息不对称，导致政策信息渠道闭塞、企业缺乏及时有效的途径掌握优惠政策是南沙自贸区较为普遍的现象，全面推行智能化、人性化、多元化的税务服务刻不容缓。

（1）人性化信息渠道。税务管理部门可采用微信公众号推送消息的方式向纳税人推送个性化的内容，它能够结合纳税人原始注册信息和实际情况向用户推送包括税收优惠政策变动、纳税申报节点、发票领购提醒、办税预约等内容，并通过大数据分析主动为纳税人推送

最佳办税时间和办税地点。既有效地提升了纳税人的预约成功率，又实现了在办理业务现场对纳税人的提前分流。

（2）业务定制咨询。为实现自贸区内税收业务咨询"一个窗口对外"，避免纳税人跑多个部门而成立联合咨询组。由税务部门统筹各个办税环节的经办人，如需其他业务单位参与，也由联合咨询组进行统一协调。联合咨询组统一受理企业关于自贸区内业务办理登记、政策优惠、特色服务等方面的业务咨询，定制化的服务能帮助纳税人更快理解、获取税收政策信息，从而达到提高办税效率的目的。

（三）加大税收政策融合力度

1. 拆解粤港澳湾区"个税墙"，引进优秀人才

香港与内地个税税率相差较高，同样的收入，就算不考虑免税额和扣除项，内地缴纳的个人所得税也是香港的3倍左右，而香港的免税额与扣除项更是高于内地。这样高的"个税墙"，是阻滞港澳高端人才进入内地工作的一大难点，同时也是影响跨国公司在我国内地区域人力资源布局的重要因素。另外，"对劳动重税、对财产轻税"这样恶化收入分配的方式也降低了税收遵从度，扭曲了企业资源配置，降低了市场经济运行效率。对于"个税墙"，必须进行拆解。可对在大湾区工作生活的港澳高端人才在个税方面进行一些补贴或减免。

2. 借鉴境外自贸区税收优惠政策经验

境外很多自贸区发展已形成一定规模，其中有不少经验可以借鉴，如税收优惠政策是所有自贸区共同的特点，是吸引外来投资者的重要方式之一。因此，税收优惠政策的制定至关重要。

（1）减少应纳税种类。从各大境外自贸区的特征来看，很多税种在区内是免征的。如大多境外自贸区都享受货物进口免交进口环节的增值税和关税，甚至货物由国内进入自贸区也享受出口退税的政策，对于一些业务只征收企业所得税。如果减少征收的税种，不仅对纳税人来说优惠力度加大，刺激贸易往来，对于自由贸易也会更加便利。

（2）适当调整企业税率。在企业所得税方面，小规模纳税人和一般纳税人企业都希望得到更多减免。以新加坡为例，自贸区实行统一企业所得税政策，采取17%的公司税率，仅征收其经营利得税，不征收资本利得税，且区内所有公司企业均可享有对其前30万元应税所得额部分豁免的优惠待遇。

加大增值税的税收优惠也是企业的诉求之一，美国的《对外贸易区法》中也提到均免征州和地方的从量税。因此，可以在不破坏整体市场经济环境与发展的情况下，适当地降低自贸区内的企业所得税和增值税税率。

粤港澳大湾区城市群产业协同创新发展机制及其若干对策探讨

王立安 温 馨 许晓敏[*]

摘 要：区域产业升级与城市群发展之间存在紧密的联动关系，在全球产业结构调整下，应成为引领城市群经济协同转型的关键内容。本文以粤港澳大湾区产业协同的发展基础为出发点，阐明该区产业协同的发展特征，并由此提出相关建议，以实现粤港澳大湾区城市群的功能定位与未来产业布局。

关键词：粤港澳大湾区；城市群；产业协同

中国特色社会主义进入了新时代，党的十九大报告明确提出建设现代化经济体系，加快推动区域协调发展，完善区域发展机制，促进区域协调、协同、共同发展以及促进区域经济由高速增长阶段转向高质量发展阶段等奋斗目标，指引了我国产业发展和区域合作前进的步伐。当前，在开拓对外开放新格局的背景下，随着2017年7月《深化粤港澳合作 推进大湾区建设框架协议》的签订，粤港澳大湾区建设初见雏形，已上升为国家战略，成为国家"双向"开放的重要平台和"一带一路"的重要连接点。

粤港澳大湾区是我国区域合作的一种特殊形式，其特殊性表现在以下几个方面：首先，它是在"一国两制"的基础上，由中国省级行政区域与香港、澳门特别行政区跨区域形成的城市群，是世界第四大湾区。其次，改革开放以来，由于历史和地域的原因，粤港澳大湾区区域合作日益密切，有效地辐射了其他区域经济发展，充分发挥了"大珠江"与"龙头"的集聚效应。最后，区域经济发展离不开产业的关联和互动，在全球日益激烈的区域竞争形势下，促进产业协同、创新合作思路和方式应成为粤港澳大湾区下一步深化改革的方向。

目前，许多学者对粤港澳大湾区城市群的分析大多是从发展战略，与国内外长三角、京津冀、纽约湾区、东京湾区等城市群做对比，内部行政边界模糊化等方面展开研究，而从区域机制、协调和形式上，通过产业链的上下协同，推动大湾区发展的研究不足。本文针对目前粤港澳大湾区内城市群产业协同不均衡，无法充分促进产业融合、创新驱动和品牌推进等问题，分析促进大湾区城市群产业发展的动力机制和相关对策。

---

[*] 王立安，1980年生，男，宁夏银川人，博士（后），广东海洋大学管理学院副教授，主要从事部门经济管理和旅游资源开发的教学与研究工作；温馨，1994年生，女，广东佛山人，硕士研究生，广东海洋大学管理学院；许晓敏，广东海洋大学管理学院。项目基金：教育部人文社会科学青年基金项目（17YJCZH168）；广东省自然科学基金（2014A030313603）；广东省高校优秀青年教师培养计划项目（Yq2014001）；广东省哲学社会科学规划项目（GD13CYJ13）；广东海洋大学博士科研启动项目（E11097）。

一、粤港澳大湾区城市群产业协同创新发展的基础

粤港澳大湾区由于紧密相连的地缘、业缘、人缘优势以及政策支持基础,初步形成了多空间、多维度的产业协同的发展基础,产业协同有望向网络驱动方向深度延展。

(一)经济发展基础雄厚,经济发展动力强劲

粤港澳大湾区"9+2"城市群经济总体规模宏厚,产业结构基础扎实,居于全国及亚太地区的前列,据统计,2016年粤港澳大湾区城市群GDP经济总量达到1.36万亿美元,超过美国旧金山湾区,其经济增速分别是纽约湾区、东京湾区、旧金山湾区的2.26倍、2.19倍和2.93倍。与此同时,粤港澳大湾区拥有相似的产业基础和经济发展空间,这有利于城市群产业协同竞争,为产业转型升级提供坚实的动力。图1为粤港澳大湾区区域生产总值数据,可以看出,2000—2016年期间,粤港澳大湾区存在整体经济发展不平衡问题。具体表现为,香港经济总量位居榜首,广州和深圳位居其二,增速较快,逐步缩小与香港的差距,其他城市实力较弱,但经济总量较为接近,增长幅度较为平缓,与中心城市的差距较为明显。这说明,在这17年间,粤港澳大湾区中心城市对周边城市的经济辐射力整体上较弱。

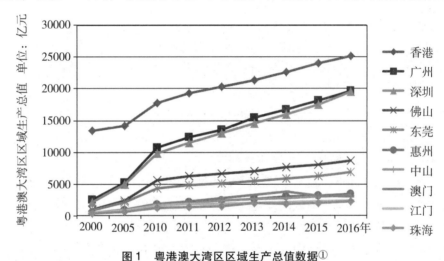

图1　粤港澳大湾区区域生产总值数据①

注:以1港元兑0.8889人民币换算、1澳门元兑0.8641人民币换算。

(二)产业结构差异明显,层级协同水平较高

30多年来,粤港澳大湾区的产业发展迅速发展,产业实力达到了"工业4.0"阶段,各级城市特色明显,产业链条较为完整,优势互补、存在明显的差异,形成以香港、澳门、广州、深圳为核心城市,珠三角七大城市为轴的"T"字形空间结构。与此相应的,在产业分工方面,粤港澳大湾区正朝着多层级、多中心的网络化城市空间发展(如图2所示)。香港是国际金融服务中心,以金融和银行服务及专业服务等高增值服务业为主;澳门是国家旅游中心、国际自由港,拥有较为发达的轻工业、旅游业、酒店业和娱乐场;广东是人才汇聚中心和科技研发中心,以规模宏大的现代化制造业、服务业和新兴产业为特色。不同的产业

---

① 数据来源于2017年广东省统计年鉴、2017年香港统计年鉴和2017年澳门统计年鉴。

发展进程使得粤港澳大湾区城市之间形成了特色明显的层级协同带,合作领域逐步从传统型"垂直分工"走向现代型"水平分工",为粤港澳经济一体化提供载体。此外,根据国务院2016年发布的《关于深化泛珠三角区域合作的指导意见》对各个城市发展的定位可见,三地着力探索协同发展新模式、新制度和新途径,为引领粤港澳地区的可持续发展提供了必备的条件。

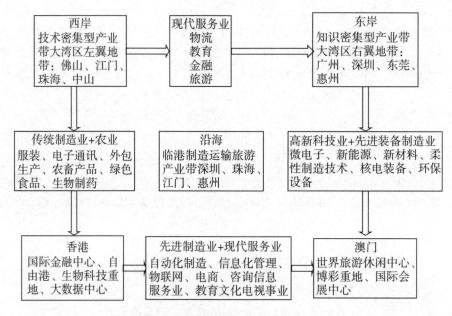

图2 粤港澳大湾区产业分布格局

(三)区位优势显著,基建方便快捷

粤港澳大湾区地缘相近,拥有天然的地理人文联系和文化认同,有助于交流合作,达到共赢。从整体上看,粤港澳大湾区建设与区域经济社会发展相适应的基础设施体系,经过多年的发展,综合承载能力得到显著地提高,为三地产业协同提供了必要条件。供水方面,20多年来,深圳、珠海的供水量分别占香港、澳门供水量的90%和98%;供电方面,广东对港供电连续多年突破100亿千瓦时,广东用电紧缺时也向香港购电,珠海对澳门供电大幅度上升,占澳门总电力需求的60%以上;公路交通方面,粤港之间陆路跨界通道交通流量年均增长率约5%,目前港珠澳大桥、港深高铁投入建设中,进一步促进粤港澳区域合作的深化;在港口方面,互补性较强,广东港口营运成本较低,适于运输成本不能过高的货物;而香港港口具有先进管理、较高运作效率及自由港优势,适于货物价值较高、交货时间紧迫的货物。① 因此,粤港澳大湾区城市群之间的基建条件好,拥有丰富的协同基础,可在短期内进行合理规划,克服现存协同障碍。

(四)强有力的政策与制度支持

粤港澳大湾区城市群有着特殊的社会制度和经济体制结构,三地产业合作可在这两种制度的便利下灵活发展。随着2003年CEPA的签订、《珠江三角洲地区改革发展规划纲要

---

① 参见陈丽君《加强粤港澳基础设施对接的契机》,载《南方日报》2009年4月15日第13版。

（2008—2020年）》出台，粤港澳区域合作模式从制度上得以保障，大大提高了合作的质量和效率。与此同时，国务院先后批准实施的粤港、粤澳合作框架协议，说明了三地政府间在政府管理体制、管理方式和管理效率方面建立了高度的共识，彼此更加默契和协调，为粤港澳区域产业协同提供了良好的支持。

二、粤港澳大湾区城市群产业协同创新发展的特征分析

随着各项事业的建设，粤港澳大湾区的融合再度升级，城市群特征逐步呈现，在深化区域协调发展的同时，面临着一定阻力，制约了大湾区城市群的可持续建设。

（一）产业协同程度方面，城市群内差异较大

粤港澳大湾区滨江临海，河网密布，拥有广州港、深圳港、香港港、珠海港等大型码头，出海航道星罗棋布，形成"水上经济走廊"，城市群内区域协同日渐强化。2016年，粤港澳大湾区港口吞吐量跃居全球前十。其中，深圳港位列第三，香港港位列第五，广州港位列第七。同时，受行政边界、人文因素和经济发展阶段的影响，沿海地区和内陆地区间的产业协同差异明显，形成以香港、广州和深圳为中心的纵向经济带。相对而言，香港、澳门和深圳属于对外创新型产业，三地在外资合作上拥有相似的主体利益、诉求和动力。同时，深圳在跨境合作和创新中有其他城市无法比拟的优势，依托前海自贸试验区，可以进一步深化与香港和澳门的合作。广州、佛山、东莞等地区地处广东中部，受距离和交通网络影响，内部合作比较活跃，以传统型产业为主，中小规模的民营经济分布广泛，自然资本和人力资本优势明显。此外，相对于内地长三角、京津冀城市群，粤港澳大湾区城市群在法律法规体系、社会经济管理体制和服务体系等方面存在较大的差异，进而增加了三地对信息、边检和市场等合作问题的协调难度，资源整合效率较低。

（二）产业协同水平方面，纵向合作占据主导

随着城市群合作的不断深化，经济发展阶段越强，横向产业协同水平较高。经过长期磨合，粤港澳大湾区在优化产业分工、全面拓展生产、技术交流合作等方面获得创新性发展，经济联系不断深化，合作领域逐步从传统型产业向现代型产业转变，合作模式也逐步由纵向合作向横向合作方向发展。但是，由于三地的经济发展阶段和社会管理制度的不同，产业协同的动力和效果略显不足，纵向合作仍然占据主导位置，主要体现在原料供应、生产加工、外购外销的合作上，横向合作不足，资源共建共享程度较弱。因此，相对于世界著名湾区，粤港澳大湾区的产业协同仍有较大的差距和磨合空间。特色鲜明、优势互补和水平分工合作明显的产业协同模式应是未来改革的重点所在。

（三）产业协同路径方面，从产业高度聚合向稳步辐射方向演进

由于基础设施共建共享、互联互通的推进，粤港澳大湾区内形成了以中心城市为极点、各级城市功能互补、资源整合的错位发展局面，充分将港澳国际化优势与广东本土制造优势融合起来。随着港珠澳大桥的开通运行，大湾区产业将会高度聚合进一步转向稳步辐射。目前，粤港澳大湾区主要产业聚合地带有：①以中部机电建材业、东部电子电气业和西部家电五金纺织业为代表的加工制造业聚合地带。②广州南沙、广州花都—白云、珠海珠港新城—江门银洲湖、惠州惠阳—大亚湾等临港基础产业聚合地带和重型装备制造业聚合地带。③香港、澳门以及珠江口湾区中部、东岸、西岸和西北部等四大高新技术产业聚合地带。因此，

从聚合区间的联系来看,城市各具优势,拥有成熟的专业化生产规模,产业辐射基础强。同时,从表1和图3可看出,粤港澳大湾区处于互补性城市群的发展阶段,拥有多中心城市的同时,产业辐射空间增大,以集聚和扩散的空间状态为主,整合型城市群的过渡期。中心城市对周围地区的辐射作用有较大的提升空间,地区与地区之间的要素扩散程度有待提高。随着时间的推移,中心城市的部分职能将逐步分散到周边城市,形成若干个分散中心。①

表1 不同类型湾区城市群发展特征分类②

类别	点据型城市群	互补性城市群	整合型城市群
空间结构	单中心	多中心	网络化
产业协同	较低	较高	最高
经济效应	内部规模经济	外部规模经济	外部规模经济与范围经济
空间状态	集聚	集聚与扩散	高度融合
发展效率	规模影响	集约增强	网络高效

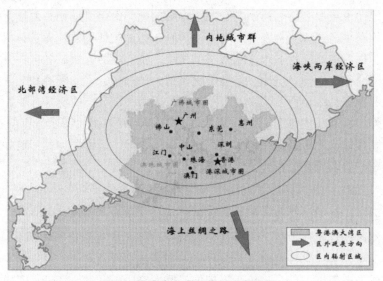

图3 粤港澳大湾区空间分布格局

三、粤港澳大湾区城市群产业协同的难点

(一)基建统筹规划建设不足

经济的发展离不开基建。近年来,各级政府加大了对粤港澳大湾区的基建投入,合作效率明显提高,但在行政分割的条件下,基建系统性能未能满足日渐扩大的运输需求,与国际

---

① 参见林先扬《粤港澳大湾区城市群经济外向拓展及其空间支持系统构建》,载《岭南学刊》2017年第4期。

② 参见林先扬《粤港澳大湾区城市群经济外向拓展及其空间支持系统构建》,载《岭南学刊》2017年第4期。

湾区相比仍存在较大的差距。区域内部存在不同的发展驱动，难以实现基建功能的科学对接，存在着不同程度的道路质量、布局混乱和交通拥挤问题，尤其是城市之间不同的运输方式的配套衔接不足，各种功能设施自成体系，导致基建效益不能得到充分发挥的问题。因此，粤港澳大湾区的发展需要以不同等级、环节、特色的基建网络建设为依托。

（二）产业结构相似度较高

改革开放以来，粤港澳大湾区不断调整和升级产业结构，优化第二、第三产业的比重，但是产业结构同化趋势日益明显，城市群之间的竞争性远大于其合作性。从长远来看，粤港澳大湾区经济发展最核心所在是区域间的产业分工与合作。粤港澳大湾区城市群之间的产业相似有利于最大限度集聚产业经济力量，促进企业竞争，推动城市群发展，但同一产业在不同行政区域内重复分散布局，争夺有限的城市群内部市场，不利于城市群整体产业协同与总体经济一体化发展。如何趋利避害，正确把握产业集群分工合作，科学培育新增长点，是粤港澳大湾区城市群发展所要面临的一个重要问题。

（三）产业协同的制度设计有待优化

近年来，粤港澳大湾区的制度设计围绕社会管理和经济规划的重点，制定了多项合作和协同方案，并成功召开了多次高层联席会议，有利于进一步促进城市群产业发展。但是，相关的制度和配套措施未能有效解决区域经济和产业发展不平衡的问题。这说明了粤港澳的产业协同仅集中城市内部治理上，如加强基建、引进金融机构等，而通过统一的产业规划政策、标准的市场合作机制、科技创新体系等能牵动产业协同发展"牛鼻子"的合作不足。

（四）产学研合作协同较分散

产学研合作是推动城市群经济发展的新动力。近年来，在政府规划和激励下，粤港澳大湾区产学研合作开始向市场化方向深度发展，知识、技术之流充分涌动，参与合作的组织数和项目逐渐增多，其中包括省部产学研合作重大科技项目、产学研综合示范企业、高校重点孵化基地等，有助于实现大湾区内部创新资源的高效配置和上下协同。但也存在一些突出问题：总体上，研究力量较为分散、空间分异较为明显，同一行政区内或地理、知识规模相近的合作频度较大；高校合作较多，中心突出，企业和科研机构相对较弱；缺乏有效的产学研信息共享和协调平台；知识产权保护力度不足；缺乏长期规划；以引进来"二次创新"成果为主；科研成果应用程度较低，产品附加值较低。

四、促进粤港澳大湾区城市群产业协同创新发展的若干对策

城市群依赖不同城市间紧密复杂的产业联结关系，推动产业资源互通互联，创造新增长极，最终实现城市群可持续发展。因此，实现粤港澳大湾区城市群产业协同的有效办法是，在不断加大产业协同的机制供给和财政支持的前提下，加强区域一体化和产业水平化，强化产业协同的内部稳定性、多样性和创新性，焕发内生动力。

（一）优化粤港澳大湾区产业协同机制的有序对接

行政边界的限制是粤港澳大湾区在区域经济活动一体化首要面对的问题，需要通过机制制度化和有序对接来更好地实现行政区域的合作。首先，加强顶层设计，进一步完善中央政府宏观调控作用，统筹研究解决大湾区合作发展重大问题。其次，加强跨区域层面的水平合作机制，加强各级城市的深度合作，鼓励政策先行，给予各级城市更大的改革权限。最后，

建立不隶属省市的权威独立协调机构，专门研究粤港澳大湾区现实问题，确立有效的责任追究制度和监察机制，发挥社会力量解决大湾区建设过程中的问题。

（二）深化政府职能建设

第一，进一步规范大湾区营商环境，建立统一的政府权力清单、责任清单和负面清单制度，简化行政审批，推动企业和人才资源的跨区域交流与合作。第二，促进各级政府协同协调。强化中央政府在宏观方向下重大事项落实的作用，放宽地方政府在实践中自我协商和发展，转变政府职能，改革不合理的政绩考核体系，清理不利于城市群合作发展的地方性法规，逐步实现粤港澳大湾区法规和制度的无缝对接，规范市场标准、行业标准和技术标准，消除行政壁垒和市场壁垒。第三，建立地方利益共享和补偿机制，根据各城市的需求合理分配资源，逐步打破市场分割和地方保护主义。第四，根据城市特点和有利因素，合理进行地区产业的发展规划，增强区域内城市间产业协同的空间联系，将产业竞争转变为产业互补，避免过度集聚。

（三）推动城市群一体化发展

第一，明确战略地位，进行错位发展。打造梯度分布、聚集发展的生产布局。强化中心城市核心竞争力，充分发挥中心城市辐射带动作用，以科学引导生产要素、产业结构和信息流通有序地配置和整合，并最终形成梯度科学、各展所长的多中心网络化发展的产业格局。第二，完善城市群市场开放机制，建立统一市场准入制度和监管制度，打破区域壁垒，并与国际市场有效接轨，激发跨区域市场的良性循环，加快城市群一体化进程。第三，加强基建设施对接规划和建设，形成以香港为核心，深圳和广州为枢纽，珠三角为支线的海陆空综合交通体系，共同推进稳定安全的能源、信息和水电供应体系，打破地域限制，延展产业价值链。第四，根据粤港澳地区不同的生态环境特点和发展状况，建设相互交融、可持续的生态格局。

（四）打造跨区域产业协同网络

粤港澳大湾区是我国跨境合作和投资最为集中的区域，具有推动产业协同的坚实基础。从管理集成理论思想来看，所谓产业协同，应该涵盖四个层面的协同，分别是产业内跨企业间协同、跨产业间协同、产业主体间协同和产业的地理空间区域协同，也只有做到这四位一体的协同性，真正意义上的产业协同才能实现。[①] 因此，粤港澳大湾区应从这4个层面出发，实现本质协同。第一，推动产业内跨企业间协同。打造支持本国跨国公司的社会性支撑服务体系和产业战略合作平台，吸引全球企业500强、央企和行业前十强及其关联产业，引进云计算、大数据和新能源等重大合作项目，实现产业协同的价值突破。整合产业同构突出的中小型企业，形成若干个企业集团，实现产业各环节的共建共享。第二，促进跨产业间协同。对不同产业的生产要素进行整合优化，提高生产要素的渗透性和互补性，延伸产业链，形成若干个特色产业集群，如传统产业与新兴产业合作中的创意物流和农业加工制造业。第三，加强产业主体间协同。完善中小企业服务体系，加强政府、社区、学校和中介等产业主体对企业的一体化支持，创新产业主体间的动态均衡。搭建粤港澳大湾区专业智库和数字家庭平台，重视员工技术创新，提高关键人员流动率，完善知识产权保护相关法律和机制，最

---

① Robert Lang& Paul K. Knox, "The New Metropolis: Rethinking Megalopolis," *Regional Studies*, No. 6 (2009): 1-2.

大限度整合知识优势,促进产业主体间信息技术交流和成果服务网络建设。第四,带动产业的地理空间区域协同。从制度和基础设施上加强相同区域位置产业的协调融合,打破行政边界,进一步深化地理空间区域在产业结构和空间结构中的优势,合理规划沿海产业带、城市产业核心区和重点产业园区,加强不同城市间的经济、社会和文化的交流合作,推动同城化发展的进程。①

---

① 参见王兴明《产业发展的协同体系分析——基于集成的观点》,载《经济体制改革》2013年第5期。

粤港澳湾区科技创新要素流动和优化配置研究

冼雪琳*

摘　要：粤港澳湾区 2016 年 GDP 在四大湾区排名第三，预测未来保持稳定增长，将成为全球最大湾区经济体。建设粤港澳湾区，就要抓住新一轮经济转型，通过人才、技术、资金等创新要素的大幅升级和重新组合，铸就创新高地。本文分析了粤港澳湾区科技要素流动现状，提出营造良好人才环境，构建高端人才集聚圈；推进区域金融制度创新，建设国际化多功能、多层次金融体系；建立常态科技协调机制，培养产学研一体化创新生态的建议。

关键词：粤港澳湾区；科技创新要素；优化配置

区域创新体系的概念（Regional Innovation System，RIS）是 20 世纪 90 年代，由英国卡迪夫大学库克教授提出，指在一定地域范围内，将新的区域经济发展要素或这些要素的新组合引入区域经济系统，创造出新的更为有效的资源配置方式，从而提高区域创新能力，推动产业结构升级。

在《2017 年国务院政府工作报告》中，李克强总理提到要推动内地与港澳深化合作，研究制定粤港澳大湾区城市群发展规划，发挥港澳独特优势，提升在国家经济发展和对外开放中的地位与功能。人才、资金和仪器设备是可流动性创新要素，促进这些创新要素在粤港澳湾区内的有序高效流动，对引导创新要素合理布局、实施创新驱动发展战略具有重要意义。

一、粤港澳湾区发展现状与趋势

（一）GDP 位居第三，经济聚集度有提升空间

2016 年，粤港澳湾区 GDP 达 1.38 万亿美元，以仅占 0.6% 的国土面积、不足 5% 的人口，创造了全国 13%（包含港澳）的 GDP。粤港澳湾区的"9+2"城市逐步体现各自功能和定位：香港为全球金融中心及物流中心；澳门为世界旅游休闲中心；深圳为国际创新服务中心；广州为岭南文化中心及华南重工中心；东莞为全球 IT 制造业重地；佛山为国际产业制造中心；珠海为国家级大装备制造业中心；中山为中国白色家电基地之一；惠州为世界级石化产业基地；江门为国家级先进制造业基地；肇庆为传统产业转型升级集聚区。

粤港澳湾区与世界三大湾区相比，发展起步较晚，尚未形成统一规划，但在创新要素聚

---

*　冼雪琳，1979 年生，女，深圳信息职业技术学院高级经济师、美国注册商业投资师（CCIM）。

集、经济体量、资源禀赋及区位优势等方面,具备与世界级湾区相当的基础。根据表1,粤港澳湾区人口、土地面积和港口集装箱吞吐量均居四大湾区首位;2016年GDP排名第三,超越旧金山湾区;但是粤港澳湾区地均产值和第三产业占比最小。粤港澳湾区的经济聚集度仍有较大的提升空间,应加快第三产业发展,在科技创新和金融服务上深化合作。

表1 2016年度世界四大湾区经济数据对比①

	粤港澳湾区	东京湾区	纽约湾区	旧金山湾区
常住人口(万人)	6765	4347	2340	715
土地面积(平方千米)	5.65	3.67	2.14	1.8
GDP(万亿美元)	1.38	1.86	1.45	0.82
主要产业	科技创新 金融服务业 制造业	先进制造业 批发零售业	金融服务业 房地产业 医疗保健业	科技创新 专业服务
第三产业占比(%)	62	80	89.5	82
港口集装箱吞吐量 (万TEU)	6520	766	465	227
地均GDP (亿元/平方千米)	1.65	3.44	4.60	3.09

(二)发展态势向好,有望成为最大湾区经济体

粤港澳湾区2016年GDP达9.35万亿人民币,较2015年增长7.9%,远高于纽约湾区、东京湾区、旧金山湾区的3.5%、3.6%和2.7%,发展潜力巨大。据IMF(国际货币基金组织)2017年《世界经济展望报告》显示,由于有利的全球金融环境和发达经济体的复苏,新兴市场和发展中经济体增长预期加快,中国仍是世界经济发展的主要驱动力。预测未来6年保持稳定增长(详见图1),2022年粤港澳湾区GDP将达到14.76万亿人民币,成为全球最大湾区经济体。

图1 2014—2022年粤港澳湾区GDP及增长率预测②

为了促进湾区城市群之间物流、信息流、资金流在粤港澳湾区内更加有效的衔接,粤港

---

① 数据来源:iiMedia Research。
② 数据来源:国家统计局、iiMedia Research。

澳湾区进一步加快基础设施建设，从海、陆、空三个层次全方位规划未来的交通布局，计划在 2017 年年底开通港珠澳大桥、2019 年开通虎门二桥、2020 年建成使用赣深高铁、2024 年 12 月开通深中通道、2017 年广汕高铁开工，另有珠三角新干线机场选址在佛山高明，实现环珠三角"一小时经济带"。

二、粤港澳湾区科技要素流动现状

（一）自贸区跨越式发展，中高端人才加速流动

2016 年，深圳边检总站共查验出入境人员 2.39 亿人次，日均 65.6 万余人次，其中跨境上班族占一定比例。深圳是有国际竞争力和发展实力的大都市，房价较香港低，居住在内地的香港人有 90% 在深圳。加上香港人口老龄化及劳动力下降，香港政府自 2015 年优化多项人才及专才入境计划，以补充人力资源。2016 年，一般就业政策批准申请 35997 宗，输入内地人才计划批准申请 10404 宗，分别比 2014 年增加 13.6% 和 11.7%。湾区经济活跃，择业范围扩大，中高端人才正在快速流动。

在湾区建设中，广州南沙、深圳前海蛇口和珠海横琴 3 个自贸片区成了粤港澳合作的重要平台，吸引了众多港澳企业和青年，加速了湾区人力资源合理配置。2012 年，中央人才工作协调小组批复把"广州南沙—深圳前海—珠海横琴粤港澳人才合作示范区"列为"全国人才管理改革试验区"，打造人才合作、招才引智、智慧创新、创业服务平台。据规划，到 2020 年，将集聚 30 万名国际高端人才和现代服务业紧缺人才，包括港澳人才在内的高端人才占比超过 20%，人才贡献率接近 60%。

前海蛇口自贸区是内地港资企业最密集、效益最好的地区。截至 2017 年 9 月，累计注册港资企业达 4747 家，注册资本 4244.36 亿元。仅 2017 年上半年，注册港企实现增加值 177.35 亿元，占片区的 19%；纳税 59.48 亿元，占比 31.3%；完成固定资产投资 66.75 亿元，占比 35.4%；实际利用港资 18.93 亿美元，占比 96.9%。前海深港青年梦工场运营两年多，已孵化创业团队 216 家，其中香港团队 106 家，国际团队 6 家。不少香港青年创新创业团队获得了金融支持。如硅谷创业家史蒂文·霍夫曼参与投资的香港特斯拉科技有限公司，香港青年陈升创办的学学科技团队，创业未满一年，即获首轮融资 5000 万元；香港秀秒科技团队 2016 年拿到 1000 万元融资，并获得中国新媒体大赛华南赛区冠军。

南沙自贸区截至 2016 年年末，落户港澳企业共有 952 家，总投资额 148.24 亿美元。香港新地、珠江船务、粤海、新滔等投资性公司落户，总注册资本 4.16 亿美元；平谦香港、中银通、珠江电力燃料、天创时尚鞋业、方兴地产、中石化新海能源等多家港资区域销售与运营总部项目也已落户，国际时尚文化总部基地开工建设。南沙的香港科大霍英东研究院承担近 400 项"973""863"国家自然科学基金和商业合作项目，被国家科技部认定为"国际科技合作基地"，被广东省科技厅认定为"粤港产学研集合科技创新平台"。"粤港澳高校创新创业联盟"也正式揭牌成立，为创业团队提供"7×24"小时服务模式，重点吸引粤港澳年轻创业群体在南沙集聚创新创业。目前粤港澳（国际）青年创新工场共有 30 个入驻团队，其中香港团队 3 个、澳门团队 2 个。

另外，横琴自贸区截至 2017 年 7 月，已有港资金融企业 93 家，注册资本 328 亿元，东亚银行、创兴银行等港资企业均在横琴设立金融类企业。成立两年来，"横琴·澳门青年创业谷"已有 16 家企业获得风险投资，融资额突破 2.6 亿元。截至 2017 年 8 月，"横琴·澳

门青年创业谷"累计孵化218个项目，其中港澳创业团队129家；国家"千人计划"专家项目36个；孵化企业累计申报各项科技项目超过80项，获得资助资金逾1000万；累计申报专利数量超过600件，已获授权专利数量超过300件；培育国家高新技术企业及广东省高企培育入库近30家；16家企业获得风险投资资金，融资额突破2.6亿元。

（二）跨境金融合作深化，资本市场互联互通

广东支持粤港金融机构跨境互设和开展业务。截至2016年年末，广东共有港资银行营业机构178家，比2012年年末增加37家。2012年，广证恒生证券投资咨询有限公司在广州成立，是由广州证券与香港恒生银行全资控股的恒生证券共同出资设立的内地首家合资证券投资咨询公司。2016年，恒生前海基金管理有限公司于深圳前海成立，是由恒生银行有限公司和前海金融控股有限公司设立的首家港资控股公募基金管理公司。同时，不少广东金融机构也跨境发展。2014年，广州市国企越秀集团收购香港创兴银行75%的股份，总现金代价116.4亿港元，该笔收购为国内首宗由地方国企层面完成的境外银行并购，也是广州市改革开放以来的最大境外并购；2014年，东莞银行在香港设立代表处。非银行金融机构如招商、广发、平安等在香港开设了证券、期货子公司；博时基金及诺安基金在香港设立了基金子公司；南方基金、易方达基金、越秀集团等在香港设立了资产管理公司；民安财产保险有限公司在香港设立了保险子公司。

广东企业为了拓宽境外直接融资渠道，纷纷赴港发行股票。2016年，广东共有212家企业在香港上市，占内地在香港上市公司的22%，总集资额超过7080亿港元。此外，广东证券公司、基金管理公司的香港子公司也积极参与RQFII试点，扩大投资额度和投资范围。广东相关机构具备RQFII资格的香港子公司共获批1106亿元投资额度，占全部RQFII投资额度的20.4%。随着内地金融市场对外开放的扩大，2012—2016年，粤港金融账户跨境收支的年均增长率达22.2%，占全省与境外金融账户外汇收支的平均比重达到了57.5%。

粤港支付结算和跨境人民币业务发展迅速。2016年，人民银行广州分行和香港金融管理局联合推出了粤港电子支票联合结算业务，客户通过试点银行机构即可办理香港电子支票的收款，结算区域由香港拓展至广东自贸试验区，币种由港币和人民币拓展至美元。2016年，香港居民仅通过其在广东省内银行账户以代扣方式缴费金额达27.7亿元，125.1万笔，同比分别增长54.1%和25.9%。为了满足香港居民缴费需求和探索跨境支付创新，2017年6月，粤港跨境电子直接缴费业务启用，香港居民可通过其香港网上银行平台或手机应用程序以人民币缴付广东省商户的账单，将粤港跨境结算业务从传统的票据结算拓展到生活账单缴费。2016年，粤港跨境人民币结算业务金额为1.8万亿元，占全省跨境人民币结算总额逾六成；跨境人民币结算量占粤港跨境资金往来的比重上升至38.2%，人民币成为粤港之间第二大跨境结算货币。

跨境人民币贷款融资成本低，实现双向打通。前海跨境业务已成为金融创新标签，截至2016年年末，前海跨境人民币贷款备案金额超过1100亿元、累计提款364.57亿元，业务规模领先全国。截至2017年3月末，三大自贸片区共有229家企业办理了跨境人民币贷款业务，汇入贷款金额达415.4亿元。另外，2016年4月，前海银行与香港企业签署了两笔共102亿元的跨境人民币贷款意向协议，其中招商银行前海分行对香港瑞嘉投资实业有限公司2亿元债务置换的跨境人民币贷款于2016年6月发放，标志着前海跨境人民币业务实现双向打通。

广东企业获批赴港发行人民币债券。2014年6月，珠海华发集团股份有限公司在香港

交易所成功发行8.5亿元人民币债券；2014年12月，珠海大横琴投资有限公司成功在香港交易所发行15亿元人民币债券；2015年4月，深圳前海金融控股有限公司在香港交易所成功发行10亿元人民币债券。

为了便于跨国企业集团内部归集资金和调剂余缺，人民银行广州分行降低开展跨境双向人民币资金池业务的准入门槛，提高跨境资金流动上限，节约了汇兑成本。截至2017年上半年，共有182家在粤经营的港资跨国企业集团累计办理业务金额达2442.4亿元人民币。

（三）科技创新能力增强，省级科学仪器同享平台建立

粤港澳湾区经济发展的同时，也显示出相当高的创新水准，无论是科技投入，还是专利申请量，都在全国名列前茅。根据《粤港澳大湾区协同创新发展报告（2017）》，在发明专利、PCT专利和DWPI专利数量上，粤港澳湾区都已超越旧金山湾区，并且在信息科技、智能制造和装备制造等新兴产业领域具备很好的基础。根据图2，粤港澳湾区的发明专利总量呈现逐年稳步递增的趋势，其中2015年增幅最大，接近50%，5年来发明专利的总量增幅达213.6%。

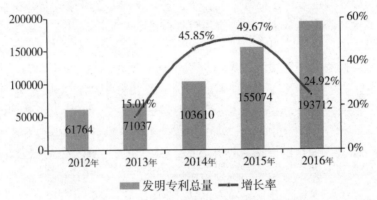

图2　2012—2016年粤港澳湾区发明专利总量及增长率①

但从图3，专利被引用的次数来看，粤港澳湾区的专利质量没有旧金山湾区高，虽然2012年粤港澳湾区的发明专利施引数为旧金山湾区的53.56%，但在2016年，已跌至22.81%，存在较大差距。

2016年，广东省研发（R&D）投入经费支出突破2000亿人民币，同比增长11.5%，全国排名第一；R&D/GDP研发投入强度达2.56%，其中珠三角区域为2.8%，深圳更是达到了4.1%。研发投入强度是衡量一个经济体创新指数的重要指标，广东已超过2.5%这一国际通认的关键拐点，标志着广东已进入创新经济体行列。香港落后于深圳，研发投入强度只有0.73%。澳门与广东相当，研发投入强度为2.5%。而日本和美国的研发投入强度分别为3.3%、2.8%。

根据深圳市技术转移促进中心数据。2015年，港澳台资企业技术输出的数量和金额都均有下降，共在深圳登记技术合同376项，技术交易金额9.2亿人民币，相比2014年分别下降了22.5%和45.4%。但单份合同平均成交额有所提高，意味着其技术输出地位在增强。深港澳台技术转移联盟、粤港高新技术合作专责小组和粤澳科技合作专责小组也积极推进

---

① 数据来源：《粤港澳大湾区协同创新发展报告（2017）》。

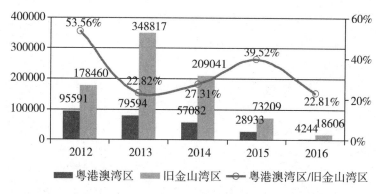

图3 粤港澳湾区与旧金山湾区发明专利施引数量对比①

粤港澳科技成果在湾区转移转化、共建科技企业孵化器。

在科学仪器共享方面，广东省成立了大型科学仪器设施共享服务平台，汇集了大部分高校、科研院所等单位的大型仪器资源，共享30万元以上大型仪器设备4156套，涵盖石油能源、医疗卫生、药品食品等20多个领域。企业可查询大型科学仪器的技术参数、测试项目等基本信息，利用平台仪器进行新技术、新产品开发、产品升级等科学研究及自主创新活动，同时可获得测试费用补贴，降低研发成本。大型科学仪器设备是知识创新和技术创新的必备工具，促进科技要素自由畅通流转，才能实现湾区城市间优势互补、协同共赢。

三、优化科技要素配置的建议

（一）营造良好人才环境，构建高端人才集聚圈

最好通过立法来解决人才问题，包括扩大养老、医疗对境外及外籍人才的覆盖范围，实现本土生活无障碍等。近年来，广东也实施了一些措施，如2014年，横琴新区实行的"港人港税、澳人澳税"，对港澳人才给予个税补贴，其标准为实际缴纳的个人所得税税款与其个人所得按照香港、澳门地区税法测算的应纳税款的差额，降低个税税率差对其薪酬的影响。随后，深圳前海也实施企业所得税和个人所得税"双15%"政策。2016年，广东出台了《关于促进中国（广东）自由贸易试验区人才发展的意见》，其中提出简化高层次人才评价认定程序、实行便捷的签证政策和开放的居留政策，如外籍高层次人才的配偶和未成年子女可办理往来香港1年多次、往来澳门3个月多次的商务签注等。另外，2017年8月，广东省政府提出推行"人才优粤卡"服务，人才凭卡可在社会保障、购房购车、职称评定等方面享受当地居民同等待遇。此外，深圳、佛山、东莞、中山四市将率先探索放开对港澳台和外籍人士缴存使用住房公积金的限制，港人可自愿缴存住房公积金。

这一系列优惠实施可促进粤港澳大湾区内人才流动，但力度还不够大。如目前港澳籍人士在广东工作，必须先办理就业证才能与工作单位签劳动合同，否则不受内地劳动法保障，应该要简化类似手续。在出入境方面，数据显示，深圳各口岸2016年全年自助查验出入境人数达1.22亿人次，占全部出入境人数的51.16%。但除了进一步扩大自助查验模式和车辆"快捷通"通道的推广应用以外，还应推行高科技人才一卡通，让高端人才的流动和跨

---

① 数据来源：《粤港澳大湾区协同创新发展报告（2017）》。

地域的发展更加便捷。同时完善相关人才政策，在签证、居留、配偶就业、子女入学、医疗、社保、住房补贴等方面给予更多支持，搭建粤港澳湾区海内外人才信息平台，并设立"粤港澳湾区人才服务中心"，为高层次人才创业提供全方位的服务和保障。

此外，粤港澳高等教育发展也是推动经济合作的关键因素。广东省仅设立了两家内地与港澳台地区合作办学机构，分别是2005年在珠海建立的北京师范大学—香港浸会大学联合国际学院和2012年在深圳建立的香港中文大学（深圳）。2009年，全国人大常委会也批准澳门大学在广东省横琴建设新校园。除了合作办学，近年港澳学生往广东升学的趋势越加显著。2016年，在内地就读本科课程的香港学生约有1.3万人，其中约8000人在广东。2016年，在内地的澳门学生共6178人，其中过半在广东，总计3319人。粤、港、澳三地高等教育具有高度互补性，港澳学院在教育观念、管理模式、师资水平和信息系统方面具有优势，有不少学科处于世界一流水平。而广东在生源质量、实验基地、科研开发等方面则有优势。粤、港、澳高等教育一体化发展，可实现三地教育优势互补，为湾区发展提供现代化人才。

（二）推进区域金融制度创新，建设国际化多功能、多层次金融体系

"一个国家，两种制度"，为港澳顺利回归提供了制度性保障，也是粤港澳开展区域经济合作的前提所在。但由于香港、澳门是通过价值规律、供求关系和竞争机制实现自发调节的自由市场经济体制，而内地是政府主导的社会主义市场经济体制，粤、港、澳三地体制机制不对接，在法律法规体系和经济社会管理体制方面存在较大差异，增加了三地对资金流动与合作问题的协调难度。只有打破粤港澳间非市场化运作的制度性障碍，才能有利于三地深入开展区域合作和经济一体化步伐。

粤港两地资金交流，除了深港通、债券通与基金互认外，香港将与内地共同推动ETF通，即交易所买卖基金互联互通。香港还将对开放大陆投资者参与债券通，以及在深港通实现投资者身份认证方面的系统调整。

广东与香港也在探讨湾区内实现人民币自由流通的可能性。2017年7月，粤、港、澳三地共同签署了关于推进大湾区建设的协议，强化广东作为大陆改革开放先行区，并巩固和提升香港国际金融地位。目前全球有70%离岸人民币在香港进行结算，为了强化香港全球离岸人民币中心的枢纽地位，香港考虑在湾区的某些地区进行人民币自由流通试点的可能，例如在香港落马洲河套地区的"港深创新及科技园"附近设立特区。

为实现区域间经济协同发展，第一，要提升金融法制建设水平，建立与湾区相匹配的金融运行规则、制度环境和政策支持体系，先行先试，深化金融改革创新，完善融资机制；第二，提升保险保障、财富管理、风险管理等金融功能，丰富产业业态，增强服务湾区国际化建设和现代产业发展的支撑能力；第三，利用自贸区放宽准入限制、简化审批环节，推动港澳企业赴广东投资；第四，完善跨境资本流动机制，鼓励更多本地金融机构国际化发展，支持香港离岸人民币市场中心建设；第五，汇集一批有较强国际影响力的金融机构，促进国内外高端金融机构、中介服务机构聚集，促进湾区建设国际金融中心。

（三）建立常态科技协调机制，培养产学研一体化创新生态

发展湾区，更要重视发展科技。粤港澳湾区有很好的科技发展基础，如2016年，广东有高新技术企业19857家，高新技术企业规模居全国第一，全省区域创新能力综合排名连续7年位居全国第二，技术自给率达70%，有效发明专利量和PCT国际专利申请量居全国第一，其中PCT国际专利申请量占全国的56%。粤港澳地区拥有1个国家级自主创新示范区、

3个国家创新型城市。此外，湾区还培育了华为、中兴、格力、大疆、比亚迪、腾讯等一大批全球知名的创新型企业。粤、港、澳三地政府可以建立常态的科技协调机制，整合协同香港、澳门的国际级商务和科研资源，广州、深圳的科技产业孵化能力以及东莞、佛山、珠海、惠州等地的制造与应用转化基础，形成新的全球竞争力。

粤港澳湾区有很好的高校资源，有超过200所普通高校和200万在校大学生。应该鼓励更多的企业与高校进行合作，培养产学研一体化的创新生态。2017年9月，广东省的中山大学和华南理工大学就入选了一流大学A类建设高校；众高校18个学科入选一流学科建设名单。截至2017年3月，科技部已协助香港建立了16家国家重点实验室香港伙伴实验室、6家国家工程技术研究中心香港分中心。澳门大学也获国家批准设立两个国家重点实验室，分别是仿真与混合信号超大规模集成电路国家重点实验室和中药质量研究国家重点实验室。三地科研合作，还可利用港澳地区充足的教科研经费承担各类重大科技计划和产业化项目。如香港政府在2009年以180亿港元作为本金，设立研究基金。2012年，又向基金再注资50亿港元，提供更多研究资源。除了深圳虚拟大学园和深港产学研基地也是粤港两地开展跨境产学研合作的重要平台以外，2016年广东省教育厅启动了粤港澳联合实验室的建设，助推区域创新发展。

湾区还可建立粤港澳科研和学术交流信息平台，制定和完善科研资源交换共享、相互服务的协议，提高科技资源的利用效率，方便粤、港、澳三地科技人才组建教科研研究团队。发挥粤港澳科技界联系广泛的优势，在高新技术、重大工程和关键性技术等领域，联合进行研发工作，推动科技成果的转化。

粤港澳大湾区金融、科技合作新路径

黄 玲 夏明会[*]

摘 要： 本文主要从新时期国家金融、科技创新理念出发，分析粤港澳金融科技实际发展情况以及合作现状，在此基础上借鉴国际湾区建设经验，为深化粤港澳大湾区金融科技合作提出决策建议。在"一带一路"倡议下，广东与港澳金融科技人才资源优势互补，可通过促进粤港澳金融科技紧密合作，将粤港澳大湾区建设为世界一流湾区。

关键字： 粤港澳大湾区；金融合作；科技融合

国务院总理李克强在十二届全国人民代表大会第五次会议《2017年国务院政府工作报告》中提出，推动内地与港澳深化合作，研究制定粤港澳大湾区城市群发展规划，发挥港澳独特优势，提升在国家经济发展和对外开放中的地位与功能。粤港澳大湾区指由珠海、江门、中山、佛山、肇庆、广州、深证、东莞、惠州9市和澳门与香港两个特别行政区所组成的城市群。在打造世界级经济湾区中，粤港澳大湾区拥有得天独厚的地理区位优势：毗邻南海，与东南亚隔海相望，是亚欧经济贸易连接的核心点，也是世界贸易主要的海上通道；在"一带一路"倡议下，粤港澳大湾区是海上丝绸之路的必经之路，是"一带一路"的战略性地区。粤港澳大湾区作为改革开放的先行区，积累了丰富的对外经贸经验，有便利、快捷的交通枢纽（例如港珠澳大桥、粤港澳大桥海底隧道、港口群等），相对自由的制度优势，以及比较成熟的市场体制。粤港澳大湾区在今后的发展中，应充分利用自身优势建立以沿海为带、广澳港为三角核心，相互协调、共同发展的三大城市圈——澳珠江中城市圈、广肇佛城市圈、深港东惠城市圈，形成以"一带一核三圈"分别向粤东、粤西、粤北辐射的粤港澳大湾区城市群结构，各个城市与城市圈充分发挥各自的独特优势，深化金融科技合作，将粤港澳打造成世界一流湾区。

一、粤港澳大湾区科技金融创新合作现状

（一）粤港澳大湾区金融合作现状

自改革开放以来，粤港澳经济贸易迅猛发展，跨境人民币业务范围不断拓展，业务种类不断丰富，粤港澳货币跨境流通规模逐步扩大，人民币在港澳地区的流通规模也不断上升，境外结算地域扩展到210多个国家和地区。截至2017年7月末，广东累计办理跨境人民币

---

[*] 黄玲，硕士，广州大学经济与统计学院；夏明会，通讯作者，广州大学经济与统计学院教授。

结算业务12.9万亿元，占全国的26.2%，居国内各省（区、市）之首。① 据中国银行公布的数据显示，中国银行2016年12月跨境人民币指数（CRI）为229点，2017年一季度跨境人民币指数（CRI）为233点，较2016年年末上升4个百分点，中国银行发布2017年二季度跨境人民币指数（CRI）为248点，较2016年年末上升19个百分点。② 从区域分布看，根据中行CRI指数相关数据，在与中国大陆发生人民币实际收付的国家和地区中，亚洲地区占比最大，港澳台地区、新加坡、日本、韩国、越南等几个主要亚洲市场的跨境人民币结算量合计占我国人民币实际收付总量的3/4以上，其中中国香港、新加坡、中国台湾居前三位。

粤、港、澳三地互设金融机构开展业务合作，证券行业合作日益密切。2003年，中央政府与香港政府及澳门政府签订《关于建立更紧密经贸关系的安排》（简称CEPA）协议，又分别于2005年10月18日、2006年6月27日、2007年6月29日、2008年7月29日、2009年5月9日、2010年5月27日签订了七次补充协议。CEPA的实施减少了内地与香港贸易中的体制性障碍，加速了两地的经济文化交流，银行准入门槛降低，多家香港中型银行相继在广深等地设立分行，开展金融业务；此外，香港银行还将其后勤业务部门，包括数据处理中心、档案管理中心、单证业务、电话业务中心等从香港移至深圳、广州、佛山等城市，例如在深圳，有东亚银行设立的产品研发中心、渣打银行设立的中国及香港区电话银行客户服务中心、恒生银行设立的华南区管理中心等。广东省金融业对港澳开放先行先试，港资银行营业机构实现了在广东所有地级市的全覆盖，内地第一家澳门银行分行、第一家港资控股的合资基金管理公司均在广东开设。2011年3月末，12家港资银行异地支行资产总额达94亿元，各项存贷款余额分别为84亿元和30亿元，有6家实现盈利。③ 2016年年末，港澳台资、外资银行在广东设立了5家法人机构、77家分行。④ 同时广东的金融机构也不断地向港澳地区拓展，例如广发、招商、中信3家证券公司获得香港证监会颁发的证券经纪与投行业务牌照，广州农商行、广发证券、招商证券、国信证券、第一创业证券、国银金融租赁在香港资本市场上市。除此之外，粤、港、澳三地在证券行业合作也日益密切，"深港通"推出跨境交易型开放式指数基金（ETF），促进广东与香港资本市场有序对接。⑤ 据香港证券交易所统计，2016年年底，英国是香港现货交易市场外地投资者交易的主要来源地，占外地投资者交易的23%及市场总成交金额的9%，但是中国内地取代了美国成为第二大来源——占外地投资者交易的22%及市场成交金额的9%⑥，在今后稳定持续发展中，内地有望超越英国。

自改革开放以来，虽然粤、港、澳三地金融合作日益密切，且取得了一定的成绩，但总的来说三地金融合作还处于一个初级阶段，主要表现为以下四方面：一是由于法律规范差异与市场监管标准差异，影响三地金融机构的深度合作。一方面，在我国特殊国情"一国两制"制度下，粤、港、澳三地金融法律法规制度的不同，造成许多具体法律适用范围不一

---

① 参见王景武《在新的起点上全面推进广东金融强省建设》，载《南方金融》2017年第9期。
② 资料来源：中国银行，http://www.boc.cn/fimarkets/cri/201309/t20130917_2481962.html。
③ 参见颜洁《粤港澳金融合作与一体化研究》，暨南大学硕士学位论文，2012年。
④ 参见王景武《在新的起点上全面推进广东金融强省建设》，载《南方金融》2017年第9期。
⑤ 参见王景武《在新的起点上全面推进广东金融强省建设》，载《南方金融》2017年第9期。
⑥ 资料来源：http://finance.sina.com.cn/stock/hkstock/hkstocknews/2017-07-13/doc-ifyiakur8816108.shtml。

致,为粤港澳大湾区形成一个有效统一的金融市场带来诸多不便;另一方面,各地的市场准入标准不一致,金融机构准入门槛较高,影响三地金融机构深度合作。二是金融机构互设数量较少,规模较小,金融合作层次不够深入,金融市场融合程度较低,还未形成有效的市场分工。目前,粤、港、澳三地存在不同的货币体系、汇率制度与外汇管制。国家实行以市场供求为基础、参考一篮子货币的浮动汇率制度,香港实行美元固定联系汇率制度,澳门实行港元固定联系汇率制度;香港、澳门外汇管制较为宽松,而国家实行的外汇管制比较严格。① 三是由于港澳与内地之间缺乏金融资源有效流动平台,香港银行体系的庞大金融资源无法得到最有效的利用,而广东中小企业、高新技术企业融资难的问题也长期难以解决。四是同时缺乏统一有效的市场监管机制,由于粤港澳大湾区各地政府缺乏相应的金融合作管理经验,成熟的金融监管机制尚未建立。

(二)粤港澳大湾区科技合作现状

早在2004年5月17日和2005年10月6日,中国科技部与香港特别行政区、澳门特别行政区科技委员会签署协议,共同成立"内地与香港,内地与澳门科技合作委员会",以加强香港、澳门与内地在科技及其产业领域的交流和合作,促进香港澳门科技产业的调整、提高和整体经济的持续发展。我国"十三五"规划要求,实施创新驱动发展战略,把发展基点放在创新上,以科技创新为核心,以人才发展为支撑,着力扩大科技开放合作,推动科技创新与大众创业万众创新有机结合,塑造更多依靠创新驱动、更多发挥先发优势的引领型创新企业,发挥科技创新在全面创新中的引领作用。

广东省"十三五"规划要求,到2020年,广东省要初步形成开放型区域创新体系和创新型经济形态,综合指标达到创新型国家水平,R&D投入占地区生产总值比重不低于2.8%,技术自给率超过75%,科技进步贡献率超过60%。② 近年来,广东的科技发展取得极大的成就,不论是在R&D经费上的投入、专利申请数量还是高科技制造业增加值等方面,都位居全国前列,《福布斯》2014年中国大陆最具创新力城市排名显示,深圳排名第一,广州第九。2014年,深圳高技术制造业增加值达4056.85亿元,占规模以上工业增加值比重高达63.82%。据统计,2015年广东省高新区实现工业总产值2.4万亿元,进出口总额1546.62亿美元;全省高新区以占全省0.2%的土地面积,创造了全省1/6的工业增加值、1/6的出口额、1/3的高新技术产品产值。③ 到2016年上半年,广东省共有高新区23家,其中国家级高新区11家,省级高新区12家,成为推动广东省高新技术产业发展、实施创新驱动发展战略的强有力支撑。据相关资料显示,截至2015年8月底,广东省属企业拥有国家级实验室、技术中心、博士后工作站等科研机构22个,省级科研机构72个,其他科研机构54个,拥有高新技术企业42个。近5年来,省属企业累计获得各类授权专利1490项,获颁国家或行业标准96项;获得国家级科技奖励34项,省部级科技奖励414项。广东2016年要新增高新技术企业1000家,使全省高新技术企业超过2万家。②

1998年3月,香港成立了行政长官特设创新科技委员会,2000年成立了创新科技署,

---

① 参见逯新红《关于粤港澳大湾区金融监管合作的几点思考》,载《特区经济》2017年第5期。
② 参见周运源《创新发展、深化粤港澳科技合作的再思考》,载《华南师范大学学报》(社会科学版)2017年第3期。
③ 参见周运源《创新发展、深化粤港澳科技合作的再思考》,载《华南师范大学学报》(社会科学版)2017年第3期。

2011 年成立香港科技园发展公司，2015 年 11 月 20 日香港特区政府成立了创新与科技局，2016 年梁振英在施政报告中指出政府预留 20 亿港元给创新与科技局，给院校进行科技研究。香港科技园发展公司自 2001 年成立以来为香港的科技发展做出杰出贡献，香港作为经济特区在科技研究与创新方面拥有自己独特的优势，在"一国两制"的环境下，香港拥有良好的法制、治安以及稳健的资本市场，而且本地资讯基建发展领先，资讯自由流通，是世界上互联网和流动网络渗透率最高的地方之一，本地企业可透过互联网得到世界最新及最全面的资讯。一方面，香港经济的市场化与国际化经验，使得香港企业熟悉国际科技潮流趋势与技术标准。香港拥有科研能力较强的大学，国际科研合作活动频繁，科技全球化参与度较高，相较于广东而言，其科研合作平台更为广泛。另一方面，香港发达的经济基础为科技研究与创新提供了雄厚的资金支援。2015 年年底，科技园公司董事局主席罗范椒芬认为，香港基础科研已达世界水平[①]，但是由于地理原因，其科研成果并不能完全转化为产品进入市场，从而有效全面地带动地区经济与金融的发展。澳门由于主要产业集中在博彩与服务业，所以经济规模相对较小，科技创新发展较为缓慢，早在 2003 年与 2004 年，广东省与香港、澳门政府已分别签订科技合作协议并成立了"粤港高新技术合作专责小组"和"粤澳科技合作专责小组"，但是发展仍不尽如人意。2011 年 1 月 25 日，中药质量研究国家重点实验室在澳门正式成立，经过多年的建设发展，实验室高科技设备已达到世界先进水平。2011 年 3 月《粤澳合作框架协议》的签订，正式拉开了粤澳两地政府紧密合作的崭新序幕。同年 4 月，根据落实《粤澳合作框架协议》的要求，粤澳合作中医药科技产业园作为共同开发横琴的首个项目正式启动，并于 2011 年 11 月与横琴新区"珠海大横琴投资有限公司"组建"粤澳中医药科技产业园开发有限公司"，负责园区的建设、经营、运作及管理。这些充分说明粤澳科技合作具有一定的动力，并为未来继续加强合作提供了广阔空间，同时澳门由于历史原因具有广泛的国际联系，特别是与欧洲市场的联系，可作为科研产品走向世界的平台。

二、粤港澳大湾区金融科技创新合作新路径

2009 年年初，国务院颁布《珠江三角洲地区改革发展规划纲要（2008—2020 年）》（以下简称《纲要》），《纲要》第一次将粤港澳合作提升到国家发展战略的层面，并且明确提出"重点发展金融业、会展业、物流业、信息服务业、科技服务业、商务服务业、外包服务业、文化创意产业、总部经济和旅游业"，把金融业列为重点发展的十大现代服务业的首位。2017 年 6 月，香港正式加入亚洲基础设施投资银行（简称"亚投行"），标志着香港全面参与国家"一带一路"倡议，同时也开启了粤港澳大湾区金融创新合作新路径。

（一）建立以香港为中心的粤港澳金融核心圈

1. 市场机制和政府法律机制相结合

粤港澳大湾区地理位置特殊，其建设是在两种不同的政治制度中进行的，一方面，形成的"一个国家、两种制度、三个关税区、四个核心城市"的格局，既有"一国两制"下的

---

① 参见周运源《创新发展、深化粤港澳科技合作的再思考》，载《华南师范大学学报》（社会科学版）2017 年第 3 期。

香港特别行政区、澳门特别行政区,又有深圳和珠海两个经济特区,在经济结构模式、法律体系等方面存在较大差异;另一方面,中国(广东)自由贸易试验区南沙新区片区、前海片区和横琴片区,涉及不同制度和文化背景,三个独立关税区在税务管理方面也存在差异。构建以香港为中心的粤港澳金融核心圈,充分发挥市场配置资源决定性机制和政府宏观基础调控机制。首先,政府的宏观调控:建立统一且适合湾区内金融发展的市场准入机制和政策体制,完善相关的法律法规,探索不同法律体系下处理相关事务的统一机制。其次,加强市场机制的建设:不仅加强市场准入机制,还应该有相关市场退出机制为资本的安全退出保驾护航,充分发挥"市场"和"政府"这两只手的协调作用。从国际经济湾区建设经验来看,例如,为解决日本东京湾区国土面积狭小、区域经济发展不均衡问题,日本政府先后制定了五次国土开发政策,引导企业投资方向;而针对20世纪50年代以前东京湾各大港口无序竞争、产业结构混乱等严重乱象,日本政府制定《港湾法》,规范港湾管理,明确各港口职能。[①] 再如美国的两大湾区,一方面,美国纽约湾区和旧金山湾区注重市场自由发展,突出市场在资源配置中起决定性作用,减少市场管制;另一方面,也十分重视法律的规范机制。

2. 大力推动粤港澳金融市场融合

资金融通作为"一带一路"建设的"五通"之一,是推进"一带一路"建设的重要支撑。"一带一路"建设需要建立灵活、有效的金融合作机制,提高资金使用效率,消除制度壁垒对市场的约束,实现区域共赢。深化粤港澳金融合作与创新,应坚持在香港和澳门实行"一国两制"大的体制框架下,充分发挥香港国际金融中心优势,推动三地金融全面深入合作与改革创新,促进三地金融资源充分利用、自由流动,金融产业合理布局联动发展,实现三地资金资本、金融产品、金融机构流通,金融基础设施联通和货币融通,共同打造不同金融体系和监管模式相互融合、优势互补、互连互通的金融市场共同体。推动粤港澳大湾区金融创新合作,建立以香港为龙头,澳门、广州为支点,深圳、东莞、珠海为依托的金融三角洲。以各支点为中心带动澳珠江中城市圈、广肇佛城市圈、深港东惠城市圈,实现以点带圈、再以圈带面,形成粤港澳大湾区金融圈。

香港回归20年以来金融业发展迅速,国际竞争力与全球化影响巨大,现已成为著名的国际金融中心。在粤港澳大湾区各个城市中,香港具有明显的金融龙头优势:一是新股上市集资全球领先。据统计,2016年香港交易所新股上市集资金额总计1948亿港元,超过上海证券交易所1150亿港元和纽约证券交易所1016亿港元。截至2017年5月,香港股市市值达28.54万亿港元。在港2027家上市公司中,内地企业达1019家,占香港股市整体市值的64%、交易额的74.9%。二是银行业资产规模巨大。目前共有194家认可机构,包括156家持牌银行、21家有限制牌照银行、17家接受存款公司。全球前100家大银行中约有七成在香港设有分支机构。2017年3月底,香港银行总资产达21万亿港元,约为香港GDP的8.5倍,居全球主要市场首位。三是基金管理业增幅快速。有国际机构报告指出,香港以6400亿美元的资产规模成为全球第五大、亚洲第一大财富管理中心,其资产在2008—2014年间以146%的增幅位居世界第一。四是离岸人民币交易活跃。其离岸人民币日均交易量从2010年的107亿美元等值,上升至2016年的771亿美元等值,增长幅度高达6.2倍,成为

---

① 参见王旭阳、黄征学《湾区发展:全球经验及对我国的建议》,载《经济研究参考》2017年第24期。

最大离岸人民币交易中心。① 除金融优势以外，香港作为国际航空枢纽，有较强的国际航线（客运和货运）联系，可以通过与深圳的机场和港口的水陆交通联系和海关合作，强化香港全球性金融中心地位。

3. 充分整合利用周边城市金融优势

强大金融基础优势，奠定了香港在粤港澳金融圈的龙头地位，但单一依靠香港自身的金融力量难以将粤港澳金融带向国际化金融前沿中心，需要充分整合利用周边城市金融优势。第一，利用"深港通"加强与深圳的金融业务合作，充分发挥香港交易所主板市场和深券所 A 股市场的联动优势，利用深圳证券所的中小板市场和创业板市场的灵活性加强与香港交易所的市场资源互动与信息资源共享，建立资源信息共享平台，推动深港两地资本市场融合发展。第二，香港金融业可以通过前海、南沙和横琴自贸区建设提供的机遇进入内地，进一步拓展业务发展空间，利用城市圈影响力带动粤北、粤西及粤东金融发展，促进内地金融的改革和开放；同时，广州近年来跨境电子商务迅速发展，其广阔的地域与发展前景吸引各方人才，不仅为金融圈建设提供金融支援服务和金融外包的沃土，还提供金融人才战略支撑。第三，充分利用港珠澳大桥，加强港澳地区的金融信息资讯交流与金融业务合作，以澳门作为跳板，加强与欧洲金融市场的联系，推动粤港澳金融国际化。从国际湾区建设经验来看，国际金融中心的建立都离不开港口群支撑和城市群阵容的支持，且拥有兼容并蓄的开放体系。例如国际著名金融湾区——纽约湾，纽约湾集聚了全球相当数量的金融机构，拥有广阔的消费市场，信息资源丰富，港口贸易链接欧美贸易中心，促进了湾区内经济的发展，流入大量国际资金，从而令纽约湾成为世界著名的"金融湾区"。②

4. 建立粤港澳大湾区金融合作体系

深化粤港澳大湾区金融创新合作需要完善金融体系，建立专门的金融合作平台。首先，在"一国两制"基础上建立适用于粤港澳大湾区的统一区域金融法律和市场准入原则，逐步降低由于制度和政策差异性对金融合作的阻碍，使粤港澳在金融法律、金融市场方面有一个新的突破，逐步形成在粤港澳贸易金融合作下从人民币为统一结算中心的支付系统，简化支付手续。其次，欲加快三地的金融机构合作与金融服务咨询，建议粤、港、澳三地联合成立金融研究责任小组，专门负责粤港澳大湾区的金融研究，同时完善相关的配套设施为三地金融创新合作提供相关服务。最后，粤港澳大湾区金融合作不仅是一个区域合作，粤港澳大湾区金融圈基于我国"一带一路"倡议，作为我国对内对外的金融开放窗口，在经济全球化的背景下必将直面经济危机与金融风险对金融融合发展提出的挑战。建立粤港澳大湾区金融合作体系，建立金融风险监管小组，制订相关的金融风险应急方案，借鉴国际湾区建设中金融监管经验，进一步加强粤港澳金融风险控制与监管合作，有利于促进粤港澳大湾区金融监管一体化。

（二）粤港澳大湾区科技合作新思路

粤港澳大湾区近年来科技合作得到不断的发展，在"一带一路"倡议下推进粤港澳科

---

① 参见朱丽娜《粤港澳大湾区潜力巨大 香港金融优势助推"一带一路"建设》，载《21 世纪经济报道》2017 年 9 月 4 日第 10 版。

② 参见何诚颖、张立超《国际湾区经济建设的主要经验借鉴及横向比较》，载《特区经济》2017 年第 9 期。

技合作一体化，需要在"一国两制"与CEPA的基础上进行，形成"优势互补、互惠互利、可持续"的科技合作模式。

1. 设立粤港澳大湾区科技创新机构与协调机构

要实现粤港澳大湾区科技创新融合发展，需要建立针对粤港澳区域科技研究平台，并成立相关的科技协调委员会。一方面为粤港澳大湾区科技实现全方位、多层次融合发展提供总体规划和相关政策的制定，为粤港澳科技创新融合创造良好的制度环境与市场机制。另一方面通过粤、港、澳三地科技合作，在粤港澳大湾区内建立科技共享基础设施可以减少企业的科技研发成本。

2. 建立粤港澳湾区自由人才流动机制

科技的创新与发展离不开科研人才的培养，新时期引进新的创业创新团队和科研领军人物是重中之重。广东省在"十三五"规划中也提出，要建立和健全柔性人才引进机制，打造粤港澳创新创业人才高地。[1] 广东省背靠内地，经济腹地较广，相对具有科技研发与人才优势，广州、深圳拥有众多高校与科研机构，良好的科技研究创新基础为粤港澳科技合作提供强大的人才支撑。从2016年开始，广东以"人才绿卡"制度为基础，为符合条件的外籍人才及随行家属提供签证居留服务和通关便利措施[2]，除此之外，可考虑科技研究人员技术入股的合作方式。粤、港、澳三地加强人才交流，鼓励粤、港、澳三地各个大学与科研机构的科研专家定期举行学术讨论交流会议，创办科技人才培训机构。广东省利用本省不断完善的科研基础配套设施和创新创业环境吸引内地优秀科研人才，与港澳吸引国际科研人才优势互补，创立粤港澳科技人才合作新机制。粤港澳大湾区在科技发展中可借鉴美国旧金山湾区建设经验，创新人才合作机制，出台高端人才政策，营造吸引海内外人才创业就业的良好环境，鼓励更多的海外人才前来粤港澳大湾区创业就业，建设"科技人才孵化园"，打造湾区"创新人才高地"。

3. 科技促进产业生态化转型与升级

世界经济湾区的建设过程，或多或少都面临过环境污染对经济发展的制约（例如日本水俣病事件、1977年美国拉夫运河事件），且后期治理成本高昂，治理周期长。由于过去珠江三角洲主要是以加工制造业为主，在经济发展的同时也带来了环境污染，特别是湾区内大城市人口密集、空气问题尤为突出。粤港澳大湾区需在发展建设中推进城市绿化带建设，打造湾区生态保护系统，推动湾区产业生态化转型。在科技带动产业升级上，可充分利用深圳的科技研究实力，以及发挥湾区内各高等院校和科研机构的创新能力，借鉴旧金山湾区斯坦福大学首创的"大学—政府—产业"的合作模式[3]，倡导学生走出高校创业，推动产业生态化升级。

---

[1] 参见周运源《创新发展、深化粤港澳科技合作的再思考》，载《华南师范大学学报》（社会科学版）2017年第3期。

[2] 参见周运源《创新发展、深化粤港澳科技合作的再思考》，载《华南师范大学学报》（社会科学版）2017年第3期。

[3] 参见申明浩、杨永聪《国际湾区实践对粤港澳大湾区建设的启示》，载《发展改革理论与实践》2017年第7期。

三、实现以"金融促科技，科技带金融"融合发展新路径

科技产业是高风险、高投入、高收益的行业，科技研究与开发不仅需要人才与技术的支持，还需要强大的资金流，一般企业很难独立进行科学技术研究。金融行业的持续稳定与发展为科学技术创新提供坚实的经济基础，科学技术的创新与发展为金融稳定发展提供技术性支持与指导，对此，特别需加强金融市场监管，最终实现"金融促科技，科技带金融"的双赢。

从世界其他湾区的建设经验来看，区域湾区建设中各个城市虽然各具特色，有着不同的功能定位，但是不可能独立发挥功能作用。粤港澳大湾区金融科技创新融合发展需要发挥粤港澳各自的独特优势，且将这些资源要素整合利用，才能将粤港澳大湾区打造成世界级湾区。粤港澳科学技术创新发展，科研机构的建立，金融科技人才的培训，除了要充分利用政府政策的资金辅助以外，还要利用香港国际化金融中心的身份，其金融优势可为科技创新与融合提供资金保障。除了鼓励港澳地区投资科技产业，还可利用香港融资平台为科技企业引进外资，从而为科技产业融进海外资金提供契机，不仅为科技产业的发展带来丰厚的资金流，还可以将科研产品带入国际市场，形成一个良性的资金循环，推动"一带一路"倡议的实施。粤、港、澳三地可以利用深圳科技研发优势，创建金融技术监管平台，完善粤港澳大湾区金融网络安全，开发金融技术设备，为粤港澳金融稳定与发展提供金融技术支持与基础设备。香港由于地理条件限制，科技研究成果无法自己完全转换为市场产品，可通过东莞发达的制造业转化为科研产品，通过各个自贸区走向国际市场，迅速将科技成果转化为生产力，充分发挥金融科技时代优势，加快高新技术产业发展，以科技推动区域产业升级。

粤港澳大湾区建设中的区域治理体系

官 华 唐晓舟 李 静*

摘 要：粤港澳大湾区建设发展已经上升为国家战略规划，新时代对推进粤港澳大湾区区域治理体系和治理能力现代化提出更高要求。然而现有的研究对粤港澳区域治理的政治现实和理论阐释还不够。本文认为粤港澳大湾区区域治理体系的建设，要正确认识到中央权威和全面管治权的实施是粤港澳大湾区区域治理体系的核心政治保障；要全面准确理解党的十九大报告中新时代坚持"一国两制"对推进粤港澳大湾区建设的新要求，在中央政府的支持和指导下，树立区域共同利益基础上的"互相尊重、合作共赢、协商互动"理念，构筑中央政府和地方政府、政府与市场、市民社会等多主体之间平等、协商、合作、互动的区域治理体系。

关键词：粤港澳大湾区；区域治理

在 2017 年 3 月 5 日召开的十二届全国人大五次会议上，国务院总理李克强提出"研究制定粤港澳大湾区城市群发展规划"，这就在国家层面确立了粤港澳大湾区发展战略。党的十九大报告强调要以粤港澳大湾区建设、粤港澳合作、泛珠三角区域合作等为重点，支持香港、澳门融入国家发展大局。①粤港澳大湾区是由香港、澳门两个特别行政区，以及广东省的广州、珠海等珠三角 9 个城市构成的城市群，不同于国内其他区域的最大特征是在一个国家前提下，香港、澳门实施不同于周边城市的制度安排，从而形成独特的区域治理结构。"一国两制"是前所未有的制度安排，香港、澳门回归祖国后已成功实施了近 20 年，期间经历了亚洲金融风暴、SARS、国际金融危机等多次危机挑战，已经从一种理论到制度，又从制度变成一种生动的政治实践，成为中国特色社会主义制度和国家治理体系的有机组成部分，也是习近平新时代中国特色社会主义思想的重要组成部分，在国家政治制度、央地关系、区域治理等方面都提供了大量的鲜活案例。对粤港澳大湾区区域治理体系的研究，不仅可以丰富我国国家治理体系、区域公共治理的理论，也能更好地落实"一国两制"的方针政策，促进粤港澳大湾区全面加速一体化融合发展，因而具有很高的研究价值。

---

* 官华，1978 年生，男，广东茂名人，广东省中山开放大学校长、北京大学教育学院教育博士专业学位研究生，助理研究员，研究方向为公共管理、教育政策及管理、成人及社区教育；唐晓舟，1982 年生，女，安徽合肥人，广东省中山市技师学院教师，经济师，研究方向为公共管理、人力资源管理、职业教育；李静，1977 年生，女，北京人，国家开放大学学分银行（学习成果认证中心），博士，助理研究员，研究方向为公共管理、远程教育政策、教育管理政策。

① 参见习近平《决胜全面建成小康社会 夺取新时代中国特色社会主义伟大胜利——在中国共产党第十九次全国代表大会上的报告》，http://news.xinhuanet.com/2017-10/27/c_1121867529.htm。

一、粤港澳大湾区区域治理研究综述与理论挑战

我国早期学者对粤港澳区域治理的研究主要集中在经济学领域,对三地经贸合作的历史、发展、前景等进行了分析,提出了加强区域合作、减少制度性障碍等原则性建议。随着粤港澳区域合作从经贸领域拓展到公共交通、卫生医疗、环境治理等领域的全方位合作格局,政治学、公共管理、法学等学科的研究逐步增加,拓展了研究视角和理论广度、深度。

第一,对粤港澳政府间关系的分析。林尚立指出,特别行政区享有的非主权性高度自治权是由国家赋予的,丰富和发展了我国单一制的国家结构形式以及中央和地方间的关系模式。[①] 王振民则指出,"一国两制"使香港、澳门特区政府与内地地方政府的横向府际关系产生了新的变化,特别行政区政府具有联邦制下"邦"的性质,甚至享有比"邦"广泛得多的权力。[②] 陈瑞莲、杨爱平则认为,粤港合作从纵向时间看经历了从"一国同治—两国分治——一国两制"的变化,回归后变成了"一国两制"下交织着中央与地方政府的权力博弈、地方与地方政府间迥异制度安排下的政府间关系。[③] 官华认为,这是一种区域政府间综合实力、经济发展程度、宪制地位、管治权力不对称的"非对称关系"。[④] 杨爱平则称之为新型的"功能性政府间关系"。[⑤]

第二,对粤港澳区域治理结构的分析。王登嵘提倡建立起多中心区域管治体系,进一步加强粤港合作联席会议的组织建设。[⑥] 杨爱平把粤港澳地区的区域治理称为"行政主导的网络治理"结构。[⑦] 毕瑞峰则从合作治理的视角,认为粤港澳之间要充分发挥中央政府的引导作用,建立起长效的合作机制和组织保障,共同实施对粤港澳区域间共同事务的治理。[⑧]

第三,对合作机制和合作领域的实证分析。张紧跟认为,在粤港之间经济发展水平落差缩小后,粤港合作中没有制度一体化的功能性一体化发展就会逐渐遭遇发展的瓶颈。加速推进广东从以往的资金、技术等的引进转变为向香港的制度学习与借鉴,应该成为未来粤港合

[①] 参见林尚立《国内政府间关系》,浙江人民出版社1998年版。
[②] 参见王振民《中央与特别行政区关系——一种法治结构的解析》,清华大学出版社2002年版。
[③] 参见陈瑞莲、杨爱平《论回归前后的粤港澳政府间关系——从集团理论的视角分析》,载《中山大学学报》(社会科学版)2004年第1期。
[④] 参见官华《区域地方政府间的非对称关系研究——以粤港政府合作为例》,载《福建论坛》(人文社会科学版)2011年第12期。
[⑤] 参见杨爱平《回归20年:变化社会中的粤港政府间关系》,载《暨南学报》(哲学社会科学版)2017年第7期。
[⑥] 参见王登嵘《粤港地区区域合作发展分析及区域管治推进策略》,载《现代城市研究》2003年第2期。
[⑦] 参见杨爱平《论一国两制下的区域公共管理——对粤港澳区域治理机制的一项研究》,载《行政》2006年第3期。
[⑧] 参见毕瑞峰《论合作治理视角下的粤港澳合作体系》,载《中共珠海市委党校、珠海市行政学院学报》2010年第4期。

作的新思路。① 龚建文对粤港科技政策差异性②、王玉明对粤港澳环境合作③、蔡佩林等对航运服务合作④、翁毅和范冬萍对旅游服务⑤等具体治理领域的研究，则呈现了粤港澳区域治理的多样性和挑战。

以上研究对"一国两制"下粤港澳区域合作的历史、本质、现实问题等进行了有益的探索。但是研究主题比较分散，静态、综述性研究比较多，对合作必要性、合作项目、合作领域的分析多，对合作理论基础、动态的过程研究、制度差异性的研究分析及作用过程还比较少，对粤港澳区域治理的政治现实理解和理论阐释还不够，在概念上也尚未统一。一方面，"一国两制"下的中央与特别行政区关系、特别行政区与周边区域关系的实践，由于研究的滞后没有得到科学理论的指导；另一方面，理论研究也没有认真概括吸收最新的实践经验材料。这就使得进一步深化对"一国两制"理论，香港、澳门与周边区域关系及制度安排等方面的研究有了重大的理论和实践意义。

"一国两制"的战略思想只提供了一个制度构建的框架，其丰富的内涵还缺乏理论的深入阐释，在具体的制度安排方面也是滞后的。不管是经典的马克思主义政治学，还是西方新兴的历史制度主义、国家主义、区域主义等理论，都未能有效地理解、解释中央与特别行政区、特别行政区与内地省级政府合作过程中不断涌现的新实践、新案例。各方实践者由于缺乏理论指导和制度规范，只能因循历史制度中各自的习惯、理念去行动。例如，慕亚平等指出，从CEPA协议的签订主体上看，《中华人民共和国宪法》（以下简称《宪法》）、两个特别行政区《中华人民共和国香港特别行政区基本法》《中华人民共和国澳门特别行政区基本法》（以下简称《基本法》）、《中华人民共和国地方各级人民代表大会和地方各级人民政府组织法》（以下简称《地方组织法》）并未对港澳特区政府、地方政府是否有权自主缔结跨行政区划的合作协定及相应的缔结程序、法律效力等做出任何规定，导致CEPA协议的法律效力存疑。⑥ 周盛盈也认为目前粤港澳之间大量区域治理项目的合作主要是通过政府间的政策性行政协议来实现，因缺乏法律依据而难以具备法律渊源，无法产生法律效力。⑦

"一国两制"是全新的制度安排，给我国的中央与地方关系、地方与地方关系带来了新的变化。这一变化由于不同制度安排的原因，纵向和横向的府际关系都呈现出复杂多变的特征，又与我国经历了40年改革开放，经济、社会、政治等深刻转型的现实交织在一起，不可避免地被新时代的国家与社会关系，以及国家内部纵向和横向的府际关系所制约，从而产生了新的更大挑战。粤港澳大湾区区域治理是在一个主权国家内，融合两种不同政治体制的

---

① 参见张紧跟《制度学习：拓展粤港合作的新思路》，载《岭南学刊》2010年第2期。
② 参见龚建文《粤港科技政策的差异性及对粤港科技合作的思考》，载《科技管理研究》2008年第5期。
③ 参见王玉明《珠三角城市间环境合作治理机制的构建》，载《广东行政学院学报》2011年第3期。
④ 参见蔡佩林、建军、安平《粤港澳航运服务合作机制研究综述》，载《广州航海学院学报》2015年第2期。
⑤ 参见翁毅、范冬萍《粤港旅游公共服务治理的系统协同机制——基于国家认同的进路》，载《学术研究》2016年第11期。
⑥ 参见慕亚平、叶文飞、周莲《粤港澳金融合作中存在的法律问题思考与建议》，中国国际经济贸易法学研究会暨中国法学会国际经济法学研究会年会，2014年。
⑦ 参见周盛盈《论珠港澳深度合作法律制度的保障》，载《中共珠海市委党校、珠海市行政学院学报》2014年第4期。

区域治理模式，这是世界所有国家或地区的区域公共治理所未实践过的，是对治理理论与实践的创新。① 各个地方政府行为体的政策创新，虽有政治决断力与执行力，但却容易缺乏有大局观和整体性的协调与合作。在顶层设计与执行策略脱节的情况下，中央权威如何体现，对于具体事务上的中央管治权和特别行政区政府、地方政府事权的划分等事项不清晰、没有先例可参考。一方面，社会现实不断对制度建设提出诉求，对中央和粤、港、澳三地政府的行动空间和策略要求越来越高，而制度建设的每一个环节还会受到具有不同出发点的中央部门、地方政府、社会团体等差异化甚至对立的利益制约。另一方面，新的思路、政策等，迫切需要在科学理论的指导下进行深入论证和评估，从而提高决策水平。

新时代对推进粤港澳大湾区区域治理体系和治理能力现代化提出更高要求。经过40年的改革开放和高速发展，中国和粤港澳大湾区的经济格局已经发生了并仍在发生着异常复杂而又急剧的变化。封小云发现，粤、港、澳三地经济合作指标开始呈现明显的退化走势，大珠三角地区的利益格局从原有的互补性结构逐步转向替代性结构，过去的竞争与合作关系开始转变为竞争多于合作。② 张紧跟则指出，泛珠江三角洲的区域合作过分强调了地方政府在区域合作中的主导性功能，合作内容热衷于压力型体制下对短期政绩的追求，只是一种纯粹的区域政府管理。③ 在国际竞争日趋激烈、区域经济一体化浪潮日益强劲的形势下，粤港澳大湾区不同制度下形成的合作难点和深层次的矛盾日渐增多，如何化解难点和不利因素，寻求体制创新和制度创新，在"一国两制"下实现粤港澳大湾区全面加速一体化融合发展进程，成为迫切需要解决的问题。

粤港澳大湾区区域治理已经获得了丰富的有待整理的经验材料。在理论和制度安排滞后的情况下，与香港、澳门地域相连的广东省，由于日益繁多的经济、环保、基础设施等跨域公共事务管理的挑战，经过中央的批准，与香港、澳门分别建立了粤港、粤澳合作联席会议机制，使得区域治理进入了制度化建设的轨道。这其中既有成功的经验，如应对SARS、建设港珠澳大桥等，也有新的复杂问题涌现，如区域环境合作治理、食品安全、公共安全等。但这些具体领域的合作经验还没有形成概括性、操作性的机制与方法，无法被其他地区学习、借鉴。由于这一制度建设努力没有得到科学理论的指导和及时的总结，新时期的政治经济形势却不断变化，粤港澳区域合作尽管走在前面，却因缺乏统一的理论框架和战略思维而日益被动。对粤港澳区域治理生动实践的理论总结和制度思考，有助于区域合作治理机制的建设及经验推广。

二、区域治理理论对粤港澳大湾区治理的启示

欧美国家区域治理的研究主要围绕着区域内政府间如何谋求共同的经济发展的目标，试图通过建立多中心的治理结构促进合作、打破要素流动的障碍。④ 总体上来说，主要有两大

---

① 参见官华《区域地方政府间的非对称关系研究——以粤港政府合作为例》，载《福建论坛》（人文社会科学版）2011年第12期。
② 参见封小云《粤港澳经济合作走势的现实思考》，载《港澳研究》2014年第2期。
③ 参见张紧跟《试论新区域主义视野下的泛珠江三角洲区域合作》，载《武汉大学学报》（哲学社会科学版）2008年第5期。
④ 参见鲍丰彬《我国区域经济合作发展中的政府行为研究》，山东大学博士学位论文，2009年。

视角：经济的和政治的。经济视角的区域治理往往存在一种"政治缺位"现象。① 如"公共选择"提倡以市场机制治理区域，将区域内的各政府视为相互竞争的对手，以期通过政府间的竞争，提供高质量的经济发展环境和基础服务，让市民和企业"用脚投票"。这种市场化的治理模式忽视了正在塑造区域政府间形态的政治选择和人类动因。② 政治视角的研究更多地考虑了区域环境的外在限制，又包括新、旧区域主义流派。早期的旧区域主义主张以官僚体系的政治框架为基础，通过合并政府，拓展行政边界，建立统一的"大都市政府"，以实现区域合作并带动经济发展。③ 不过，对大都市政府的研究表明，同样的官僚体系、思维方式的大都市政府，并没有明显提升区域治理的效果。④ 20世纪90年代兴起的新区域主义认为，单独的政府和非政府组织都没有足够的能力去解决区域性问题⑤，主张以治理主体间的网络（以自愿合作为特征）作为分析框架，强调区域功能整合、政治灵活性和制度机制，要求在区域内建立由政府与广泛社会团体等相关行动者共同参加的互惠、合作、发展性的区域治理网络。⑥ 无论从经济的还是从政治的角度进行的区域治理研究，其目标都是在寻找区域治理的最佳方式。而这种最佳方式和动力机制离不开对区域内政府间关系的审查，因为地方政府的行动直接影响着区域治理的实现，不同类型的府际关系可能导致不同治理主体之间的关系，从而影响区域治理机制。⑦

粤港澳大湾区内的香港、澳门是具有高度自治权的特别行政区，广州、深圳等9个城市尽管同属广东省，但广州是省会城市，深圳、珠海是经济特区，改革开放以来被赋予了不同的管理权力。在经济发展和上级考核的刺激下，省政府和各市政府、各市政府之间，都容易产生利益差异和冲突。一方面，大大小小且数量众多的地方政府都积极寻求自身的独立性与自主性；另一方面，层出不穷的区域性公共问题又不断陷入治理困境。⑧ 粤港澳合作的历史和过程表明，区域治理、区域政府间的合作是复杂的，共同的利益并不必然带来合作。随着粤港澳合作的扩大与深入，粤港澳区域间不同制度下形成的合作难点和深层次的矛盾还会日渐增多。由于"一国两制"的原因，粤港澳之间不可能也并无必要设立实体化的"区域政府"来处理合作事项和解决矛盾冲突，而是要以区域治理的理念，强调发挥政府主导和社会参与的作用，通过建立多元主体平等、协商、互动、共赢、集体行动的合作机制，形成多中心治理、互相尊重、合作协调、相互依存的治理格局，实现对区域性公共问题的协同

---

① Galès P L, "New state space in Western Europe?" *International Journal of Urban & Regional Research* 30, (2006): 717 – 721.

② Feiock R C and Carr J B, "Incentives, Entrepreneurs, and Boundary Change: A Collective Action Framework," *Urban Affairs Review* 36, No. 3 (2001): 382 – 405; Springer, Christine Gibbs, et al. "Structuring the Debate on Consolidation: A Response to Leland and Thurmaier," *Public Administration Review* 66, No. 2 (2006): 274 – 278.

③ Wikstrom and Nelson, *Metropolitan government and governance* (New York: Oxford University Press, 2000).

④ Norris D F, "Whither Metropolitan Governance? *Urban Affairs Review* 36. (2001): 532 – 550.

⑤ 参见张紧跟《试论新区域主义视野下的泛珠江三角洲区域合作》，载《武汉大学学报》（哲学社会科学版）2008年第5期。

⑥ 参见殷为华《新区域主义理论——中国区域规划新视角》，东南大学出版社2013年版，第2页。

⑦ 参见张紧跟《当代中国政府间关系导论》，社会科学文献出版社2009年版。

⑧ 参见张紧跟《试论新区域主义视野下的泛珠江三角洲区域合作》，载《武汉大学学报》（哲学社会科学版）2008年第5期。

治理。

值得注意的是，欧美国家区域治理研究更多地关注横向政府间的行为，而对区域治理中的纵向——中央—地方关系关注不够。尽管也有研究指出，州和联邦政府也可能以不同方式影响着地方政府的合作。联邦政府通过资助提供了地方政府财政激励，州政府则通过管制鼓励（和反对）地方政府合作[1]，越依赖州和联邦政府资助金的城市，采用政府间合作的可能性越大。[2] 但这些研究仍然偏重于案例研究，对于纵向府际关系结构、上一级政府如何作用和影响区域治理现实的理论阐释还比较少。在中国这样一个具有中央集权传统的单一制国家，纵向政府间权力配置在区域治理中具有决定性意义，纵向维度的权力配置过程决定着横向维度的权力配置的实现程度和演进过程。[3] 单一制国家结构下地方政府自主性较弱，地方治理制度选择的难度较大，区域治理的实现首先依赖于中央的分权。而联邦制下，事权、财权等在各层级政府间的分配关系比较清晰，受宪法和法律保障，地方政府间自发的协作更容易实现。[4] 因此，根植于西方国家的区域治理理论和模式，在与我国的现实对接时需要注意不同的政治制度、文化传统等方面的差异性。

因此，尽管欧美治理理论强调"多中心"，但在我国区域治理体系中，由于政府权威的强制性，地方政府仍然是主要的组织者、执行者，中央政府则发挥着制度保障、指导支持、仲裁协调等方面的作用，各方主体的权威和作用是不同的。这一认识对粤港澳大湾区治理尤为重要。粤港澳大湾区区域治理机制的发展和创新，必须吸收欧美国家和我国区域治理的理论精华，探索新时代下区域治理理论的创新和治理实践，更好地为区域共同繁荣发展服务。

三、粤港澳大湾区区域治理中中央权威的作用

"一国两制"是单一制下纵向府际关系的一种创新，是前所未有的伟大设想和伟大事业，难免会遇到各种问题和挑战，特别是"一国"原则如何体现，管治权力和实施路径、区域政府间关系等问题仍然存在不少模糊之处。2014年6月，国务院新闻办发表的《"一国两制"在香港特别行政区的实践》白皮书明确指出："中央拥有对香港特别行政区的全面管治权。"[5] 习近平总书记在庆祝香港回归祖国20周年大会讲话中指出："必须牢固树立'一国'意识，坚守'一国'原则，正确处理特别行政区和中央的关系。"[6] 这就在全面总结"一国两制"实践的基础上，阐明和澄清了在涉及"一国"与"两制"关系、中央与特别行政区关系方面的一些模糊认识，划出了不可触碰的底线，为确保"一国两制"在香港的

---

[1] 参见理查德·C. 菲沃克主编《大都市治理——冲突、竞争与合作》，许源源、江胜珍译，重庆大学出版社2012年版。

[2] Morgan D R and Hirlinger M W, "Intergovernmental Service Contracts A Multivariate Explanation," *Urban Affairs Review* 27. No. 27（1991）：128-144.

[3] 参见任维德、乔德中《当代中国区域治理的政治生态分析》，载《内蒙古社会科学》（汉文版）2010年第9期。

[4] 参见孙柏瑛《当代地方治理——面向21世纪的挑战》，中国人民大学出版社2004年版。

[5] 国务院新闻办公室：《"一国两制"在香港特别行政区的实践》白皮书，载《人民日报》2014年6月11日第13、14、15版。

[6] 习近平：《在庆祝香港回归祖国20周年大会暨香港特别行政区第五届政府就职典礼上的讲话》，载《人民日报》2017年7月2日第2版。

实践始终沿着正确轨道前进提供了强大的政治保障。①

（一）中央政府的权威有助于克服合作障碍

1. 中央高度重视和大力支持粤港澳合作，为粤港澳合作顺利开展提供了政治保障

在区域治理中，中央政府一般不直接参与，只是通过制定各种法律法规构建区域治理的制度环境，来规范各主体的行为。但是在某些具有战略意义的区域中，中央政府也可能会通过政策或资源上的支持直接参与到区域治理过程中。粤港澳合作是保持和促进香港、澳门繁荣稳定的重要保障，中央一直高度重视和支持三地的合作。特别是港澳相继回归祖国后，中央顺应三地合作的需求，不仅正式批准建立了三地政府间的合作机制，而且先后通过CEPA协议、《珠江三角洲地区改革发展规划纲要（2008—2020）》《粤港合作框架协议》《粤澳合作框架协议》《深化粤港澳合作 推进大湾区建设框架协议》等一系列支持政策推动三地合作深入发展。实践证明，"一国两制"是粤港澳合作发展的一个重要优势，中央的重视和支持是粤港澳合作得以顺利进行的政治保障，也是不断克服体制差异带来的障碍、不断深化改革发展的强大政治动力。

2. 中央政府正式批准了区域政府间合作机制，为粤港澳合作提供了制度环境

政府合作机制的建立是政府合作有序运行的重要保障。由于粤、港、澳三地分别实施不同的制度，很多具体问题都涉及政治和政策，因此需要中央的支持和指导，更需要中央的授权和批准。在中央的正式授权和批准下建立的粤港、粤澳合作联席制度，以及CEPA等系列支持政策措施，促使三地政府建立长期的、高度互信的、稳定的合作机制，使得各方在面对问题和冲突的时候，能够首先通过合作的方式来解决，为区域利益冲突和公共事务合作提供了稳定的解决途径，以及在合作过程中保持总体方向基本一致的基础上，根据各自实际情况，对政策、落实措施、进度等采取灵活措施。这不是对合作制度的否定，而是合作制度的原则和框架的具体体现，有利于合作制度的持续和稳定。

3. 中央在粤港澳合作陷入困难时，通过各种手段促进合作的开展

杨龙指出，在激励地方合作方面，中央政府可以利用的手段大体上有三种：政策诱导、资金支持和行政命令。② 以港珠澳大桥为例，作为一项大型跨界基础设施的决策和兴建，并不仅仅是要不要建、走向和融资等问题那么简单，不仅需要三地的精诚合作，还牵涉到"一国两制"下粤、港、澳三地的宪制安排等问题，大桥的通关设施和制度安排、司法管辖权、车辆配额等问题都需要中央的授权和裁定。在港珠澳大桥的决策过程中，中央政府迅速成立了港珠澳大桥前期工作协调小组，启动了前期工作，使各方对兴建大桥形成共识；在粤、港、澳三方陷入分歧困境时，通过多方调研、协调，促使各方解决分歧。正是中央的高度重视和大力支持，适时推出各种支持粤港澳合作和港珠澳大桥建设的措施，才能使得大桥在6年内解决了从课题研究、决策、走向、专项研究、融资困境等多重困难，最终在2009年12月开工建设。

---

① 参见张晓明《习近平在港一系列重要讲话意义重大》，http://www.chinanews.com/gn/2017/07-01/8266597.shtml。

② 参见杨龙《地方政府合作的动力、过程与机制》，载《中国行政管理》2008年第7期。

（二）中央政府权威的局限性

1. 宪制地位的不对称，使得合作利益可能偏向于港澳特别行政区

由于港澳特别行政区的特殊性，使得粤港澳合作带有较强的政治色彩，也就是说，中央的调控更多的是考虑国家的总体利益，更多地从维护香港、澳门的长期繁荣稳定出发，在协调和仲裁时容易做出有利于香港、澳门的决定，从而改变合作关系的走向和结果。一方面容易使香港、澳门的强势地位更加巩固，而弱势一方广东的合作预期就要更加降低。另一方面，由于中央政府要从国家整体利益来考虑问题，不会一直支持强势一方，有可能采取一种有选择的支持行动，从而纠正本来偏颇的倾向。而弱势一方也可以利用某一方面利益的退让，来争取一定的利益补偿。这一预期增强了合作的积极性，有利于维护合作的持续进行。

2. 缺乏创新性

粤、港、澳三地特别是香港、澳门特别行政区的特殊性，决定了粤港澳合作在很大程度上是一种授权性合作，也就是三地的合作必须经过上级中央政府的认可，而很难称得上自主性合作。授权性合作往往导致两个方面的问题：一是因为合作的主体缺乏足够的自主权，导致其在合作方式方面的创新缺乏动力；二是合作主体在上级权力的约束下缺乏解决问题的实质性权力。由于体制差异的原因，粤港澳许多合作领域涉及的是国家权力、法律法规和政策安排，三地都无权轻易做出改革创新，久而久之，就容易造成政府间合作方式的模式化。例如，CEPA 及其补充协议，尽管也允许"先行先试"进行制度创新，但涉及中央权力的，全部要由国家有关部门授权。这是一个中央放权的过程，同时也是一个争取政策的过程，粤、港、澳三地每年都要花费大量的时间精力去与中央有关部门沟通，大大增加了合作成本。

3. 缺乏法律保障

一直以来，我国现行《宪法》以及"地方组织法"只有对地方政府在"本区域"内的组织机构和权力的规定，而对跨区域的事务、横向政府间关系等都没有明确的规定，地方政府间合作关系的发展、各方权利及义务等都难以找到相关的法律依据，也就不能给粤港澳大湾区的治理提供一个科学有效的制度框架和法律保障。同时，中央和香港、澳门的权力划分有《宪法》和"基本法"的保障，但中央政府和广东省政府之间却无明确的法律法规界定权力范围。这将对粤港澳政府间的合作行为带来四个难题：首先，粤港澳政府的合作权限归中央政府所有，合作的权力有被剥夺的危险；其次，粤港澳政府会忽视同级政府之间的合作，而竭力寻求上级政府的倾斜性待遇；再次，粤、港、澳三地宪制地位不对称，香港、澳门具有有保障的地方自治权力，广东省却缺乏有保障的自主权力，有些事项无法自主而影响合作进行；最后，香港、澳门不清楚哪些事项广东省可以自主决定，哪些需要中央决策或授权，从而增加沟通合作的成本。

四、新时代创新粤港澳大湾区区域治理体系的思路

党的十九大报告指出："要支持香港、澳门融入国家发展大局，以粤港澳大湾区建设、粤港澳合作、泛珠三角区域合作等为重点，全面推进内地同香港、澳门互利合作，制定完善便利香港、澳门居民在内地发展的政策措施。"这就为新时代在"一国两制"框架下，进一步探索科学合理的制度安排，为加强港澳与内地、粤港澳大湾区的全方位合作指明了方向。粤港澳合作的广度、深度、稳定性都是国内其他区域合作少见的，特别是在区域公共事务日

益增多、合作需求日益强烈的趋势下，各方必须树立区域共同利益基础上的"互相尊重、合作共赢、协商互动"理念，在中央政府的支持和指导下，构筑中央政府和地方政府、政府与市场、市民与社会等多主体之间平等、协商、合作、互动的区域治理体系。

(一) 全面准确理解新时代坚持"一国两制"下推进粤港澳大湾区建设的新要求

习近平总书记在党的十九大报告中把粤港澳大湾区建设作为"坚持'一国两制'和推进祖国统一"的重要抓手，表明粤港澳大湾区建设是习近平新时代中国特色社会主义思想的重要内容，也是全面建成社会主义现代化强国、实现中华民族伟大复兴宏伟目标的应有之义。"支持"是党中央对粤港澳大湾区建设的具体要求，强调内地尤其是广东省要增强政治意识、大局意识，继续为香港、澳门的长期稳定繁荣创造条件，表明了中央坚定支持港澳发展、保持港澳长期繁荣稳定的决心和鼎力支持。"融入"则是党中央对港澳特别行政区的殷切期望，强调"港澳的命运与祖国的命运从来都是紧密相连，在中华民族伟大复兴的伟业中，港澳同胞不仅可继续分享祖国强盛带来的成果和荣光，而且理应增强共担共享的意识，承担作为国家公民和民族一分子的责任，为全面建设社会主义现代化强国继续贡献智慧和力量，共同为实现中华民族复兴的伟业增光添彩"①。全面推进内地同香港、澳门互利合作，是粤港澳大湾区建设必须坚持的原则和方法，因而港澳与内地的合作领域能够进一步扩大、合作层次能够进一步提升、合作机制能够进一步创新，合作的稳定性和持续性也因而有了更强有力的保障。制定完善便利香港、澳门居民在内地发展的政策措施，进一步强调中央将为港澳发挥自身优势、与内地实现共同发展完善顶层设计和制度保障，为新时代坚持"一国两制"基本方略注入源头活水。粤港澳大湾区各方要坚定对国家、对党中央、对中华民族伟大复兴的信心和责任意识，顺应历史大势，共担民族大义，努力在促进中华民族伟大复兴的光辉事业中做出更大贡献。

(二) 坚持中央权威的"全面管治权"和领导地位

坚持中央的"全面管治权"是"一国两制"下粤港澳大湾区区域治理的核心政治保障，中央对三地政府间的合作起着决定性和指导性的领导作用。由于宪制安排和管治权力差异，粤港澳大湾区治理必须要加入中央政府这个权威来确保合作的方向，中央政府对三地合作进行指导、授权和裁决，确保合作不偏离"一国"轨道，粤、港、澳三地在中央权威的框架内来谋取互利合作共赢。在三地合作利益冲突无法妥协时，中央政府还可以作为超脱于地区利益争端的仲裁者，保障各方能够在合作机制内解决争端。特别是在不同的体制安排下，区域主体一方面会"各自为政"，另一方面也可能会选择回避制度差异的方式，优先选择同一体制环境下的合作方式，例如在港珠澳大桥的案例中，澳门愿意与香港合作兴建港澳大桥，广东提出在深圳和珠海、中山之间分别兴建深珠隧道及深中通道，其结果就是以局部的合作代替区域整体合作。要避免这种情况的出现，就需要在中央政府的指导和支持下，学习国内外成熟的区域治理模式，加强对粤港澳大湾区治理规律的研究，建立长期、高度互信、稳定的治理机制，使得各方在面对问题和冲突的时候，能够首先通过合作的方式来解决，为区域治理的实现提供稳定的解决途径。

---

① 张晓明：《读懂十九大报告港澳篇需把握好5个关键词》，http://www.china.com.cn/19da/2017-10/27/content_41804435.htm。

（三）坚持完善"两制"下的区域治理制度保障

习近平总书记指出："要把坚持'一国'原则和尊重'两制'差异、维护中央权力和保障香港特别行政区高度自治权、发挥祖国内地坚强后盾作用和提高香港自身竞争力有机结合起来，任何时候都不能偏废。"[①] 粤港澳大湾区建设具有内地先发地区与资本主义发达地区合作的特征，不仅是一个相互合作的过程，也是一个相互学习、融合发展的过程。粤港澳合作的现实基础，不仅是政治制度安排和经济社会发展水平的差异，也是三地市场化程度、经济社会管理权力、管理体制、国际化程度等因素的差异，不仅需要地区层面，更需要国家层面的制度创新、需要全方位的大胆突破，需要时间去磨合三地的制度、社会与文化、观念等多方面的差异，更需要中央的支持和指导，从而通过区域层面的制度创新为国家层面的制度创新提供可靠、可行的经验。因此，粤港澳大湾区要充分发挥港澳优势，一方面推动广东省在转变政府职能、简政放权、建设人民满意的服务型政府等方面大胆改革创新；另一方面学习港澳地区及国际上成熟的市场运作、监督管理等方面的经验，在深化改革与制度创新方面"先行先试"。

（四）树立互利共赢的合作治理理念，创新区域治理体系

粤港澳区域已形成产品、贸易、资金、文化、人缘等方面互相融合的局面，区域公共问题、公共事务不断涌现，也难免有区域竞争等具有行政色彩的利益博弈。如果将治理的希望全部寄托于中央政府，不仅有成本高、信息失真、时间滞后等种种问题，中央政府也无法在本已繁重的工作日程上再抽出时间来一一处理。由于粤港澳区域的特殊性，中央政府对粤港澳合作的指导和支持是政治动力，必须建立中央政府、香港和澳门特别行政区政府、广东省政府四方之间权力分享、责任分担、协同治理的合作关系。一方面，中央政府要为粤港澳合作创造良好的制度环境和法律保障，并在必需时做出协调，促使三地突破非对称府际关系带来的制度性障碍加强合作；另一方面，粤、港、澳三地要树立互利共赢的理念，高度认识彼此的共同利益，树立区域共同利益基础上的"互相尊重、合作共赢、协商互动"理念，以平等、尊重、协商、合作、信任的态度，通过构建区域协同治理体系来解决进程中遇到的问题。同时，要充分尊重并切实保障社会民间组织、市场中介组织、企业、私人等非政府组织的参与权利，积极鼓励三地利益相关群体的沟通互动，在决策过程中要多方面听取社会的意见，构筑政府与市场、市民社会之间平等、协商、合作、互动的区域治理体系。

[①] 习近平：《在庆祝香港回归祖国 20 周年大会暨香港特别行政区第五届政府就职典礼上的讲话》，载《人民日报》2017 年 7 月 2 日第 2 版。

粤港澳大湾区融入国家"一带一路"倡议的实施路径

刘慧琼[*]

摘 要：粤港澳大湾区融入国家"一带一路"倡议需进行正确的角色定位。大湾区的未来发展谋划包括六个方面，其发展关键是最大限度推进人流、物流、资金流和信息流畅通。粤港澳大湾区融入国家"一带一路"倡议的实施路径可从三方面进行。

关键词：粤港澳大湾区；一带一路；实施路径

湾区一般指的是围绕沿海口岸分布的众多海港和城镇所构成的港口群和城镇群，由此衍生的经济效应被称为"湾区经济"，湾区经济是一种外向型经济。世界三大湾区为旧金山湾区、东京湾区、纽约湾区。

粤港澳大湾区是指由广州、深圳、珠海、佛山、惠州、东莞、中山、江门、肇庆9市和香港、澳门两个特别行政区形成的城市群。这个位于中国东南沿海的湾区，是与海上丝绸之路沿海国家、沿线国家海上往来距离最近的发达区域，也是全球最密集的港口群。粤港澳大湾区将成为继纽约湾区、旧金山湾区、东京湾区之后的全球第四大湾区。

2017年3月5日，作为"一带一路"倡议龙头，粤港澳大湾区首次亮相于《2017年国务院政府工作报告》中，这意味着打造粤港澳大湾区，推动珠三角加快建设世界级城市群的规划已上升到国家层面，在未来的蓝图中，粤港澳大湾区将被建设成全球创新发展高地，也将成为全球经济最具活力的区域。

粤港澳大湾区规划是"一带一路"倡议的具体落实手段之一，扎实的经济基础、强劲的经济增长能力，以及海上丝绸之路战略要冲地位，使其不仅成为"一带一路"重要枢纽和核心发力点，也为粤港澳大湾区借势起飞提供了前提条件。

一、粤港澳大湾区融入国家"一带一路"倡议的角色定位

（一）以深化港澳与内地融合促进港澳长期繁荣稳定，确保"一国两制"基本国策

《2017年国务院政府工作报告》在提及"粤港澳大湾区"之前，谈及"继续全面准确贯彻'一国两制'、'港人治港'、'澳人治澳'、高度自治的方针，严格依照宪法和基本法办事，确保'一国两制'在香港、澳门实践不动摇、不走样、不变形。全力支持香港、澳

---

[*] 刘慧琼，女，1977年生，江西于都人。中共广东省委党校（广东行政学院）行政学教研部（系）教授，主要从事行政管理研究。

门特别行政区行政长官和政府依法施政，发展经济、改善民生、推进民主、促进和谐"。"港独是没有出路的"。在改革开放初期，香港、澳门凭借其产业、技术、资金等优势，引领内地特别是珠三角发展，但随着内地改革开放深入推进、经济快速发展，香港、澳门地位相对下降，特别是近几年经济持续低迷，亟须内地带动。

（二）打造国际一流湾区和世界级城市群，带动泛珠三角区域发展，形成北中南区域经济发展新格局

京津冀、长江三角洲和珠江三角洲城市群是我国经济最具活力、开放程度最高、创新能力最强、吸纳外来人口最多的地区。《国家新型城镇化规划（2014—2020）》和国家"十三五"规划都明确要求将上述3个区域建设成世界级城市群。当前，我国区域发展以"一带一路"建设、京津冀协同发展、长江经济带发展三大战略为引领，京津冀规划建设雄安新区，长三角城市群为长江经济带龙头，珠三角政策却有所缺位。建设粤港澳大湾区则可提高珠三角城市群的战略地位，带动泛珠三角区域发展，形成北中南区域经济发展新格局。2016年3月，国务院《关于深化泛珠三角区域合作的指导意见》要求，构建以粤港澳大湾区为龙头，以珠江—西江经济带为腹地，带动中南、西南地区发展，辐射东南亚、南亚的重要经济支撑带（江西、湖南、四川、贵州、云南五省既属于长江经济带，也属于泛珠三角区域）。

（三）助力"一带一路"倡议，建设高水平参与国际经济合作的新平台，探索建立高标准贸易规则，引领对外开放

粤港澳大湾区是海上丝绸之路的起点之一，具有港口等区位优势，是侨乡、英语和葡语三大文化的纽带，是连接21世纪海上丝绸之路沿线国家的重要桥梁。建设粤港澳大湾区，有利于整合发挥其港口、金融、贸易、制造业等优势，推进"一带一路"与对外开放倡议实施。并且，粤港澳大湾区将凭借"一国两制"的制度优势，寻求制度创新，制定一些新规则，率先在大湾区内部试用，再推广到全球，影响国际贸易规则制定。从"大珠三角"到"粤港澳大湾区"，尽管仍是广东9市加港澳2个特别行政区，但并非"新瓶装旧酒"。传统的大珠三角概念是以珠江下游的三角洲为基础形成的城市群，而对"湾区"的强调，意味着更强调外向型特征，旨在全球经济中发挥引领作用。

二、粤港澳大湾区融入国家"一带一路"倡议的目标方向

（一）粤港澳大湾区的未来发展谋划

可从六个方面重点谋划粤港澳大湾区的未来发展：一是加强基础设施互联互通，形成与区域经济社会发展相适应的基础设施体系，重点共建"一中心三网"，形成辐射国内外的综合交通体系（其中，"一中心"是指世界级国际航运物流中心，"三网"是指多向通道网、海空航线网、快速公交网，形成辐射国内外的综合交通体系）。二是打造全球创新高地，合作打造全球科技创新平台，构建开放型创新体系，完善创新合作体制机制，建设粤港澳大湾区创新共同体，逐步发展成全球重要科技产业创新中心。三是携手构建"一带一路"开放新格局，深化与沿线国家基础设施互联互通及经贸合作，深入推进粤港澳服务贸易自由化，打造CEPA升级版。四是培育利益共享的产业价值链，加快向全球价值链高端迈进的步伐，打造具有国际竞争力的现代产业先导区。加快推动制造业转型升级，重点培育发展新一代信

息技术、生物技术、高端装备、新材料、节能环保、新能源汽车等战略新兴产业集群。五是共建金融核心圈，推动粤港澳金融竞合有序、协同发展，培育金融合作新平台，扩大内地与港澳金融市场要素双向开放与联通，打造引领泛珠、辐射东南亚、服务于"一带一路"的金融枢纽，形成以香港为龙头，以广州、深圳、澳门、珠海为依托，以南沙、前海和横琴为节点的大湾区金融核心圈。六是共建大湾区优质生活圈，以改善社会民生为重点，打造国际化教育高地，完善就业创业服务体系，促进文化繁荣发展，共建健康湾区，推进社会协同治理，把粤港澳大湾区建成绿色、宜居、宜业、宜游的世界级城市群。

（二）粤港澳大湾区的发展关键

粤港澳大湾区的发展是在"一个国家、两种制度、三个关税区、四个核心城市"背景下深化合作，既有体制叠加优势，也亟待推进体制机制改革，以最大限度推进人流、物流、资金流、信息流畅通，这是粤港澳大湾区发展的关键。在大湾区内部，不仅存在"一国两制"方针下的香港和澳门两个特别行政区、自由港，还有深圳、珠海两个经济特区，南沙、前海蛇口和横琴3个自由贸易试验区，以及广州、深圳、香港、澳门4个核心城市。特别行政区和自由港、经济特区、自由贸易试验区等叠加是体制优势，但也使深化合作亟待体制机制创新。

自2003年以来，虽然在关于建立更紧密经贸关系的安排（CEPA）及其10个补充协议的框架下，粤、港、澳三地在经贸、技术、金融等方面开展的深度合作交流取得了明显进展，但在推动市场要素有序流动方面仍存在诸多问题亟待突破。未来粤港澳大湾区深化合作涉及产业布局、土地利用、信息互通、资源共享、交通能源等，如何在不同的制度与城市之间，最大限度地让人流、物流、资金流、信息流真正高效便捷地流通，是粤港澳大湾区发展面临的主要难题。并且，由于经济体量相当，广州、深圳、香港的"龙头"之争可能也将成为粤港澳大湾区未来发展如何实现优势互补、避免恶性竞争面临的一个问题。

未来有望参照京津冀、长江经济带，在中央层面成立粤港澳大湾区工作领导小组推进发展。当前，粤港澳高层沟通机制是一年一度的"粤港合作联席会议""粤澳合作联席会议"，分别从1998年、2003年开始运行，由粤港、粤澳两地行政首长共同主持，进行贸易、经济、基建、运输、道路、海关旅客等事务的协调，其下会根据项目需要设专责小组。随着粤港澳大湾区发展上升为国家战略，对协调机制、改革权限的更高层需求被提出。对比京津冀、长江经济带，中央分别成立了京津冀协同发展领导小组、推动长江经济带发展领导小组，均由中央政治局常委、国务院副总理张高丽担任组长。在粤港澳大湾区方面，未来有望从中央层面成立一个工作领导小组，由相关部委和粤港澳各方组成，统筹研究解决大湾区合作发展重大问题。在省市层面，也有望建立固定联系机制，三地行政首脑和有关部门负责人参加。

（三）粤港澳大湾区的发展亮点

粤港澳大湾区除了经济实力卓著之外，更拥有众多先天条件，全面服务于"一带一路"、并成为"一带一路"倡议贯彻实施中的亮点。

首先是港口。在全球集装箱吞吐量前十的大港口中，粤港澳大湾区就占有三个席位，其中，深圳港以2411万标箱名列第三，仅列于上海港、新加坡港之后；另外，香港港和广州港分别以1963万标箱、1858万标箱，分列全球第5、第7位。这是粤港澳大湾区成为中国"一带一路"倡议中"21世纪海上丝绸之路"门户的前提和保障。在这片区域，另有虎门港、珠海港、惠州港、澳门港等众多百万级标箱吞吐量的港口。

社会在发展，海上丝绸之路的出行方式也不仅仅是海运，还包括航空等手段，更是如虎添翼。根据日前发布的《广东省综合交通运输体系发展"十三五"规划》，广东将重点打造"5+4"骨干机场，加快建设珠三角世界级机场群，包括广州白云机场、深圳宝安机场、珠海金湾机场、惠州机场、珠三角新干线机场等，均坐落于粤港澳大湾区规划范围之内。这还不包括香港国际机场、澳门国际机场。香港国际机场旅客吞吐量7050万人次，广州和深圳分别是5978万人次、4197万人次。2016年，香港国际机场旅客吞吐量排名全球第8位，广州第16位，深圳名列第40位，均具有较大的提升空间。深圳机场，T4航站楼和第三跑道规划已出，建成后有机会携手香港、广州一同名列全球机场前列。

深圳作为粤港澳大湾区核心城市之一，在参与"一带一路"建设方面承担了应尽的职能，在联通世界方面，发挥出世界级海港城市优势，打造立体化交通网络，积极衔接"一带一路"沿线国家和地区，取得了显著成绩。2014年，《深圳市人民政府工作报告》就提出"加强与东盟国家基础设施建设互联互通，吸引国际合作机构落户，鼓励企业到东盟国家投资，打造21世纪海上丝绸之路枢纽城市"。并历时半年调研国内外知名港口，完成《国家战略，深圳行动——深圳打造21世纪海上丝绸之路枢纽城市策略研究及行动方案》，争取将深圳打造成一个具有国际影响力的交通物流枢纽、国际商贸枢纽、金融服务枢纽、合作交流枢纽、人才集溢枢纽。比如，深圳积极参与沿线港口建设运营管理，启动建设招商局全球港口运营管理中心，推动招商局在全球布局港口网络，其范围涵盖18个国家和地区共计47个港口；盐田港集团参与开发马六甲皇京港深水补给码头等。同时，在加密与沿线城市航班航线方面，深圳抢抓成为国际航空枢纽的机遇，新开至悉尼、迪拜、雅加达等12条国际航线，加密至曼谷等7条东亚、东南亚航线，与东南亚通航城市达到12个，努力打造"4小时"航空圈。

据最新报道，深圳在"一带一路"沿线国家和地区开展的工程承包业务在全国占有重要份额。2016年，其在沿线国家地区中的38个国家有承包工程项目，在全国"一带一路"工程承包营业额占比超过10%。深圳已有137个项目布局于38个"一带一路"沿线国家，集中于信息通讯、能源电力、专用机械等产业高端领域。仅2016年，深圳就在"一带一路"沿线设立企业及机构69家，同比增长4.55%，协议投资总额23.97亿美元，同比增长32.87%。

以《深圳市落实"一带一路"倡议经贸合作工作方案》为指引，深圳正以东盟经济带为重点核心区，以南太平洋经济带为潜力区布局91个经贸合作项目，"一带一路"的经贸窗口效应凸显。

依托粤港澳大湾区，深圳正以交通互联、经贸合作、人文交流为重点，着力打造"21世纪海上丝绸之路"枢纽，努力在"一带一路"建设中形成全方位、多层次合作新格局。随着深圳经济影响力越来越强，在粤港澳大湾区中的地位也将稳步提升，在"一带一路"倡议中还将发挥更大作用。

三、粤港澳大湾区融入国家"一带一路"倡议的实施路径

粤港澳大湾区融入国家"一带一路"倡议的实施路径可从以下三方面进行。

（一）打造辐射国内外综合交通体系，利好港口机场轨道交通公路

广东省综合交通运输"十三五"规划要求，到2020年，交通基础设施总体达到国内领先、世界先进水平，基本建成覆盖全省、辐射泛珠、服务全国、联通世界的现代化综合交通运输体系，国际综合交通门户地位基本确立，实现"12312"交通圈，即广州与珠三角各市1小时通达，珠三角与粤东西北各市陆路2小时通达、与周边省会城市陆路3小时通达，广东与全球主要城市12小时通达。广东省发改委建议，重点共建"一中心三网"，形成辐射国内外的综合交通体系。其中，"一中心"是指世界级国际航运物流中心，"三网"是指多向通道网、海空航线网、快速公交网。未来，大湾区港口、机场等交运资源有望整合，形成合力，并受益于进一步区内外畅通的人流、物流等。

（二）加强基础设施互联互通，是深化合作发展的基础

谋划粤港澳大湾区发展的六大思路第一条即为"加强基础设施互联互通，形成与区域经济社会发展相适应的基础设施体系"。港珠澳大桥2018年将建成通车；虎门二桥将于2019年建成；深中通道实体施工现已启动，预计2024年建成；粤港澳大湾区未来将坐拥四条大通道（加上已建成的虎门大桥）；广深港高速铁路也将在2018年完工。虽然粤港澳大湾区基础设施相对完善，但区域内部发展仍差距较大，与内外联系仍有待加强。根据《中山日报》5月3日消息，仅中山一地未来6年将投入1400亿元布局交通版图。

（三）增强地产受益经济融合发展，形成人口向大都市圈集聚态势

随着未来粤港澳大湾区规划和政策落地，湾区经济有望进一步融合发展，经济地位进一步提升。并且，发达经济体人口迁移及城市化发展经验表明，在城市化中后期，人口迁移将由之前从农村到一、二、三、四线城市迁移的齐增转为向一、二线大都市圈迁移的分化。

在粤港澳大湾区内部，珠江口东西两岸长期"东强西弱"，珠海等珠江口西岸城市人口集聚不够。珠海土地面积1724平方千米，2016年常住人口仅167.5万人，人口密度仅972人/平方千米，远低于深圳的5964人/平方千米。随着粤港澳大湾区基础设施互联互通，珠海等西岸城市人口有望快速增长。而在珠江口东岸，深圳作为经济特区有可能获得改革综合授权、先行先试，在经济增长带动下延续近几年人口快速增长态势。

基于DEA和Malmquist模型的粤港澳大湾区城市效率研究

王海飞*

摘　要：选取土地、资本、劳动、信息技术等4项作为投入指标，选取地区生产总值作为产出指标，利用DEA模型和Malmquist指数，对2011年、2013年和2015年粤港澳大湾区11个城市效率及其变化进行分析。通过研究发现：①作为我国经济发达地区的粤港澳大湾区综合效率水平一般，只有广州、佛山、香港、澳门等少数城市达到了综合效率最优，而决定综合效率最优的主要因素是规模效率。②从板块分类看，三大板块中，"广佛肇"板块综合效率高于"深莞惠港"板块和"江中珠澳"板块；从城市规模来看，城市效率与城市人口规模之间并不存在明显的相关性。③从变化趋势看，城市综合效率和生产率变化指数呈现弱衰减态势，影响综合效率变化和生产率变化的主要因素是规模效率的变化。④深莞惠港区域的城市综合效率下降最明显，除中等城市以外，特大城市和大城市综合效率均呈下降趋势。

关键词：DEA；Malmquist指数；城市效率；粤港澳大湾区

城市作为生产要素的集聚中心，其发展水平不仅仅反映城市投入与产出的规模、人口的增长，同时还包括城市发展的效率与质量。在经济全球化背景下，城市的竞争加剧，城市发展效率问题引起了人们广泛的关注。目前，学术界对效率的研究有参数法和非参数法两类，前者主要有前沿分析法（SFA）、自由分布方法（DFA）、厚前沿分析法（TFA），后者主要有数据包络分析法（DEA）、指数分析法（IN）、无界分析法（FDH）、随机前沿分析法（SFA）、混合最优策略法（MOS）。查恩斯认为，DEA模型特别适合城市系统效率评价。①

---

* 王海飞，肇庆学院经济与管理学院、西江区域发展战略研究中心，广东实践科学发展观研究基地创新社会管理研究基地。

① 参见许建伟、许新宇、朱明侠等《基于数据包络分析的长三角城市群土地利用效率及其变化研究》，载《世界地理研究》2013年第3期。

近年来，DEA 模型在国内得到了广泛的应用，不仅见于产业资源配置①、土地开发利用②、企业管理③、城市管理④等方面，而且多见于对不同层面的城市效率的研究。杨开忠，谢燮运用 DEA 模型对我国直辖市和省会城市的投入产出效率进行了分析研究，发现西部地区的投入产出效率要远低于东部地区，同时发现城市规模越大，城市产出并非也越大。⑤ 李郇、徐现祥、陈浩辉运用 DEA 模型对中国 1990—2000 年期间的城市效率的时空变化进行了测度，发现中国城市效率较低且呈现与三大地带经济发展格局和城市行政等级相一致的空间格局，并认为从规模效率的角度看，中国城市具有很大的发展潜力。⑥ 王艺青，张思涵对河南省的 18 个城市，从投入产出角度，评价了城市经济发展效率，计算了各城市的相对效率值，并提出了改进城市经济发展效率的政策建议。⑦ 陈雪婷、宋涛、蔡建明等用 DEA 模型及 Malmquist 指数对中国 31 个城市进行了城市代谢效率的研究，结果发现中国城市代谢效率较高，东中部城市的综合效率、纯技术效率和规模效益要高于西部地区，大城市的效率要高于巨型城市、超大城市和特大型城市。⑧

通过梳理发现，国内学者运用 DEA 模型对区域城市效率进行了有效的研究，但主要集中于较大区域尺度城市效率的测度，缺乏对中等城市或更小单元城市效率的研究。现有研究多也集中于多城市之间的横向对比，而从时空演变的角度的研究较少。当今，作为国家新型区域发展战略实施对象，粤港澳大湾区的发展成为各界关注的焦点，尤其是目前对于粤港澳大湾区城市群效率的研究很少。因此，本文借鉴现有研究成果，以粤港澳大湾区为研究对象，采用 DEA 模型和 Malmquist 指数模型对粤港澳大湾区中城市效率进行探讨和分析。

---

① 参见杨荣海、曾伟《基于 DEA 方法的云南旅游业效率研究》，载《云南财经大学学报》2008 年第 1 期；参见马晓龙、保继刚《基于数据包络分析的中国主要城市旅游效率评价》，载《资源科学》2010 年第 1 期；参见刘子飞、王昌海《有机农业生产效率的三阶段 DEA 分析——以陕西洋县为例》，载《中国人口·资源与环境》2015 年第 7 期；参见黄海霞、张治河《基于 DEA 模型的我国战略性新兴产业科技资源配置效率研究》，载《中国软科学》2015 年第 1 期。

② 参见王利敏、欧名豪、郭杰《基于 DEA 无效改进的南通市建设用地结果预测》，载《资源科学》2011 年第 3 期；参见王贺封、石忆邵、尹昌应《基于 DEA 模型和 Malmquist 生产率指数的上海市开发区用地效率及其变化》，载《地理研究》2014 年第 9 期；参见汪文雄、余利红、刘凌览等《农地整治效率评价研究——基于标杆管理和 DEA 模型》，载《中国人口·资源与环境》2014 年第 6 期。

③ 参见熊婵、买忆媛、何晓斌等《基于 DEA 方法的中国高科技创业企业运营效率研究》，载《管理科学》2014 年第 2 期。

④ 参见孙钰、王坤岩、姚晓东《基于 DEA 交叉效率模型的城市公共基础设施经济效益评价》，载《中国软科学》2015 年第 1 期；参见袁宇涛、汪涛《基于 DEA 评价城市管理市场有效性模型》，载《城市发展研究》2004 年第 6 期。

⑤ 参见杨开忠、谢燮《中国城市投入产出有效性的数据包络分析》，载《地理学与国土研究》2002 年第 3 期。

⑥ 参见李郇、徐现祥、陈浩辉《20 世纪 90 年代中国城市效率的时空变化》，载《地理学报》2005 年第 4 期。

⑦ 参见王艺青、张思涵《河南省城市经济发展效率的 DEA 评价》，载《经济研究导刊》2011 年第 11 期。

⑧ 参见陈雪婷、宋涛、蔡建明等《基于 DEA 和 Malmquist 的中国城市代谢效率研究》，载《地理科学》2015 年第 4 期。

一、模型与指标

(一) DEA 模型

数据包络分析法（Data Envelopment Analysis，DEA）最早由法内尔提出，后由查恩斯和库珀创建的以相对效率概念为基础研究的一种对具有可比性的同类型单位进行相对有效性评价的一种数量分析方法。[①] 在查恩斯、库珀和霍兹提出的在规模报酬不变情况下的 CCR 模式（或 C2R 模式）的基础上，1984 年，班克、查恩斯和库珀提出了可变规模报酬的 DEA 修正模型（Varible Return to Scale，VRS），即 BCC 模式。[②] 相比 CCR 模式，BCC 模式排除了规模效率的影响，从而能够更为准确地反映所评价的对象。本研究选取 DEA 模型的 BCC 模式。DEA 模型可以分为投入导向型和产出导向型两种[③]，投入导向性解决的是在既定的产出水平下投入最小化的决策问题，而产出导向性是在既定的投入条件下产出最大化的决策问题。本研究采用基于投入导向的 DEA 模型。

假设有 n 个决策单元（Decision Making Units，DMU），每个 DMU 有 m 种投入指标，s 种产出指标。在 DEA 方法使用过程中，一般要求决策单元的个数 n 与投入指标数 m 和产出指标数 s，应满足关系 $2(m+s) \leq n$，否则评价结果的可信度会降低。[④] 设 x_{mj} 为 DMU_j 第 m 种资源的投入量，y_{sj} 为 DMU_j 第 s 种产出量，对于投入主导型的 BCC 模型而言，第 j（$j=1,2,\cdots\cdots,n$）个 DMU 有如下的 DEA 模型[⑤]：

$$\begin{cases} \min\theta \\ s.t. \sum_{j=1}^{n} x_j\lambda_j \leq \theta x_0 \\ \sum_{j=1}^{n} y_j\lambda_j \geq y_0 \\ \sum \lambda_j = 1, \lambda_j \geq 0, j = 1, 2, \cdots\cdots, n \end{cases} \quad (1)$$

其中，θ 为效率评价指数，λ_j 为各市投入和产出的权向量，该式计算得出的是各市纯技术效率值（PTE），去掉凸性假设（$\sum \lambda_j = 1$）求解得到的则是综合效率值（TE）。

(二) Malmquist 指数

Malmquist 指数最初由曼奎斯特于 1953 年提出，凯夫斯、克莉丝汀森和迪韦尔特于 1982 年开始将这一指数应用于生产效率变化的测算。1994 年，罗尔法雷等人将这一理论的一种

[①] 参见王艺青、张思涵《河南省城市经济发展效率的 DEA 评价》，载《经济研究导刊》2011 年第 11 期。

[②] 参见陈雪婷、宋涛、蔡建明等《基于 DEA 和 Malmquist 的中国城市代谢效率研究》，载《地理科学》2015 年第 4 期。

[③] 参见郭腾云、徐勇、王志强《基于 DEA 的中国特大城市资源效率及其变化》，载《地理学报》2009 年第 4 期。

[④] 参见王艺青、张思涵《河南省城市经济发展效率的 DEA 评价》，载《经济研究导刊》2011 年第 11 期。

[⑤] 参见许新宇、陈兴鹏、崔理想《基于 DEA 和 Malmquist 模型的甘肃省城市效率及其变化》，载《干旱区资源与环境》2013 年第 9 期。

非参数线性规划法与数据包络分析法（DEA）理论相结合，从而使 Malmquist 指数被广泛应用。根据相关文献，得到基于规模报酬不变的 Malmquist 生产率变化指数模型①：

$$TPFC = EC(CRS) \times TC(CRS) \qquad (2)$$

而综合效率指数为纯技术效率变化指数 PTEC（VRS）和规模效率变化指数 SEC（CRS，VRS）的乘积，即

$$EC(CRS) = PTEC(VRS) \times SEC(CRS, VRS) \qquad (3)$$

所以式（2）又可进一步表示为包含规模报酬可变的 Malmquist 生产率变化指数模型②：

$$TPFC = PTEC(VRS) \times SEC(CRS, VRS) \times TC(CRS) \qquad (4)$$

式（4）中的 $TPFC$ 为基于 CRS 的 Malmquist 生产率变化指数，$PTEC(VRS) = \dfrac{D_v^t(x^{t+1}, y^{t+1})}{D_v^{t+1}(x^t, y^t)}$ 为基于 VRS 的纯技术效率变化指数；$SEC(CRS, VRS) = \dfrac{D_v^t(xt, yt)}{D_c^t(xt, yt)} \times \dfrac{D_c^{t+1}(x^{t+1}, y^{t+1})}{D_v^{t+1}(x^{t+1}, y^{t+1})}$ 为基于 CRS 和 VRS 的规模效率变化指数；$TC(CRS) = \left[\dfrac{D_c^t(x^{t+1}, y^{t+1})}{D_c^{t+1}(x^{t+1}, y^{t+1})} \times \dfrac{D_c^t(x^t, y^t)}{D_c^{t+1}(x^t, y^t)}\right]^{\frac{1}{2}}$ 为基于 CRS 的在时间 t 和 $t+1$ 期间的技术变化指数，D_c 和 D_v 分别为基于 CRS 和 VRS 的距离函数，即面向投入的 DEA 模型的有效函数值。

对于综合效率指数 EC，若 $EC(CRS) > 1$，表示在时间 t 和 $t+1$ 期间 DMU 效率提高；若 $EC(CRS) = 1$，表示这期间 DMU 效率没有变化；若 $EC(CRS) < 1$，表示这期间 DMU 效率降低。对于技术变化指数 TC、生产率变化指数 $TPFC$、纯技术效率变化指数 $PTEC$ 和规模效率变化指数 SEC，都有同样的变化含义。③

（三）指标选取说明

城市作为经济社会投入产出的主要场所，如何优化各类要素投入历来是一个经济学竭力回答的问题。城市的产出是各类投入要素的函数。杨开忠、谢燮以土地使用面积、资本投入量和劳动者数量作为投入，GDP 作为产出，对我国 30 个直辖市和省会城市的效率进行了研究。④ 郭腾云、徐勇、王志强从广义的要素资源出发，选取资本要素资源、自然要素资源、人力要素资源作为投入量，其中以固定资产投资总额、流动资金之和作为资本要素投入量，以土地面积代表自然要素资源投入量，以全部从业人员代表人力资源投入量，对 1990—2006 年我国特大城市资源效率及变化情况进行了深入的研究。⑤ 王艺青、张思涵以资金、劳动作为投入，经济总量和效益衡量产出，其中资金的投入以固定资产投资、地方财政一般预

---

① 参见王艺青、张思涵《河南省城市经济发展效率的 DEA 评价》，载《经济研究导刊》2011 年第 11 期。

② 参见王艺青、张思涵《河南省城市经济发展效率的 DEA 评价》，载《经济研究导刊》2011 年第 11 期。

③ 参见王艺青、张思涵《河南省城市经济发展效率的 DEA 评价》，载《经济研究导刊》2011 年第 11 期。

④ 参见杨开忠、谢燮《中国城市投入产出有效性的数据包络分析》，载《地理学与国土研究》2002 年第 3 期。

⑤ 参见郭腾云、徐勇、王志强《基于 DEA 的中国特大城市资源效率及其变化》，载《地理学报》2009 年第 4 期。

算内支出表示,输出指标以 GDP 衡量,研究了河南省 18 个城市的发展效率。[①] 根据数据的可获得性,本研究选取土地、资本、劳动、信息技术 4 项要素作为投入指标,选取地区生产总值作为产出指标。其中,以城市建成区面积、城市固定资产投资额、全部从业人员数、移动电话用户数量分别表示土地资源、资本、劳动和信息投入。[②]

二、粤港澳大湾区城市效率分析

（一）城市效率及其分解分析

利用上述的 DEA 模型,选取 2011 年、2013 年、2015 年为研究的时点,分别计算出 2011 年、2013 年和 2015 年粤港澳大湾区 11 个城市的综合效率、纯技术效率和规模效率。结果见表 1。

表 1 粤港澳大湾区城市效率值

序号	决策单元	2011 年				2013 年				2015 年			
		综合效率	纯技术效率	规模效率	规模报酬	综合效率	技术效率	规模效率	规模报酬	综合效率	纯技术效率	规模效率	规模报酬
1	广州	1.000	1.000	1.000		1.000	1.000	1.000		1.000	1.000	1.000	
2	深圳	0.747	0.821	0.910	drs	0.805	0.965	0.834	drs	0.699	0.700	0.999	drs
3	珠海	0.931	1.000	0.931	irs	0.873	1.000	0.873	irs	0.924	1.000	0.924	irs
4	佛山	1.000	1.000	1.000		1.000	1.000	1.000		1.000	1.000	1.000	
5	惠州	0.752	0.838	0.898	irs	0.680	0.824	0.826	irs	0.713	0.809	0.881	irs
6	东莞	1.000	1.000	1.000		0.989	1.000	0.989	irs	1.000	1.000	1.000	
7	中山	1.000	1.000	1.000		0.813	1.000	0.813	irs	0.839	1.000	0.839	irs
8	江门	1.000	1.000	1.000		0.655	1.000	0.655	irs	0.743	0.986	0.754	irs
9	肇庆	0.749	1.000	0.749	irs	0.671	1.000	0.671	irs	0.827	1.000	0.827	irs
10	香港	1.000	1.000	1.000		0.895	1.000	0.895	drs	1.000	1.000	1.000	
11	澳门	1.000	1.000	1.000		1.000	1.000	1.000		1.000	1.000	1.000	
12	平均值	0.925	0.969	0.953		0.853	0.981	0.869		0.886	0.954	0.929	

1. 综合效率分析

经计算,粤港澳大湾区 11 个城市的综合效率在 3 个年份并未全部达到最优水平,2011 年、2013 年和 2015 年粤港澳大湾区平均综合效率分别为 0.925、0.853 和 0.886。2011 年,广州、佛山、东莞、中山、江门、香港和澳门等城市达到了综合效率最优,占到样本总数的 63.64%,其余城市均处于非 DEA 有效,其中深圳综合效率最低,仅为 0.747。2013 年,只

[①] 参见王艺青、张思涵《河南省城市经济发展效率的 DEA 评价》,载《经济研究导刊》2011 年第 11 期。

[②] 本文所采用的数据均来源于《中国城市统计年鉴》(2011—2016)。

有广州、佛山和澳门3个城市DEA有效，占全部城市的27.27%，城市DEA有效数比2011年减少了4个，江门的综合效率成为最低，仅为0.655。而到了2015年，广州、佛山、东莞、香港和澳门5个城市的DEA达到有效，占全部城市的45.45%，其余6个城市综合效率未能达到最优，而深圳再次成为综合效率最低城市，仅为0.699。

2. 纯技术效率分析

就纯技术效率而言，粤港澳大湾区的状况相对综合效率和规模效率要好一些，3个年份中纯技术效率分别为0.969、0.981和0.954。2011年广州、珠海、佛山、东莞、中山、江门、肇庆、香港和澳门9市达到技术有效，只有深圳和惠州2个城市的技术效率未达到有效。2013年纯技术效率最优的城市和2011年一样，还是深圳和惠州没有达到纯技术效率有效。到了2015年，除了深圳和惠州没有达到纯技术效率最优外，江门的纯技术效率没有实现最优。

3. 规模效率分析

规模效率是决定综合效率最优的主要因素。从表1中看出，2011年规模效率最优的城市为广州、佛山、东莞、中山、江门、香港和澳门6个城市，2013年变为广州、佛山和澳门3个城市，而2015年则为广州、佛山、东莞、香港和澳门5个城市，相比2011年规模效率最优的城市数量有所减少。可以从3个年份看出，规模效率与综合效率变化趋势相似。从规模报酬来看，2011年、2013年和2015年3个年份中，规模报酬递增的城市数分别为3个、6个和5个，而深圳3个年份规模报酬一直保持递减。粤港澳大湾区中广州、佛山和东莞等城市规模效率理想，说明现有的城市规模水平合理，要素资源配置效率较高。而珠海、惠州、中山、江门和肇庆等城市则应该合理扩大城市规模，以便进一步提升城市规模效率。尤其是中山和江门等城市由2011年的规模报酬不变演变为2013年和2015年的规模报酬递增状态，城市的规模效应明显。

通过以上三方面的分析可知，就粤港澳大湾区城市群而言，纯技术效率较高，综合效率和规模效率较低，而规模效率是综合效率的决定性因素。可能的解释是：粤港澳大湾区城市发展速度较快，各城市对投入的资源利用程度较高，但是现有的产业发展仍然比较粗放，尤其是大部分城市劳动密集型产业占比较大的状况还一直存在。在各年份现有技术条件下，城市规模的扩张表现出粗放型特征。如果能够合理有效地扩大城市规模，稳健推进，则在现有的投入水平下，粤港澳大湾区在城市效率提高方面还具有很大的潜力可挖掘出来。

(二) 城市效率及其城市分类分析

1. 三大区域板块的城市效率比较

从地理邻近性和空间集聚性来看，粤港澳大湾区可划分为广佛肇（广州、佛山、肇庆）、江中珠澳（江门、中山、珠海、澳门）和深莞惠港（深圳、东莞、惠州、香港）三大板块。从三大板块中各城市的各类效率的计算得知，2011年、2013年和2015年深莞惠港板块综合效率均要低于广佛肇板块和江中珠澳板块。其中，2013年和2015年广佛肇板块均要高于江中珠澳板块，说明相对于其他两个板块而言，广佛肇板块内部的协同效应较明显，区域一体化合作水平相对较好，资源利用水平也同样具有一定的优势，经济增长方式有所改观，其他两个板块在区域一体化与跨区域联动发展方面存在比较大的改进空间（见表2）。

表2 粤港澳大湾区不同区域城市效率值

决策单元	2011年			2013年			2015年		
	综合效率	纯技术效率	规模效率	综合效率	纯技术效率	规模效率	综合效率	纯技术效率	规模效率
广佛肇	0.916	1.000	0.916	0.890	1.000	0.890	0.942	1.000	0.942
江中珠澳	0.983	1.000	0.983	0.835	1.000	0.835	0.877	0.997	0.879
深惠莞港	0.875	0.915	0.952	0.842	0.947	0.886	0.853	0.877	0.970
平均值	0.925	0.972	0.950	0.856	0.982	0.870	0.891	0.958	0.930

2. 不同城市规模的城市效率比较

若以城区常住人口规模小于50万人、50万～100万人、100万～500万人和大于500万人作为城市规模划分的标准，则2011年、2013年和2015年3个年份中粤港澳大湾区特大城市综合效率分别为0.916、0.900、0.900，大城市综合效率为0.919、0.812、0.864，中等城市则分别为1.000、1.000、1.000。3个年份中，除了中等城市类城市的综合效率最高外，特大城市和大城市的城市综合效率呈现不规则变化，这说明粤港澳大湾区城市效率与城市人口规模之间没有明显的相关性（见表3）。

表3 粤港澳大湾区不同规模的城市效率值

决策单元	2011年			2013年			2015年		
	综合效率	纯技术效率	规模效率	综合效率	纯技术效率	规模效率	综合效率	纯技术效率	规模效率
特大城市	0.916	0.940	0.970	0.900	0.988	0.910	0.900	0.900	1.000
大城市	0.919	0.977	0.940	0.812	0.975	0.832	0.864	0.971	0.889
中等城市	1.000	1.000	1.000	1.000	1.000	1.000	1.000	1.000	1.000
平均值	0.945	0.972	0.970	0.904	0.988	0.914	0.921	0.957	0.963

三、城市效率变化趋势及其分析

利用Malmquist指数模型计算了2010—2015年粤港澳大湾区11个城市的综合效率变化（effch）、技术变化（techch）、纯技术效率变化（pech）、规模效率变化（sech）和生产率变化指数（tfpch）。结果见表4。

表4 2010—2015年粤港澳大湾区11个地市城市效率分市TFP指数及分解

城市	effch	techch	pech	sech	tfpch
广州	1.000	1.037	1.000	1.000	1.037
深圳	0.978	1.013	0.969	1.009	0.990

(续表4)

城市	effch	techch	pech	sech	tfpch
珠海	0.992	1.036	1.000	0.992	1.027
佛山	1.000	0.992	1.000	1.000	0.992
惠州	1.014	0.976	1.007	1.007	0.990
东莞	1.000	0.953	1.000	1.000	0.953
中山	0.966	0.984	1.000	0.966	0.950
江门	0.942	0.959	0.997	0.945	0.904
肇庆	0.995	0.985	1.000	0.995	0.980
香港	1.000	1.032	1.000	1.000	1.032
澳门	1.000	1.041	1.000	1.000	1.041
平均值	0.990	1.001	0.998	0.992	0.991

（一）城市效率变化的分解分析

从综合效率变化的角度来看，2010—2015年期间，只有广州、佛山、惠州、东莞、香港和澳门出现了正的增长率，其中惠州增长最快，增长了1.4%，其余5个城市呈衰退趋势。总体上看，粤港澳大湾区城市综合效率变化呈弱衰退趋势。对综合效率的分解表明，由于纯技术效率的变化和规模效率的变化均小于1，在一定程度上影响了综合效率的提升，但是规模效率才是决定综合效率的主要因素。

从技术变化的角度来看，2010—2015年期间，粤港澳大湾区技术变化指数为1.001，其中，广州、深圳、珠海、香港和澳门技术变化指数均大于1。说明这一时期，粤港澳大湾区整体上技术有所进步，并且在一定程度上促进了粤港澳大湾区生产率变化指数的提高。而粤港澳大湾区生产率指数的下降很大程度上是受到规模效率下降的影响。广州和香港是粤港澳大湾区主要的创新者，近年来，技术创新正进入攻坚阶段，但技术创新效应显现需要一定的时段，短期内城市效率的释放会低于改革初期。

（二）城市效率变化的城市分类分析

1. 三大板块城市效率变化特征

2010—2015年期间，粤港澳大湾区中三大板块的城市综合效率变化均有所下降（如表5）。其中，以江中珠澳区域板块的下降最为明显（0.975），尤其是这个板块中的中山市和江门市的城市综合效率变化均要低于整个大湾区的平均水平。这是因为城市纯技术效率和规模效率的共同下降导致了综合效率的下降，其中城市规模效率的影响更为明显。广佛肇区域板块城市综合效率变化相对较低的主要原因是规模效率的变化相对较低，而深莞惠港区域板块则是因为纯技术效率的变化相对较低。2010—2015年期间，粤港澳大湾区三大区域板块中除深莞惠港外，技术变化均呈上升趋势，且广佛肇和江中珠澳技术变化程度基本一致。由于城市综合效率下降较为明显，在一定程度上消除了技术进步所带来的正面影响。因而，2010—2015年期间，广佛肇区域板块生产率变化呈弱提高趋势，而江中珠澳和深莞惠港生产率变化呈下降趋势。

表5　2010—2015年粤港澳大湾区城市效率TFP指数及分解

决策单元分类	类别	effch	techch	pech	sech	tfpch
空间板块	广佛肇	0.998	1.005	1.000	0.998	1.003
	珠江中澳	0.975	1.005	0.999	0.976	0.981
	深惠东港	0.998	0.994	0.994	1.004	0.991
	平均值	0.990	1.001	0.998	0.993	0.992
城市规模	特大城市	0.993	1.027	0.990	1.003	1.020
	大城市	0.987	0.984	1.001	0.986	0.971
	中等城市	1.000	1.041	1.000	1.000	1.041
	平均值	0.993	1.017	0.997	0.992	0.987

2. 不同城市规模的城市效率变化分析

2010—2015年期间，粤港澳大湾区中特大城市、大城市和中等城市的综合效率变化指数分别为0.993、0.987和1.000，可以看出，除中等城市以外，各类规模的城市综合效率变化均呈下降趋势，其中大城市的下降最为明显（见表5），大城市综合效率变化的下降主要原因是规模效率下降所造成的影响。而中等城市综合效率呈弱增加趋势，主要是因为纯技术效率变化和规模效率变化均不明显。特大城市综合效率变化原因则与大城市相反，主要是由于纯技术效率变化下降。2010—2015年期间，特大城市和中等城市技术变化均呈进步趋势，其中，中等城市技术进步最为明显。技术进步对于生产率变化指数的提高具有促进作用，但由于综合效率下降所带来的负面效应，2010—2015年期间，大城市生产率变化呈下降趋势，而特大城市和中等城市生产率变化呈上升趋势。

四、结论

本文综合运用DEA模型和Malmquist指数模型对粤港澳大湾区11个城市的城市效率及其变化进行分析，得出的结论主要有：

（1）从整体水平来看，粤港澳大湾区综合效率水平一般，只有广州、佛山、香港和澳门等少数城市达到了综合效率最优，这些城市具有良好的经济基础，在资金、技术、人才吸引等方面比其他城市具有优势，容易产生集聚效应。近年来，规模效率最优的城市数明显减少。选取的3个年份中，深圳的综合效率均未达到最优。

（2）从粤港澳大湾区区域板块分类看，广佛肇地区综合效率均要高于其他地区，广佛肇地区产业发展水平，尤其是制造业水平相对较高，产业协作紧密，区域一体化发展程度较高。从城市规模分类的分析看，粤港澳大湾区城市效率与城市人口规模之间的相关性不明显。

（3）从综合效率变化的角度来看，2010—2015年期间，只有广州、佛山、惠州、东莞、香港和澳门出现了正的增长率，其中惠州增长最快，其余5个城市呈衰退趋势。总体上看，粤港澳大湾区城市综合效率变化呈弱衰退趋势。从技术变化的角度来看，2010—2015年期间，粤港澳大湾区整体上技术有所进步，并且在一定程度上促进了粤港澳大湾区生产率变化指数的提高，而粤港澳大湾区生产率指数的下降很大程度上是受到规模效率下降的影响。

（4）2010—2015年期间，从板块来看，粤港澳大湾区中三大板块的城市综合效率变化均有所下降。其中以江中珠澳区域板块的下降最为明显。三大区域板块中除深莞惠港外，技术变化均呈上升趋势，且广佛肇和江中珠澳技术变化程度基本一致。广佛肇区域板块生产率变化呈弱提高趋势，而江中珠澳和深莞惠港生产率变化呈下降趋势。从城市规模来看，2010—2015年期间，粤港澳大湾区中除中等城市以外，各类规模的城市综合效率变化均呈下降趋势，大城市的下降最为明显。

第四编　融合发展篇

"一带一路"背景下粤港澳联合打造综合创新试验田研究

王 鹏 李 彦*

摘 要: 作为推进中国与"一带一路"沿线国家和地区互联互通的新尝试,粤港澳联合打造"一带一路"综合创新试验田,可以将成功的"中国模式"推向世界,对于提高我国在全球经济治理中的制度性话语权、推动"大众创业、万众创新"的政策实施以及促进泛珠三角区域合作及协同创新发展具有重要的现实意义。基于粤港澳在营商环境、高端智库和金融集聚三个方面的突出优势,在"一带一路"倡议的背景下,三地可以联合打造具有引导、善后和退场机制的企业创业试验田、促进国际人才合作的人才培育试验田和推进资本市场互联互通的金融改革试验田,通过将粤港澳合作的成功经验进行复制和推广,从而为"一带一路"建设开拓更加广阔的天地。

关键词: "一带一路";粤港澳;综合创新试验田

在过去的十几年中,经济全球化成为世界经济发展的主流趋势,并且为世界经济的持续增长提供了强劲动力。然而,曾经极力推动全球经济一体化的美国以及作为区域一体化代表的欧盟,目前正在成为反全球化的力量。正如习近平在 2017 年 1 月召开的瑞士达沃斯世界经济论坛年会上的主题讲话所述,把困扰世界的问题简单归咎于经济全球化,既不符合事实,也无助于问题的解决,而适应和引导好经济全球化,消除经济全球化的负面影响,让它更好地惠及每个国家、每个民族,中国能够扮演重要和积极的角色。

在坚定不移地推进经济全球化和引导好全球化走向的过程中,中国提出的"推动共建丝绸之路经济带和 21 世纪海上丝绸之路"(简称"一带一路")倡议正在发挥重要作用,"一带一路"各类项目的落地实施带动了沿线各国及地区的经济发展,并创造了诸多就业机会和市场契机。推进"一带一路"建设、深化区域经济合作同样是我国中央及各级地方政府实施"十三五"规划的重要内容。改革开放以来,作为内地经济对外开放的前沿阵地,广东省充分发挥毗邻港澳的独特优势,在产业结构与市场资源互补的基础上,率先实现了经济的腾飞。现阶段,随着国家创新驱动战略和"一带一路"倡议的逐步实施及落实,粤、港、澳三地正迎来更加广阔的发展空间。如何抓住当前难得的历史机遇,实现粤港澳合作共赢发展,打造引领区域创新及国家创新发展的综合创新试验田,已成为一个亟待解决的问题。与此同时,面对日趋复杂的国际经济竞争环境,有效发挥港澳地区通达国际市场的桥梁作用,对于实现广东省乃至内地开放型经济的可持续发展也具有积极的意义。本文结合粤、

---

* 王鹏,暨南大学特区港澳经济研究所副所长、副教授、博士生导师;李彦,暨南大学特区港澳经济研究所博士研究生。

港、澳三地的发展现状及突出优势,就"一带一路"背景下粤港澳如何联合打造综合创新试验田进行深入的研究,从而为新时期实施"一带一路"倡议提供相应的对策建议和实践方向。

一、"一带一路"背景下粤港澳联合打造综合创新试验田的现实意义

当前,"一带一路"相关建设进展顺利,面对更加开放和复杂的国际经济新格局,广东企业渴望"走出去",对海外先进的技术和资金有着强烈的需求,却又缺乏丰富的跨国经营经验和多样的融资渠道;港澳企业虽然熟悉国际市场,擅长专业服务,但却面临着劳动力成本上升、市场需求不稳定等诸多外部挑战。由此可见,抓住"一带一路"倡议的发展契机,充分发挥粤、港、澳三地的比较优势,不仅是广东经济在全球范围内争取更大发展空间的需要,也是保持港澳地区长期繁荣稳定的需要。在"一带一路"的发展背景下,粤港澳联合打造综合创新试验田的目的,就是争取将粤港澳合作的成功经验进行复制和推广,其现实意义主要体现在以下三个方面。

(一) 提高我国在全球经济治理中的制度性话语权

近年来,随着中国、印度等新兴经济体在全球经济体系中地位的不断提高,以构建自贸区为主的区域主义逐渐成为全球经济治理改革的基本方向。然而,在参与和维护全球经济体系的过程中,西方国家所谓"自由至上"的价值理念仍然掌握着主要的国际话语权,这就忽视了国际社会的包容性和多样性特征。"一带一路"倡议则充分尊重了亚洲及沿线国家(地区)发展道路的多样性选择,从贸易投资、基础设施、争端解决等多个方面逐步完善和创新现行的国际经济规则,体现出"开放合作、和谐包容"的价值理念①,这不仅符合发展中国家的利益诉求,也是我国主动参与国际经济组织顶层设计的重要标志。

改革开放以来,广东省特别是珠三角地区在与港澳地区进行经贸合作的过程中,实际上已探索出全球经济治理的"中国模式",即首先完善自身的基础设施建设,再进行产业园区的规划和运营。随着广东自贸区的设立和CEPA协议的深入实施,"一带一路"建设更加离不开"珠三角制造"与"港澳服务"之间的优势互动。可以说,粤、港、澳三地联合打造综合创新试验田,就是要在"一带一路"倡议的背景下,将成功的"中国模式"推向全球,在企业创业、人才培育、金融改革等机制建设方面不断实践,积累经验,从而提高我国在全球经济治理中的制度性话语权。

(二) 推动"大众创业、万众创新"政策的实施

"大众创业、万众创新"对于推动我国经济结构调整、打造发展新引擎、走创新驱动发展道路具有重要意义,是培育和催生经济社会发展新动力的必然选择。这项政策的实施,就是要通过结构性改革和体制机制创新,消除不利于创业创新发展的各种制度束缚和桎梏,支持各类市场主体不断开办新企业、开拓新市场、开发新产品,形成小企业"铺天盖地"、大企业"顶天立地"的发展格局。自2015年国务院出台有关"大众创业、万众创新"的指导

---

① 参见曾文革、党庶枫《"一带一路"战略下的国际经济规则创新》,载《国际商务研究》2016年第3期。

文件以来，广东省在人才队伍、载体建设、生态环境等各个方面，不断优化和完善"双创"的配套体系建设。2016年，广东省成功举办"双创活动周"、深圳国际创客周等一系列创新创业活动，同时积极引导和建立针对企业全成长周期的链条服务体系。截至2016年10月底，全省科技企业孵化器达537家，众创空间达365家，二者数量均居全国前列。[1]

"一带一路"倡议属于区域开放性创新战略，需要沿线国家及地区之间的紧密合作与协同创新。然而，总体而言，广东省科技孵化服务能力有待提升，部分创新创业载体盈利模式仍不清晰，有关创新创业载体的国际化专业服务人才也严重供给不足，在一定程度上制约了创新创业的服务能力。因此，对于当前包括广东省在内的内地许多地区而言，在"一带一路"背景下如何提高企业创业的指导能力和水平，如何培养大批具有国际视角的创新创业人才，以及如何吸引港澳高端人才来内地创业，并促进港澳地区先进的科技成果落地转化，对于推动"大众创业、万众创新"的政策实施有着积极而深远的意义。

（三）促进泛珠三角区域合作及协同创新发展

泛珠三角区域包括广东、广西和福建等内地9省区以及港澳地区，是"一带一路"有机衔接的重要承载区，在国家区域发展战略中具有重要地位。随着粤港澳大湾区建设的顺利开展，粤、港、澳三地通过不断增强与"一带一路"沿线国家和地区的互联互通，可以在交通运输、创新发展、高端要素配置等方面发挥积极的示范作用。在中国大力推进"一带一路"倡议的背景下，泛珠三角区域合作能够打通区域间的经济合作壁垒，促进相互间的发展，实现内外开放新局面，整体提高了泛珠三角区域国际竞争力和影响力，为"一带一路"建设成功护航。因此，广东携手港澳共同打造"一带一路"综合创新试验田，将有利于带动其他泛珠三角区域共同发展。

此外，粤、港、澳三地在进行经贸合作的过程中，由于不同经济运行机制的约束及影响，其内部具有复杂的分工与协作关系，因而无法充分利用市场机制高效地整合资源。[2] 而"一带一路"倡议以互联互通为基础，体现出开放与包容的原则，各地区可以选择符合自身发展需要的合作机制，这显然更加符合粤、港、澳三地多元化的发展特征。粤港澳区域在面对各方挑战时，更应主动契合国家战略，进一步强化自身已经形成的自组织优势，扩大对外开放整合国际资源，发挥港澳独特作用，共同推动"一带一路"建设，打造我国高水平参与国际合作的重要区域。由此可见，"一带一路"背景下粤港澳探讨如何联合打造适应地方特色的综合创新试验田，对于促进泛珠三角区域协同创新发展也具有积极的示范效应。

二、"一带一路"背景下粤港澳联合打造综合创新试验田的主要优势

与我国其他区域相比，粤港澳联合打造"一带一路"综合创新试验田充分考虑了自身的经济基础和区位特征，其主要优势突出体现在以下三个方面：

---

[1] 参见广东省科技厅高新技术发展及产业化处《广东省科技企业孵化器协会众创空间、创业投资专委会成立大会》，http：//www.gdstc.gov.cn/HTML/zwgk/zwyw/1477907552328-6131966561532940571.html，访问日期：2017年7月27日。

[2] 参见杨英《新时期粤港澳经济更紧密合作的基本趋向》，载《华南师范大学学报》（社会科学版）2016年第4期。

(一) 营商环境优势

"一带一路"倡议的实施离不开良好的国际营商环境,对于公司的创业者来说,一个地区营商环境的好坏也直接影响了其投资经营的过程。相比于泛珠三角区域内其他省份,广东省对外开放较早,与港澳之间的进出口贸易合作密切(见表1),为投资者提供了高效、便利的营商环境。同时,广东省近年来对仲裁服务、国际投资、贸易通行规则等方面进行了一系列改革,例如,2013年12月"粤港澳商事调解联盟"在深圳前海正式创立,2015年2月广东获批成为全国唯一一个企业投资项目清单管理试点省份。公平公正的法治环境正在成为广东经济发展的独特优势,不断吸引着企业聚集和项目落地。以深圳前海蛇口自贸片区为例,截至2016年10月,片区开业运作企业突破4.3万家,其中注册港资企业超过4000家,来自"一带一路"沿线国家及地区的投资者在此设立企业4596家,投资总额达3699亿元;2016年1~10月,片区实现税收收入241.31亿元,同比增长57.6%,合同利用外资额为432.47亿美元,在全国自贸区中排名第一。①

港澳地区在营商环境方面同样具有许多优势。作为全球的金融、贸易中心之一,香港市场开放灵活,政府廉洁高效,法治健全完善,是广东企业"走出去"的最佳平台。在与西方国家的经贸往来上,香港接轨国际营商规则,具有强大的跨国业务基础,可以降低"一带一路"的运作成本。② 根据世界银行最新发布的《2017年营商环境报告》显示,香港营商环境位列全球第四位,连续3年居全球前五。而对于澳门来说,除了博彩业的蓬勃发展以外,凭借自由开放的市场体系和相对低廉的营商成本,特区政府正着力培育旅游休闲、会展展览等新兴行业,不断推动澳门经济向多元化发展。例如2016年6月,第七届国际基础设施投资与建设高峰论坛在澳门成功举办,会议紧紧围绕中国企业海外业务发展需求,就"一带一路"倡议给基础设施建设所带来的发展机遇进行了深入的探讨。因此,在建设良好的国际营商环境方面,粤港澳合作具有一定的先行条件和发展优势,三地正成为海内外投资者,特别是中小企业开拓新市场的理想区域。

表1 2015年泛珠三角区域省份与港澳地区进出口贸易情况

泛珠三角 \ 港澳	香港		澳门	
	进出口总额(亿美元)	占本省进出口总额之比(%)	进出口总额(亿美元)	占本省进出口总额之比(%)
广东	2097.80	20.51	23.24	0.23
福建	96.58	5.72	0.50	0.03
江西	45.92	10.83	2.35	0.55
湖南	56.20	19.14	NA*	NA*
广西	42.45	8.28	NA*	NA*
海南	3.69	0.42	0.01	0.001

---

① 深圳市前海深港现代服务业合作区管理局:《前海蛇口片区开业运作企业突破4.3万家》,http://www.szqh.gov.cn/sygnanqhzxxwrd/201612/t20161221_40626781.shtml,访问日期:2017年7月30日。

② 参见刘诚《香港:一带一路经济节点》,载《开放导报》2015年第2期。

(续表1)

泛珠三角 \ 港澳	香港		澳门	
	进出口总额（亿美元）	占本省进出口总额之比（%）	进出口总额（亿美元）	占本省进出口总额之比（%）
四川	2.77	0.54	NA*	NA*
贵州	12.01	9.82	1.38	1.13
云南	18.85	7.69	0.63	0.26

资料来源：根据泛珠三角区域各省份2016年的统计年鉴数据计算所得，其中NA*表示湖南、广西、四川没有专门公布与澳门的进出口贸易数据。

（二）高端智库优势

一方面，"一带一路"愿景的实现离不开高素质人才的支持和保障。近年来，广东省高度重视对专业技术人才的培养和高端智库项目的支持。根据广东省人力资源和社会保障厅公布的资料显示，截至2015年年底，全省专业技术人才总量达510万人，约占全国总量10%，其中具有博士学位或高级职称以上的高层次人才总量达70万人，位居全国前列。2015年12月，中山大学粤港澳发展研究院和中国（深圳）综合开发研究院成功入选首批国家高端智库建设试点单位，标志着广东省的高端智库建设得到了国家的肯定和支持。与此同时，广东省通过组织实施"广东专家服务基层行动计划"，积极推进高层次人才与科研生产一线相结合，帮助企业做好产品研发工作，取得了良好的经济效果，高端智库逐渐成为推动广东社会经济发展的新引擎之一。

另一方面，港澳地区名校云集，国际商业网络发达，并长期与东盟、欧美密切合作，能够为"一带一路"提供强有力的国际专业化人才保障。在2016年QS世界大学排行榜公布的前500所大学中，香港地区7所、澳门地区1所、广东省3所大学上榜，表现较为突出。在金融领域，香港金融人士熟悉海外市场投资业务，可以降低广东企业"走出去"的国际风险；在咨询领域，香港会计人士外语水平较高，擅长精准分析和大数据处理，并具有较为全面的国际理念；在法律领域，香港律师界熟悉国际法，通晓诉讼方法及技巧，可以参与中国贸易"反倾销"的争端解决。而在同葡语系国家的商贸合作方面，澳门专业化人才则具有一定的特色优势，对于深化中国与葡语系国家之间的双边合作发挥着积极的影响。

（三）金融集聚优势

"一带一路"投资项目的启动和开展离不开金融市场的支持与配合，在这一方面，广东和香港具有明显的金融集聚优势。近年来，广东省以建设自贸区为契机，不断推动金融业发展壮大。2015年，全省实现金融业增加值5152亿元，是2010年的2.07倍，占全国比重约为9%，同时直接融资金额、本外币存款余额、保费收入等多项主要金融指标位居全国前列。[①] 来自广东省金融办的数据显示，截至2016年3月，包括前海蛇口、南沙、横琴新区片区在内的广东自贸区已集聚各类金融机构及相关金融服务企业超过4万家，这一数据较

---

① 新华网：《广东金融主要指标全国领先》，http://www.gd.xinhuanet.com/newscenter/2016-07/29/c_1119305382.htm，访问日期：2017年6月21日。

2015年广东自贸区挂牌时增加超2.5万家。① 2016年12月5日,深港通正式"通车",相比于沪港通而言,深港通在投资标的、交易机制、投资总额度等方面做了一定的改进和完善,对内地与香港资本市场的进一步发展与融合起到了积极的促进作用,以上海、深圳和香港三地的股市总市值计算,其总体规模在全球股票市场中排名第二。同年12月11日,"前海深港金融人才联盟"挂牌成立,旨在进一步推动深港金融合作,并为两地金融人才搭建国际化的交流平台,金融集聚优势正不断吸引着海内外高端人才来粤工作,推动着广东省的开放型经济向更高水平发展。

另一方面,根据英国智库机构Z/Yen于2016年9月公布的全球金融中心指数第20期榜单显示,香港继续名列全球第四。作为中国连接国际金融的桥梁,香港金融市场具有以下几方面的突出优势:在股票市场领域,截至2016年年底,港交所上市公司的总市值达24.76万亿港元,是亚洲第三大证券市场,仅次于日本交易所集团和上海交易所。尽管受英国公投脱欧、市场集资气氛下降等不利因素的影响,2016年港交所共有126家新上市公司,首次公开招股集资额达251亿美元,连续两年位居全球集资中心之首。② 在银行业领域,截至2015年年底,香港共有199家认可银行机构及64家代表办事处,在全球百家大银行中,约有七成在香港经营业务。在基金管理领域,自2008年全球金融危机之后,欧美国家的许多财富管理公司选择来港开业,大量海外资金也逐渐流入香港,根据香港证监会公布的资料显示,2015年香港基金管理业务合计资产达17.4万亿港元,其中源自海外投资者的资金占比为68.5%,相比于2009年的8.5万亿港元,增长了接近1倍。在离岸人民币业务领域,香港担当着重要的角色,2015年由香港银行处理的跨境贸易人民币结算金额接近7万亿元人民币,截至2015年10月底,香港人民币存款规模已达8540亿元人民币(不含人民币存款证),是2009年7月实施试点计划时的10倍多,人民币资金池持续积累。③ 2016年10月1日,国际货币基金组织将人民币纳入特别提款权货币篮子的决定正式生效,展望未来,作为全球离岸人民币业务枢纽的香港,也必将受益于人民币进一步国际化所带来的商机,这对"一带一路"背景下粤港澳联合打造综合创新试验田提供了强有力的金融支持。

三、"一带一路"背景下粤港澳联合打造综合创新试验田的总体思路

粤港澳联合打造"一带一路"综合创新试验田,不仅需要广东省的统筹协调,也需要港澳地区的积极响应。基于粤港澳在营商环境、高端智库和金融集聚3个方面的突出优势,三地联合打造"一带一路"综合创新试验田,可以从以下3个方面开展具体的工作。

(一)联合打造具有引导、善后和退场机制的企业创业试验田

如前文所述,粤、港、澳三地具有良好的营商环境优势。然而,三地企业多属于中小企

---

① 《南方日报》:《广东自贸区一年新增金融类企业2.5万家》,http://news.southcn.com/shouyeyaowen/content/2016-04/22/content_146417231.htm,访问日期:2017年6月3日。

② 香港交易及结算所有限公司:《香港交易所2016年市场统计数据》,http://www.hkex.com.hk/chi/newsconsul/hkexnews/2017/170109news_c.htm,访问日期:2017年7月1日。

③ 港贸易发展局:《香港银行业概况》,http://hong-kong-economy-research.hktdc.com/business-news/article/香港行业概况/香港银行业概况/hkip/sc/1/1X47J8WG/1X003ULX.htm,访问日期:2017年7月18日。

业，应对市场风险的能力相对较弱。2016年以来，博湃养车、美味七七、神奇百货等新兴创业公司相继破产，深圳"地库"孵化器也出现倒闭现象。对于初创企业来说，由于自身的商业模式不够成熟、经营不善等原因，往往出现资金链断裂、盲目扩张等问题，甚至面临着破产倒闭的风险。如果任凭企业创业者自生自灭，不但有损"大众创业、万众创新"的社会氛围，也不利于创业产业的良性发展。因此，在"一带一路"倡议的背景下，粤、港、澳三地政府不仅需要完善企业创业过程中的引导机制，更需要建立企业创业失败后的善后机制乃至退场机制。①

1. 在设立引导机制方面

为加强粤港澳企业之间的合作和交流，三地应当考虑共同建立"粤港澳企业创新创业服务中心"，对"一带一路"投资对象国的政策法规、用工条件和风俗文化等信息做好先期调研工作，按照企业"走出去"的目标要求，提供相应的咨询服务，支持和引导粤港澳企业以联合投资、联合投标等方式，共同开拓"一带一路"沿线国家和地区的市场。针对企业创业过程中遇到的重大问题，"粤港澳企业创新创业服务中心"可组织成立由专业骨干组成的联合服务项目组，深入企业生产经营一线，给予适当的指导。对于发展前景良好但遇到短期困难的企业，服务中心可配合政府部门，在资金、场地、知识产权等方面提供一定的支持。对于长期经营不善且缺乏市场竞争优势的项目，服务中心要与创业企业及时沟通，通过项目转让、清算、破产保护等措施及时止损，最大限度保障投资者、创业者和企业员工的权益，并防止政府资源的不必要浪费。

2. 在设立善后机制方面

港澳业界对公司破产、清盘和中小投资者权益保护等方面拥有丰富的国际经验，因此，粤、港、澳三地可以利用政府资源，并充分发挥"粤港澳企业创新创业服务中心"的中介作用，共同建立创新、创业的善后配套机制，为非因道德风险所致的创新、创业失败者提供银行欠款、租税负担和破产清算等方面的援助，减少他们的后顾之忧，最终将相关经验推广到全国。此外，创业失败不仅会给创业者造成沉重的经济损失，往往还会使他们产生大量的负面情绪，进而影响其再次创业的意向。因此，"粤港澳企业创新创业服务中心"可以为有需要的创业失败者提供针对性的心理咨询服务，帮助他们早日摆脱消极情绪的困扰，通过失败学习和总结经验，提高再次创新、创业的成功率。

3. 在设立退场机制方面

对于一个科研企业而言，即使它生产的一件创新产品在国内市场上难以销售，或者其创新理念不被内地业界所认同的话，也并不意味着该产品或理念在世界范围内都不被接受。因此，广东省应当充分发挥港澳企业全球布局的优势，利用其积累的国际资源和人脉，建立完善的企业创业退场机制，将在内地市场上暂时不被接受的产品或理念向"一带一路"沿线国家和地区进行销售与推广。此举若能试验成功，一方面可以帮助粤港澳企业进一步拓展国际市场，积累在海外市场处理贸易和投资业务的经验，另一方面也会使企业创业者看到"东山再起"的希望，最大限度地减少风险投资人的损失。

---

① 参见丁桂凤、候亮、张露等《创业失败与再创业意向的作用机制》，载《心理科学进展》2016年第7期。

（二）联合打造促进国际人才合作的人才培育试验田

近年来，广东省通过组织实施"广东人才特支计划""珠江人才计划""广东扬帆计划"等一系列人才培育计划，培养了大量高层次人才。然而，"一带一路"沿线国家和地区众多，合作领域广泛，风土民情复杂，因而迫切需要大批高素质、外向型的国际化人才。而就广东省目前的人才队伍而言，尚不能完全适应"一带一路"倡议的发展需求。因此，在全面建设"一带一路"的新形势下，粤、港、澳三地应当联合打造促进国际人才合作的人才培育试验田，具体可从以下三个方面着手。

1. 完善国际化人才引进机制

作为对接"一带一路"倡议的重要枢纽，一方面，广东自贸区正处在加快建设当中，但尚未形成国际化专业人才的集聚优势。对此，粤港澳的教育、财政、发展改革等相关部门可以先行先试，共同制定有关"一带一路"国际化人才的引进规划。例如，可以建立招才引智与招商引资的联动工作机制，不但要依托已有的项目来引进人才，更要重视通过引进人才来带动"一带一路"新项目的开发工作。另一方面，广东应当注重营造一个吸引国际化人才集聚的生态环境，完善相关优惠政策和保障措施。可以考虑推广横琴的人才引进制度，如通过放宽精英人才出入境的审批手续，采取免租入住、个税补贴等办法来解决人才的住房问题，从而吸引更多港澳国际化专业人才来粤工作。

2. 创新国际化人才培养方式

在实施"一带一路"倡议的过程中，需要培育大量精通中外文化的国际化人才。然而，总体而言，我国对"跨文化人才"的培养方式仍有待创新，"懂教育的人不懂经济，懂经济的人不懂外语"等现象时有发生，给企业的对外投资和文化传播造成一定的挫折和挑战。粤港澳地区拥有众多知名的高校和科研机构，高端智库优势十分明显，因此，三地可以考虑借鉴国外名校合作办学的成功经验，共同建立"粤港澳智库合作发展联盟"，将"一带一路"所需的关键知识和专业技能渗透到各主干学科的教学内容当中，选拔优秀人才来进行跨学科式的培养；还可以鼓励支持广东的高校和企业在港澳地区设立分部，加强与港澳相关机构的科研合作，共同培育"一带一路"建设所需要的国际化、复合型人才。除此之外，粤、港、澳三地应当充分发挥"粤港澳人才合作示范区"的引领作用，加快河套地区"深港创新及科技园"的建设，以此打造"一带一路"国际化人才的培养高地。

3. 建立国际化人才实践平台

"一带一路"沿线国家和地区的风土人情多样，经济制度各异，为了提高国际化人才培育的实效性，应当充分利用已有的国际化人才资源，建立健全相关的人才实践发展平台。当前，广东籍华侨、华人约有2000万人，遍及包括"一带一路"沿线的世界100多个国家和地区，他们将是"一带一路"倡议实施的引路人，对此，政府应当给予力所能及的帮助。例如，在东南亚地区有许多华侨华人兴办的华文学校和孔子学院，这些学校对推广中国语言文化、宣传"一带一路"倡议有着积极的影响，政府可以对其教学设施、中文师资等方面给予一定的支持，还可以和他们共同出资建立具有国际化特色的师资培训及实践基地。此外，粤、港、澳三地的教育、财政等部门可以考虑组织设立"一带一路"国家留学基金，鼓励支持有意愿的高校学生和企业人才进行海外实践和调研活动，通过学习和了解沿线各国和地区的语言风俗及政策法规等信息，促进国际文化交流与沟通，进而更好地服务"一带一路"建设。

（三）联合打造推进资本市场互联互通的金融改革试验田

基础设施建设是"一带一路"倡议的优先领域，然而，在现实情况中，仅仅依靠沿线国家和地区的政府财力来推动相关地区的基础设施建设是远远不够的。随着亚洲基础设施投资银行的正式成立和丝路基金项目的顺利开展，一批资本市场的互联互通项目正在稳步推进当中。与此同时，香港作为国际金融中心，正面临着资源有限、经济转型困难等问题的约束和挑战，因而迫切需要突破原有融资平台的限制，在开展国际金融合作的过程中寻找发展的新路径。在此情况下，粤、港、澳三地充分发挥自身的金融集聚优势，共同打造推进资本市场互联互通的金融改革试验田，也就成了必要的选择。

1. 完善金融风险防控体系

强化金融风险防范、加强监管能力建设是金融业健康发展的前提，也是粤港澳金融改革与创新的保障。首先，深港通已正式启动，为避免出现类似2016年年初A股陷入"熔断"的现象，建议香港和深圳两地交易所充分发挥双方既共通又互补的金融优势，共同筹划、改进相关的交易规则、制度和技术。其次，在跨境资金流动的风险防控方面，粤港澳应当将人民币境外融资和清算纳入本外币一体化的监管框架中，三地的商务、海关等部门应当联合起来，共同建立跨行业、跨市场的金融监管机制，对企业和个人的跨境收支进行分类管理，严厉打击虚假贸易，防范人民币的过度套利行为。最后，在金融消费者的权益保护方面，粤、港、澳三地可以探索建立金融纠纷司法替代性解决机制，借鉴香港建立金融纠纷调解中心的经验，以调解和仲裁为主，强化金融纠纷解决的专业性和独立性，从而为金融消费者提供公平有效的纠纷解决渠道。

2. 创新金融服务和管理机制

为推进粤港澳服务贸易自由化，助力"一带一路"倡议的发展，粤、港、澳三地应当在广东自贸区内建立与之相配套的金融服务体系，按照"准入前国民待遇加负面清单"管理模式，在业务准入、货币兑换和跨境支付等方面，为符合条件的港澳金融机构和公司提供便利化服务。同时，粤、港、澳三地应当继续深化外汇管理改革，支持广东自贸试验区和港澳地区的金融机构之间开展跨境担保业务和投融资创新业务，解决中资企业举借外债困难的问题，并合理引导海外投资者参股"一带一路"建设的要素交易平台，以提高本地金融市场交易的活跃度。

3. 推动跨境人民币业务创新发展

随着人民币国际化水平的不断提升，香港作为人民币离岸中心的地位也受到来自新加坡、伦敦等地的挑战。因此，为了提升粤港澳在跨境人民币业务领域合作的层次和深度，三地应当携手合作、共同推动相关业务的创新发展，具体措施可包括：一方面，要推动人民币"走出去"，除继续扩大跨境人民币业务参与主体以外，粤港澳可以共同设立人民币海外投贷基金，支持三地企业扩大人民币在"一带一路"沿线国家和地区贸易结算、跨境融资、投资计价等领域的使用。另一方面，要吸引人民币"流进来"，积极拓展形式多样的人民币金融产品，深入发掘商业银行和私募基金的潜力，放宽自贸区企业发行人民币离岸债券的规模限制，促进各类金融服务精细化，从而使境外离岸人民币有更多便捷的回流渠道，在金融支持方面，助力粤港澳联合打造"一带一路"综合创新试验田。

综上所述，积极推进经济全球化进程、实施"一带一路"倡议、推出两轮中国自由贸易试验区等重大举措，构成了党的十八大以来中国构建开放型经济体系和新体制的崭新格局，从一个侧面反映了中国对外交往顺势而为、谋势而动的新常态。其中，以政策沟通、设施联通、贸易畅通、资金融通、民心相通为主要内容的"一带一路"倡议，成为当前中国扩大和深化对外开放的核心内容。作为实施国家"一带一路"倡议的重要支点，粤、港、澳三地携手并肩、共同出力，充分发挥"一带一路"特别是21世纪海上丝绸之路建设的排头兵和主力军作用，联合打造企业创业、人才培育和金融改革三个创新试验田，不仅有利于促进"大众创业，万众创新"的政策实施，带动泛珠三角区域合作及协同创新发展，而且有助于推动"中国模式"走出去，促使我国真正成为全球经济规则的顶层设计者、高端人才培育的重要贡献者以及国际金融市场的有力维护者。

粤港澳大湾区环境治理合作的实践探索

王玉明[*]

摘　要：粤港澳大湾区初步构建了政府间环境合作的行动框架，环境合作不断拓展和深化，并取得了显著的治理成效。环境合作的主要探索和经验是：制定区域规划引领大湾区环境合作；签署行政协议推动大湾区环境合作；构建组织机制保障大湾区环境合作；实施环保工程推动大湾区环境合作。

关键词：粤港澳大湾区；环境合作；治理

粤港澳大湾区是指由香港、澳门、深圳、珠海、中山、江门、广州、佛山、东莞、惠州、肇庆11个城市构成的城市群区域，也就是大珠三角城市群。粤港澳大湾区是由多个全球型城市、世界级港口，以及相连海湾、邻近岛屿共同组成的具有世界影响力的经济区域，它是中国经济乃至全球经济发展的重要引擎和重要增长极。目前，建设粤港澳大湾区已经纳入"一带一路"倡议和国家"十三五"规划。粤港澳大湾区位于河网密布、山水相依、河海交汇、陆海相连、环境相关的珠江三角洲，拥有不可分割的自然生态体系和独特的自然生态优势。为将粤港澳大湾区建设成世界级城市群和可持续发展的粤、港、澳三地深度合作区，对区域环境保护提出了更高的要求。粤港澳大湾区的环保合作已开展多年，随着《珠江三角洲地区改革发展规划纲要》《粤港合作框架协议》《粤澳合作框架协议》《深化粤港澳合作 推进大湾区建设框架协议》和相关专项性环境规划和环境协议的相继推出，粤港澳大湾区政府间的环保合作不断拓展和深化，粤、港、澳三地不断推进大湾区空气质素管理、跨界河流河涌治理、珠江河口水质管理、东江水质保护等合作。珠三角城市经济合作圈（广佛肇、深莞惠、珠中江）也把圈内政府间环保合作纳入合作重要议程，不断推进环境合作行动。在全国空气质量分析报告中，珠三角城市群遥遥领先。2016年空气质量进一步改善，多个城市长期位列全国城市空气质量排名前十。珠三角的PM2.5浓度达到国家二级标准和世界卫生组织第一阶段指导标准。[①] 但是，大湾区空气污染、跨界河流污染、珠江口污染、近岸海域污染问题仍然严峻。如何深化大湾区环境合作治理，推动环境治理一体化显得尤为紧迫和必要。环境合作治理是化解大湾区环境难题、促进世界级城市群可持续发展的根本出路。本文追踪梳理粤港澳大湾区环境合作的实践探索和经验，分析粤港澳大湾区环境合作面临的问题，探讨大湾区下一步环境合作行动。

---

[*] 王玉明，广东行政学院。项目基金：本文是国家社科基金项目——基于生态城市群构想的城际环境合作治理研究（13BZZ057）的相关成果。

① 参见谢庆裕《广东PM2.5提前两年完成国家考核目标 南粤蓝仍面临挑战》，http：//kb.southcn.com/content/2016-01/14/content_140794724.htm。

一、以区域规划引领粤港澳大湾区环境合作

规划通常具有描绘蓝图、行为决策、路径引领的功能，区域规划是政府进行区域调控和管理的重要工具，具有前瞻性、战略性、地域性和约束力。实施区域规划需要整合区域资源，打破地区分割，才能达到规划的目标。粤港澳大湾区城市群为了解决区域环境问题，将环境治理纳入了粤港澳区域合作与发展的相关综合规划或专项规划之中，通过规划引领区域环境合作行动。2009年，国务院实施《珠江三角洲改革发展规划纲要2008—2020年》，同年粤港澳共同开展"大珠江三角洲城镇群协调发展规划研究"，2012年，粤港澳共同编制实施《共建优质生活圈专项规划》，这些规划以合作解决区域公共问题为出发点，设计了粤港澳区域合作的蓝图，奠定了区域环境合作的政策基础。这些区域规划中对区域环境治理做了明确规定和安排，为粤港澳、粤港、粤澳环境合作提供政策指引和行动建议。① 从这些区域规划的内容看，可分为两大类型：一是大珠三角范围的规划，除小珠三角9个城市外，还包括香港和澳门两个特别行政区。二是小珠三角范围的规划。规划的范围包括广佛肇、深莞惠、珠中江3个经济圈的9个城市。

（一）大珠三角区域规划的引领

为了推进大珠三角经济社会的发展，国务院、广东省政府、港澳特别行政区政府编制了若干区域发展规划，这些规划有综合性的区域规划，也有专项性的区域规划。这些规划主要突出对珠三角经济社会发展提出的方案和蓝图，在规划中，对区域环境治理十分重视，提出区域环境治理的目标和策略。

1. 提出建设生态型城市群

2009年，粤港澳合作完成的"大珠江三角洲城镇群协调发展规划研究"，提出将大珠三角建成充满生机活力、具有全球竞争力、协调可持续的世界级城镇群。2012年，粤港澳共同编制完成的《共建优质生活圈专项规划》，提出将大珠三角建设成绿色宜居城市群区域。

2. 主张共建优质生活圈

"大珠江三角洲城镇群协调发展规划研究"提出将大珠三角发展成富足、文明、和谐、宜居的优质生活圈。2008年，国务院颁发的《珠江三角洲地区改革发展规划纲要2008—2020年》强调粤港澳更紧密合作，在大珠江三角洲地区共同建立绿色优质生活圈。特别是2012年粤港澳共同编制完成的《共建优质生活圈专项规划》，专门对共建优质生活圈的蓝图进行设计，将生态环保作为共建优质生活圈的前提条件。

3. 强调政府环境治理合作

《珠江三角洲地区改革发展规划纲要2008—2020年》要求建立污染联防联治机制、共建跨境生态保护区、保护水库集水区；支持共同研究合作发展清洁能源及可再生能源、实施清洁生产等方面的合作；鼓励粤港澳在物料回收、循环再用等方面的合作；支持粤港澳三方共同编制区域合作规划；完善粤港联席会议机制和粤澳联席会议机制，增强行政首长联席会议的实际效用。"大珠江三角洲城镇群协调发展规划研究"专门提出跨界环境合作计划，研

---

① 参见王圣军、田军华《粤港澳区域合作创新机制研究》，载《经济与管理》2012年第8期。

究制定大珠三角环保框架协议，建立区域环境监测预报和灾害防治预警系统，建立粤港澳联络协调机制。（见表1）《共建优质生活圈专项规划》提出深化珠江口海域、深圳湾、大鹏湾等邻接水环境的保护合作；联合开展珠江流域水环境综合治理；建议建立区域低碳发展合作机制，推进区域应对气候变化的合作，开展区域清洁生产合作，加强区域环保产业合作，新能源与可再生能源研发及应用合作。

表1 大珠三角区域规划中有关环境治理的安排

规划	区域环境治理的内容	规划目标	范围
珠江三角洲地区改革发展规划纲要（2009）	共建绿色大珠江三角洲地区优质生活圈；实施环珠江口地区的"湾区"重点行动计划；建立污染联防联治机制，共建跨境生态保护区、保护水库集水区；粤港实施清洁生产及产业合作	到2020年，形成粤、港、澳三地分工合作、优势互补、全球最具核心竞争力的大都市圈之一	粤港澳
大珠江三角洲城镇群协调发展规划研究（2009）	建设大珠三角优质生活圈；提出生态安全格局优化、区域环境污染治理、珠江口湾区生态环境保护、跨界环境合作等具体计划；提出制定大珠三角城镇群环境保护框架协议，建立区域环境监测预报和灾害预警系统	粤港澳合力建设充满生机与活力、具有全球竞争力的、协调可持续的世界级城镇群	粤港澳
共建优质生活圈专项规划（2012）	将生态环境保护作为共建优质生活圈的前提。优化区域大气监测网络，加强区域大气、水环境质量和污染控制合作；开展区域清洁生产合作、环保产业合作、清洁能源合作；将大珠三角建成"低碳发展示范区域"；将"环珠江口湾区"建成大珠三角生态安全体系的核心支撑区域	将大珠三角建设成具有示范意义的绿色宜居城市群区域	粤港澳

（二）小珠三角区域规划的引领

小珠三角城市群的区域规划也分为两类：一是综合性规划。综合性规划涉及区域经济发展、社会服务、资源开发、环境保护等诸多内容，如2004年建设部与广东省共同编制的《珠江三角洲城镇群协调发展规划2004—2020》。该规划提出关于珠三角城镇群发展的蓝图以及实施规划的一整套策略、行动方案。尽管是综合性规划，仍对珠三角城镇群的环境治理做了较详细的规划安排。二是专题性规划。如2005年广东省环保局牵头编制的《珠江三角洲环境保护规划纲要》、2010年广东省环保局牵头编制的《珠江三角洲环境保护一体化规划》、2010年水利部组织编制的《珠江河口综合治理规划》、2013年由广东省林业厅编制的《珠江三角洲地区生态安全体系一体化规划》、2016年广东省政府颁发的《珠三角国家森林城市群建设规划》。这些规划强调以下环境治理目标和治理策略。

1. 提出建设森林城市群

《珠江三角洲环境保护一体化规划》提出，加快推进珠三角区域生态安全体系一体化，在2020年前在珠三角率先建成国家森林城市群。《珠三角国家森林城市群建设规划》提出重点加快珠三角森林生态安全一体化步伐，构筑稳固的森林生态安全屏障、建设绿色生态水网、建设城市森林组团，到2020年把珠三角地区打造成森林城市群。《珠江三角洲环境保护规划纲要》明确提出，把珠江三角洲建成全面、协调的国家可持续发展示范区，到2020年建成生态城市群。《珠江三角洲地区生态安全体系一体化规划》提出加强区域生态安全体系一体化建设，构筑珠三角森林生态安全屏障，加快推进森林生态安全体系建设。

2. 优化区域生态安全格局

《珠三角城镇群协调发展规划》将珠三角区域内生态环境、城镇、产业与重大基础设施地区划分为9类政策区，不同分区实施不同的空间管治，强调保护区域发展的生态"底线"，构筑珠三角网络型的生态结构。《珠江三角洲环境保护规划纲要》提出建设生态环境安全格局：红线控制，优化区域空间布局；绿线提升，引导区域经济持续发展；蓝线建设，保障区域环境安全。《珠江三角洲地区生态安全体系一体化规划》提出，构建"一屏、一带、两廊、多核"的区域生态安全格局；加强区域生态安全体系一体化建设；守住生态红线。规划提出构筑稳固的森林生态安全屏障，主要依托山脉、林地、水系等要素，组合、串联和扩大各类绿色生态空间，构建珠三角城市群森林绿地体系。

3. 建立区域环境合作的体制机制

《珠江三角洲环境保护规划纲要》强调，加强区域协调、改革环境管理体制、加强环保合作。《珠江三角洲环境保护一体化规划》提出建立高效的区域环境保护一体化体制机制政策体系和行动方案：建立齐防共治的跨界水体污染综合防治体系；构建跨界水体综合防治体系；建立联防联控的大气复合污染综合防治体系；建立同保共育的生态体系；建立共建共享的基础设施体系；建立协同联动的环境监管体系；建立先行先试的环境政策法规体系；建立统筹协调的环境管理体制。深化粤港澳合作，强化区域协同联动。

二、以行政协议推动粤港澳大湾区环境合作

政府间协议是若干个地方政府基于共同面临的公共事务问题和经济发展难题，依据一定的协议、章程或合同，将资源在地区之间共享、交换或重新分配组合，以获得最大的经济效益和社会效益的活动。[①] 这种政府合作协议是实现合作和解决争端的最为重要的区域协调机制之一，是在平等协商、互惠共利和合意一致基础上达成的书面协议，缔约方可以是两个以上的同级政府或不同级别的政府，也可以是政府部门，还可以是政府部门和政府。这些协议可分为合作框架协议与具体合作协议。一般来说，合作框架协议（Framework Agreement）是指缔约方就协议目标及主要内容达成意向而订立的协议，形成合作纲领性文件，它主要提供一种规则，一种意向，具体合作需要细化成具体协议。政府环境合作协议是以合作处理环境问题为特定目标的一种具体行政协议，属于书面形式缔结的契约，这种协议对签约方具有一定的约束力，但不具备法律强制力。

---

① 参见何渊《泛珠三角地区政府间协议的法学分析》，载《广西经济管理干部学院学报》2006年第1期。

(一) 政府合作框架协议

2003年，中央政府分别与香港、澳门特区政府签订《关于建立更紧密经贸关系的安排》(CEPA)，此后，粤港澳的合作不断深化和拓展。2004年，内地9省与港澳共同签署《泛珠三角区域合作框架协议》。2010年，广东省政府与香港特区政府签订《粤港合作框架协议》，2011年签订《粤澳合作框架协议》，作为促进粤港澳更紧密合作的纲领性、综合性指导文件。这些框架协议的内容涉及环境保护、基础设施、产业发展、社会保障、科技信息、通关等各领域的合作。在框架协议中，对环境合作的规定比较原则、比较笼统。《泛珠三角区域合作框架协议》第四条提出，建立区域环保协作机制，加强"9+2"在生态建设、水环境保护、大气环境保护和清洁生产等方面合作；制定区域环保规划，加强珠江流域的生态建设，提高流域整体环境质量。《粤港合作框架协议》第一章提出构建全国领先的区域环境和生态保护体系，建设优质生活圈，第六章第一条强调，共同防治空气污染和开展水资源保护，开展粤港海洋环境监测网络技术交流，开展联合专项执法行动，打击破坏海洋环境等违法活动，实施清洁生产伙伴计划，合作实施滨海湿地保护工程，共同建设自然保护区。《粤澳合作框架协议》的第五章对环境保护做了概括性的表述：加强区域水环境管理和污染防治，治理珠澳跨境河涌污染，创新流域整治的合作机制，构建完整的区域生态系统，建设跨境自然保护区和生态廊道；加快环珠江口跨境区域绿道建设，共建区域空气质量监测网络，完善区域污染信息通报机制，完善联防联治机制。2017年7月，国家发展改革委、广东省政府、港澳特区政府四方签订了《深化粤港澳合作推进大湾区建设框架协议》，提出坚持生态优先、绿色发展的原则，着眼于城市群可持续发展，强化环境保护和生态修复，推动形成绿色低碳的生产生活方式，将粤港澳大湾区建设成宜居宜业宜游的优质生活圈。另外，在小珠三角地区的3个经济圈内城市间也签订了合作框架协议，这些框架也突出了城市间的环境合作。2009年，广州、佛山、肇庆三市签订《广佛肇经济圈建设合作框架协议》，其中第十一条提出：以水环境污染和空气污染联防联治为突破口，改善区域整体环境质量，加强水资源保护利用合作；加强大气环境综合治理；实现环境基础设施资源共建共享；加强区域绿色生态屏障建设；健全区域生态环境协调机制。2009年，深圳、惠州、东莞三市签订《推进珠江口东岸地区紧密合作框架协议》，其中第十二条要求，建立区域污染联防联治机制，优先治理跨界河流污染，加强相邻生态功能区合作；加强区域环境信息共享；共同监测大气污染和水域污染；推进区域环境基础设施建设和合理布设；推进珠江河口和大亚湾海域和东江流域污染综合治理；探索区域环保排放、收费和治理标准的统一。

(二) 政府间环境合作协议

1. 粤港澳政府间环境合作协议

一是总体性环境合作协议。这类协议涉及大气环境、水环境和资源保护利用等多方面的合作。2009年8月，粤港共同签署《粤港环保合作协议》，合作领域包括空气污染防治、水环境保护、林业保育、清洁生产和环保产业、海洋渔业资源保护、资源循环利用等。2013年，珠澳共同签订《珠澳环境保护合作协议》，协议重点开展两地水环境污染治理，特别是界河的治理。开展大气污染联防防治、废物利用及环保产业合作。深化环境紧急事故通报。2016年10月，香港与澳门两个特别行政区签订《港澳环境保护合作协议》，协议要求加强在空气污染防治、环境监测与研究、废物及污水管理、环评、环宣与培训、环保产业等方面的合作，以及加强重大跨境环境突发事故的通报。2017年3月，广东与澳门签署《2017—

2020年粤澳环保合作协议》，推动编制粤港澳大湾区环境保护规划，推进环境监测、环境科研与交流、环境培训、环保宣传、环保产业、废旧车辆跨区转移处置、突发环境事件通报等方面的合作。

二是专项性环境合作协议。2002年4月，粤港签署和发布《关于改善珠江三角洲空气质素的联合声明》，双方提出争取在2010年二氧化硫、氮氧化物、可吸入颗粒物和挥发性有机化合物的排放总量达到合作目标要求。为实现目标，粤港采取一系列有力措施加强污染防治和减排。2007年8月，粤港签订了《关于推动粤港两地企业开展节能、清洁生产及资源综合利用工作的合作协议》。双方承诺加强推动粤港企业节能、清洁生产及资源利用方面的合作；加强区域协作，共同支持两地工商界的环保计划；在实施计划、节能、清洁生产及资源利用的技术标准等方面加强沟通交流。2014年9月，粤港澳签署《区域大气污染联防联治合作协议书》，共同推进区域大气污染联防联治合作，共建珠三角空气质量监测平台，优化粤港澳珠江三角洲区域空气监测网络，联合发布区域空气质量信息、开展环保科研合作和环保技术交流；实时发布区域空气质量信息；开展粤港澳区域性PM2.5联合研究；推进清洁生产伙伴计划。

2. 小珠三角政府间环境合作协议

为了推动小珠三角区域的环境合作治理，小珠三角地区的城市政府间签订了数十个环境合作协议。这些协议大多是小珠三角内部广佛肇、深莞惠、珠中江3个经济圈城市间签订的。由于地缘关系，城市间的双边环境协议也是在3个经济圈内，如《广州市佛山市同城化建设环境保护合作协议》《中山珠海两市跨界区域防洪及河涌水污染综合整治合作协议》《深莞两市加大茅洲河流域污染源环保执法力度框架协议》等。

珠三角政府间环境合作协议呈现三种类型：一是经济圈总体性环境合作协议。2008年，广东省提出建立广佛肇（广州、佛山、肇庆）、深莞惠（深圳、东莞、惠州）和珠中江（珠海、中山、江门）三大经济圈，通过三大经济圈一体化发展来实现珠三角一体化。3个经济圈城市间签订环境合作协议有《深莞惠环境保护与生态建设合作协议》《广佛肇经济圈生态环境保护合作协议》《珠中江环境保护区域合作协议》，这些环境合作协议以水环境和大气环境治理为重点，涉及规划编制、项目联审、执法应急、联合监测、环境科研、环境设施、环境宣传合作，以及环境应急联动、环境信息共享、产业合作、合作机制等各个方面。如2009年签署的《珠中江环境保护区域合作协议》对区域水环境、大气环境联防联治等方面做了规定，该"协议"提出建立珠中江构建珠中江环境监测网；建立跨界环境违法案件移送机制；建立区域环境信息定期通报制度。

二是跨界水污染治理合作协议。跨界河流污染一直是珠三角环境治理中的一大难题。2009年深圳、东莞、惠州签署《深莞惠界河及跨界河综合治理工作协议》，联手治理石马河、淡水河、茅洲河、沙河等跨界河流的污染问题。2012年，深、莞、惠三市共同签署了《深莞惠饮用水源与跨界河流水质监测工作一体化协议》，进一步深化对龙岗河、观澜河、淡水河等流域的重污染企业和污染企业的治理，细化合作工作原则和主要任务，明确跨界河流的监测合作，并订立详细的三市交流机制，实现环境监测信息和资源共享。2015年，深、莞签署《深莞两市加大茅洲河流域污染源环保执法力度框架协议》，对茅洲河流域内污染源开展环保专项执法检查和跨区域联合执法检查行动。2015年，珠海与中山签署《中山珠海两市跨界区域防洪及河涌水污染综合整治合作协议》，该"协议"提出切实推进污染减排，改善水环境质量，加强水环境监管体系建设的合作。2015年，深圳、东莞、惠州与河源和汕尾签署《深莞惠经济圈（3+2）跨界流域非法养殖场整治工作协议》，将跨界城市环境合作的范围扩大至河流的上游地区。①

三是城际大气污染治理合作协议。2011年，为保障第26届世界大学生夏季运动会顺利举行，深圳与东莞、惠州签订了《深莞惠机动车排气污染联防联治工作协议》，继续完善大气污染防治长效机制，加强城际机动车污染防治合作，成立机动车排气污染联防联控工作小组，提升各市的机动车污染防治措施；每年定期联合整治深莞惠黑烟车、跨境柴油车；上线运行"深莞惠环境信息共享系统"，常态化查处黄标车、黑烟车等。② 2015年，深、莞、惠三市签订了《深莞惠大气污染防治区域合作协议》，推动区域大气环境污染联防共治，建立跨界污染协调机制，建立大气污染防治经验交流与黄标车淘汰的工作会议制度，建立及黄标车数据库的共享机制，建立重大环境影响项目通报制度。

四是其他环境合作协议。2012年，深、莞、惠三市签订《区域突发环境事件应急联动工作框架协议》，确立了三市协同处置突发环境事件、跨界河流污染联动预警、联合执法监督联合监测、环境应急信息共享等行动机制。2015年，为了增强环境信息对接共享和加强环境执法合作，深、莞、惠三市签订了《环境信息共享系统数据安全及运营管理协议》和《深莞惠经济圈（3+2）环境保护联合交叉执法工作协议》。

三、以组织机制保障粤港澳大湾区环境合作

多年来，粤港澳构建了以联席会议为核心的合作机制，在联席会议框架下，通过建立粤港、粤澳环保合作小组及其下设的专责（项）小组，落实执行相关环境合作规划、协议和行动方案。联席会议制度和环境工作（专责）小组相结合是粤港澳大湾区环境合作的组织特征，通过建立联席会议制度和环境工作小组来研究决定区域重大环境合作事项，达成协调合作关系，落实合作规划和协议。其中，领导人联席会议是指导粤港澳环境合作的高层对话机制。

（一）建立联席会议制度

《粤港合作框架协议》和《粤澳合作框架协议》都要求建立和完善粤港、粤澳合作联席会议制度，共同研究决定有关合作项目和事项，强化协调和执行职能，设立或调整合作专责小组。联席会议这种高规格的领导机构，有效推动了粤港澳大湾区环境治理的进展。

1. 粤港合作联席会议

1998年3月，香港前特首董建华提议建立粤港联席会议制度，很快双方政府举行了首次粤港合作联席会议。粤港联席会议每年一次，轮流在广州和香港两地召开。从2003年起，联席会议由两地行政首长共同主持，使得粤港官方合作进入实质性阶段。③ 到2016年，粤港合作联席会议召开第19次会议。粤港联席会议为两地环境管理提供交流平台，通过联席会议签订多项环保协议和相关协议，如2002年粤港在会上签订了《改善珠江三角洲空气质

---

① 参见卢慧《加强联合交叉执法 五市共推跨界治污》，载《南方日报》2016年3月21日第HC02版。
② 参见刘晶、马嵩《深莞惠签署尾气污染防治协议 建立信息沟通机制》，http://www.chinanews.com/ny/2011/06-30/3148504.shtml。
③ 参见陈广汉、谢宝剑《粤港澳合作制度变迁动力研究》，载《澳门理工学报》（人文社会科学版）2012年第2期。

量的联合声明》，2015年，粤港在会上签订了包括《2016—2020年粤港环保合作协议》在内的9份合作协议。

2. 粤澳合作联席会议

2001年，粤澳高层会晤制度开始运作，2003年12月，建立粤澳合作联席会议制度，取代粤澳高层会晤制度。粤澳合作联席会议下设联络办公室，联席会议主要磋商下阶段粤澳合作方向、合作重点及重大经济社会问题。每年轮流在广东和澳门举行。同时联席会议下可根据需要设立若干项目专责小组。专责小组之下还可再设专项工作小组。[①] 2008年7月，在粤澳合作联席会议框架下成立珠澳合作专责小组，作为政府间直接沟通联系机制。2010年10月，珠澳合作专责小组增设"珠澳环保合作工作小组"。珠澳环保合作工作小组每年召开一次联席会议，建立环保专责和联络机制。[②]

3. 小珠三角联席会议

为了推动珠三角9市间环境治理合作，广东省政府建立由省领导为召集人的联席会议。2002年年底，省委、省政府颁发《关于加强珠江综合整治工作的决定》，并建立珠江综合整治工作联席会议制度。2008年10月，建立珠三角大气污染防治联席会议制度，并制定《珠三角区域大气污染防治联席会议议事规则》。联席会议以省长为第一召集人、9市主管市长和18个省直相关部门负责人组成。联席会议的职责包括检查和定期通报珠三角大气污染防治规划实施情况，组织考核大气污染防治工作，协调解决区域大气污染纠纷，建立统一的区域环保政策等。此外，广佛肇、深莞惠、珠中江等经济圈也建立了联席会议制度，定期召开领导人联席会议，其中环境合作是联席会议的重要议程。例如，2009年深圳、东莞、惠州第二次党政联席会议签署《界河及跨界河综合治理计划》，将"淡水河、观澜河—石马河、茅洲河"纳入综合治理；深莞惠第七次党政联席会议通过了《深莞惠大气污染防治合作协议》。

（二）建立环境合作小组

1. 粤港持续发展与环保合作小组

1990年，粤港环境保护联络小组成立，2000年更名为"粤港持续发展与环保合作小组"。粤港持续发展与环保合作小组由香港环境局局长和广东省环保厅厅长担任双方组长，该合作小组主要负责两地在环境合作领域的政策制定和管理；磋商环境及可持续发展问题；检讨环保项目对两地生态环境可能带来的影响；交换两地环境保护方面的数据；对合作小组各项计划的执行情况进行定期回顾。合作小组下设专家小组及7个专题（责）小组（见表2），负责对合作小组制订的工作计划、减排政策进行具体的落实、监察和指挥。[③] 到2016年，粤港持续发展与环保合作小组先后召开了16次会议。

[①] 参见王书明、马学广、杨洋《海洋、城市与生态文明建设研究》，人民出版社2014年版，第112页。

[②] 参见黄珏《珠海澳门环保联络机制建构完成》，http://news.southcn.com/d/2014-06/13/content_101974552.htm。

[③] 参见吴磊、郑君瑜《粤港区域大气环境管理创新机制研究》，载《资源开发与市场》2016年第10期。

2. 粤澳环保合作专责小组

2000年建立粤澳环保合作机构，2002年5月建立粤澳环保合作专责小组。粤方成员除了省环保厅、水利厅、港澳办外，还包括珠海市环保局、中山市环保局等单位，澳方成员包括澳门环保局、港务局、民政总署、气象局等。下设林业及护理专题小组、空气质量合作专项小组、水葫芦治理专项小组（见表2）。从2002年开始，水葫芦治理专项小组联手澳门、中山和珠海，治理澳门附近海域和航道的水浮莲，取得了较好成果。2006年，粤澳成立空气质量合作专项小组，开展空气监测合作和项目研究，加强双方在空气质量和管理领域的交流，为粤澳改善区域空气质量提供管理和决策支持。① 粤澳环境合作主要是在珠澳两地展开，2008年12月，成立珠澳合作专责小组，珠澳环保合作工作小组成立以来，建立了联络沟通机制，建立起了珠澳环境合作的主要交流平台。2017年珠澳环保合作工作小组提出了未来的合作计划，珠澳双方就水环境污染、突发环境事件的通报及处理、生态技术和环保产业交流、环境宣传教育等方面的议题进行了深入讨论。②

表2　粤港、粤澳环境合作小组及其主要职能

	专项（专题）小组	主要职能
粤港持续发展与环保合作小组	珠三角空气质素管理及监察专责小组	向粤港持续发展与环保合作小组提交改善区域空气质量的建议与措施，监察区内空气质量变化，分析防治措施成效，同时训练双方有关人员，进行技术交流，探讨引入新技术和新措施
	珠江三角洲水质保护专题小组	评估珠江河口水质状况，分析河口水域在不同水质目标下的纳污能力，进行珠江河口区域水质管理合作规划研究
	大鹏湾及后海湾（深圳湾）区域环境管理专题小组	研究制订大鹏湾行动计划和深圳湾（后海湾）进一步行动计划，推进大鹏湾及深圳湾（后海湾）区域环境管理合作
	东江水质保护专题小组	跟进有关保护及改善东江水质的工作，保持紧密联系，确保供港水质安全
	粤港两地企业开展节能、清洁生产专题小组	推进"清洁生产伙伴计划"，鼓励和协助珠三角的港资工厂采用清洁生产技术和作业方式，推动节能减排技术的应用
	粤港海洋资源护理专题小组	加强海洋生态保护交流合作，改善区域海洋环境质量，促进海洋渔业资源增殖等生态修复工作，推进水产养殖环境监测合作，协调处理海漂垃圾等海洋环境问题
	粤港林业及护理专题小组	保护濒危野生动植物、湿地保育及管理、建设及管理自然保护区和森林公园、苗圃管理与乡土树木育苗

---

① 参见程满清《全方位构建粤澳合作新格局》，http://news.163.com/06/1210/08/31VFG6JK000120GU.html。

② 参见澳门会展经济报《举行珠澳环保合作工作小组会议 继续深化区域环保合作》，http://www.macaucee.com.mo/content.asp?id=51779。

（续表2）

专项（专题）小组	主要职能
粤港持续发展与环保合作小组 —— 粤澳水浮莲治理专项小组	采取人工打捞的方法，重点对中山、珠海和澳门三地水域进行治理。定期召开会议，建议由三方出资建立研究水葫芦治理专项治理基金
粤澳空气质量合作专项小组	加强双方在空气质量和管理领域的交流，掌握区域空气质量现状，提供科学监测和研究数据，为改善区域空气质量提供管理和决策支持
粤澳林业及护理专题小组	建设及管理自然保护区和森林公园、苗圃管理；保护濒危野生动植物、湿地保育及管理

四、以环保工程落实粤港澳大湾区环境合作

（一）水环境治理合作项目

水环境治理是粤港澳环境合作的重头戏之一，主要开展在涉及跨界河流、珠江口近岸海域治理工程上的研究和治理合作。粤港澳水环境治理合作主要是深港、珠澳之间的合作。跨界河流主要是深港、珠澳的界河，如深港边界河流——深圳河，珠澳边界河流——鸭涌河、前山河等。

1. 深圳河治理工程

深圳河是深圳与香港的界河，流入深圳湾，河全长37千米，流域面积312.5平方千米，北岸深圳占流域面积的60%，香港占40%。早在1981年12月，深圳市政府与港英政府就有就深圳治河治理展开谈判，并于1982年4月组成联合小组展开工作，着手编制深圳河治理的前期规划，出台《深圳河防洪规划报告书》。由于两地没有达成合作共识，到1995年深圳河工程才正式动工。该工程由深港双方政府共同出资，前后分四期进行，为此成立了深港联合治理深圳河工作小组，由该机构代表双方政府进行谈判和决策。该工程在国内率先实行项目法人制，招投标制，建设监理制和合同管理制，形成了一套别具特色的管理模式。经过治理，深圳河的生态环境和环境面貌得到极大的改善。[①]

2. 深圳湾治理工程

深圳湾在香港被称为后海湾，这是广东与香港共管的近岸海域，是我国污染严重的海湾之一。为了治理深圳湾，深港两地政府投放资源，拓建与优化深圳湾集水区内的污水基础设施，2000年共同制定《后海湾（深圳湾）水污染控制联合实施方案》。2007年共同制定《实施方案2007年修订本》，订立深圳湾污染物减排目标，逐步削减污染负荷。双方根据方案积极治理水环境，深圳湾水质得到了改善。2016年，深港完成《后海湾（深圳湾）水污染控制联合实施方案》第二次回顾研究，并确定进一步合作计划。

---

① 参见陈红燕《界河档案——深港联合治理深圳河工程回顾和展望》，载《水利发展研究》2010年第6期。

3. 大鹏湾治理工程

为保护大鹏湾水环境，2003 年，深港合作完成《大鹏湾水质区域控制策略》的研究，并推行"策略"中的相关建议。2008 年深港开展《大鹏湾水质区域控制策略》首次回顾研究，2011 年完成研究工作，提出保护大鹏湾水环境的补充建议。

4. 珠江口治理工程

2004 年，启动粤、港、澳三地珠江口湿地生态保护工程，该工程计划用 5 年时间，种植 5 万公顷红树林，并抢救珠江口周围 50 万公顷的珍贵湿地，从而构筑珠江口红树林湿地保护圈。[1] 2008 年，粤港两地合作建成一套先进的珠江河口地区水质数值模型，为河口水环境管理提供了科学分析工具。2009 年 2 月，粤港澳共同编制《环珠江口宜居湾区建设重点行动计划》，"计划"着重分析湾区的湿地系统、跨区域污染和环境保护，研究湾区内水资源利用、水环境保护等。

5. 鸭涌河整治工程

港珠澳大桥的珠海连接线工程——拱北隧道要从鸭涌河河底通过，项目施工占用了鸭涌河上游部分河段，珠澳通过协商将鸭涌河综合治理纳入粤澳新通道项目一并实施，将鸭涌河的防洪标准由治理前的 5 年一遇提高到 50 年一遇。另外，在小珠三角，深莞惠三市、广佛两市、珠中江三市间就治理跨河流、河涌方面建立了合作机制，实施综合治理的工程和联合行动。

（二）空气质量合作项目

1. 区域空气监测网络项目

早在 1999 年，粤港联合开展区域空气质量研究项目——粤港珠江三角洲空气质素研究，着手研究 PM2.5、臭氧污染、灰霾的成因与治理。2002 年，粤港共同发布改善区域大气环境质量的联合声明。[2] 2003—2005 年，粤港联合建成了珠江三角洲区域空气监控网络。该网络由 16 个监测点组成（13 个在广东，3 个在香港）。随着《粤港澳区域大气污染联防联治合作协议书》的签订，将澳门空气质量监测子站也纳入了该网络，监测站点由 16 个增加至 23 个，并将网络更名为"粤港澳珠江三角洲区域空气监测网络"。该监测网络率先在珠三角开展 PM10、PM2.5、O_3、SO_2、NOX、CO 的常规业务监测，率先每日按照新环境空气质量标准发布区域空气质量信息，并为粤港政府环境决策提供科学依据和技术支持，编制的《珠江三角洲地区空气污染物排放清单编制手册》规范了污染物排放量统计方法。[3] 2014 年，粤港澳实施《改善珠三角空气质素的 PM2.5 研究》，该项目主要研究珠三角地区 PM2.5 污染物的时空分布，分析监测数据，识别及量化 PM2.5 的污染源，以促进三地联手制定有针对性的相关政策，预计 2017 年完成该研究。

2. 清洁生产伙伴计划项目

2008 年 4 月，为了鼓励和协助珠三角地区的港资企业采用清洁生产技术，减少企业污

---

[1] 参见甘雪明《粤港澳共吁保护珠三角湿地 投 5 亿种 5 万公顷红树林》，http://tech.southcn.com/news/dt/200402030040.htm。

[2] 参见李瑞农、郭薇、黄慧诚《珠三角的"蓝天样本"——关于广东省改善大气环境质量的调查报告》，载《中国环境报》2016 年 6 月 7 日第 01 版。

[3] 参见吴磊、郑君瑜《粤港区域大气环境管理创新机制研究》，载《资源开发与市场》2016 年第 10 期。

染物排放，粤港启动清洁生产伙伴计划。该项目由广东省经信委和香港环境保护署联合开展，香港政府对该项目第一阶段拨款9300万港元，为期5年，后来，将该计划延展至2020年。该项目包括三项工作：一是实地评估项目，主要资助企业聘用顾问为工厂发掘可行的节约能源、减少污染的方案；二是示范项目，主要资助企业安装设备或改善生产流程；三是核证改善项目，主要资助企业或独立第三方核证服务，为工厂核证清洁生产改善项目的成效。目前已批准了近400个资助项目。①

（三）其他环境合作项目

2010年5月，为探索循环经济发展新路，粤港澳实施废旧汽车拆解基地项目，对粤港澳大量的废旧汽车、摩托车、轮胎、家用电器等进行拆解、回收加工再利用。粤澳双方加强气象探测领域合作，共同交流风暴潮、水浸街预报等方面的关键技术，互换雷达数据、卫星云图、风暴潮汐观测数据等，粤方将向澳门开放使用数值、预报模式数据和区域短时临近预报模式数据，并在黄茅洲以南的外海岛屿共建气象观测平台。② 在保护东江水质方面，双方积极合作，跟进各项有关保护东江水环境的工作，在东江流域已建成142座污水处理设施，日处理能力达924.8万吨，确保了供港水质安全。③

---

① 参见《羊城晚报》《清洁生产伙伴计划》，http：//news.ifeng.com/a/20150213/43174386_0.shtml。
② 参见陈启任、董永春《粤澳气象部门深化探测和数值预报合作》，http：//www.chinanews.com/ga/2014/06-10/6265769.shtml。
③ 参见黎泽国《粤港粤澳合作框架协议实施考察》，载《开放导报》2017年第2期。

粤港澳法律服务业建设初探
——以律师合作为视角

唐国雄　涂雨薇[*]

摘　要：在"一国两制"及"粤港澳大湾区"背景下展开的粤港澳区域性司法合作中，以律师合作为代表的法律服务业建设正方兴未艾。目前，虽然有一系列政策支持及便利条件，但粤港澳律师跨区域合作仍然面临法律渊源不同、司法体制不同、行业准入（分级）标准不同及律师执业保障不足等诸多困境，为应对上述问题，探索以律所联营—双向交流—一体化为发展方向的律师合作新模式，以多样化方式开展服务与合作，同时健全相关司法制度、律师执业保障制度等配套措施，进一步深化粤港澳地区律师合作，扩展服务范围，提升服务质量，为粤港澳区际法律服务业整体建设提供助力。

关键词：粤港澳；法律服务；律师；合作

广义的法律服务业包括仲裁、公证、律师行业等，但是从《关于发展涉外法律服务业的意见》等规范性文件来看，目前我国法律服务业的范围大致限于律师服务业。2017年10月16日，广东省司法厅厅长曾祥陆为全国首批获得资质的42名港澳律师颁发合伙联营所港澳律师工作证。目前，在广州、深圳、珠海三地共有11家粤港澳合伙联营律师所，136名律师。粤港澳律所合营是粤港澳大湾区建设背景下，区域性律师合作的新尝试，沿此路径，跨区域法律服务业必将在理论和实践经验的引导下进一步展开。

一、粤港澳区域法律服务业建设的基础

（一）"一国两制"与"粤港澳大湾区"

20世纪80年代初，为实现国家和平统一，邓小平创造性地提出了"一国两制"的科学构想，习近平总书记在香港回归20周年的重要讲话中强调"中央贯彻'一国两制'方针坚持两点，一是坚定不移，不会变、不动摇；二是全面准确，确保'一国两制'在香港的实践不走样、不变形，始终沿着正确方向前进"。"一国两制"意味着两种政体同时在粤港澳大湾区存在，并将会在较长时间内一直存在。与此同时，我们应当看到，虽然"一国两制，五十年不变"，但并不代表永远不变，互通、交流、合作、一体化进程必将一步步深化。"一国两制"并非限制而是机会，我们要以更开放宽容的态度来看待和研究粤港澳区域性

---

[*] 唐国雄，广东国融律师事务所；涂雨薇，华南理工大学法学博士研究生。

合作。

2017年，李克强总理在《国务院政府工作报告》中首次提出"粤港澳大湾区"概念，将粤港澳区域发展细化到"研究制定粤港澳大湾区城市群发展规划"的层面。粤港澳大湾区采用"9+2"模式，被认为是"国家建设世界级城市群和参与全球竞争的重要空间载体"，将原有的"珠三角城市融合发展"上升到国家战略的高度。党的十九大报告再次强调粤港澳湾区建设，可以预见，包含法律服务业在内的粤港澳大湾区具体规划即将出台。

（二）全方位对外开放政策

"一带一路"建设，是我国全方位对外开放、加强国际合作的一个缩影。宏观层面的目标是要"构建人类命运共同体，实现共赢共享"；在具体合作层面，截至2016年年底，中国企业已在"一带一路"沿线20多个国家建设56个经贸合作区，累计投资超过185亿美元，为东道国创造了近11亿美元税收和18万个就业岗位。2016年，第71届联合国大会通过决议，首次写入"一带一路"倡议，得到193个会员国一致赞同。联合国秘书长古特雷斯说，"一带一路"倡议展示出中国为推动全球发展带来的新远见。

党的十八大以来，习近平总书记在国内外多个重要场合阐述了中国将坚持全方位对外开放的重要思想，不仅指出中国将大力建设共同发展的对外开放格局，而且指出经济全球化是社会生产力发展的客观要求和科技进步的必然结果，要让经济全球化进程更有活力、更加包容、更可持续。党的十九大报告中也再次提出"推动形成全面开放新格局"。

（三）粤港澳法律服务业发展的机遇与挑战

粤港澳法律服务业建设正是在上述背景下展开。粤港澳地区不同于我国任何一个区域性城市群建设，尤其是在法治建设方面，"一国两制三法系"决定了建设过程中必然存在大量的冲突，这就要求粤港澳法律服务业建设秉承开放、合作、探索的精神。

首先，"一国两制"意味着对政治体制的包容态度，要看到无论是资本主义，还是社会主义，在坚持法治的目标上是一致的，在对法律服务的需求方面也是一致的。其次，粤港澳大湾区城市群建设过程中，商业贸易和人员往来会带来更多法律业务，而政策支持会给法律服务创建平台，供求关系决定了粤港澳法律服务业有了拓展业务范围、提升整体业务水平以及进一步深化合作的契机。最后，全方位对外开放政策要求我们以更高层次的视角来看待粤港澳法律服务业建设，不仅仅局限于珠三角9市以及两个特别行政区，同时要放眼全球经济一体化的大趋势。粤港澳法律服务业不止面向粤港澳区域性合作，同时为域外法律合作提供示范。

概而言之，当前的政治、经济以及科技水平等客观条件对于粤港澳法律服务业的发展而言，既是机遇，又是挑战，它们不仅带来了更宽松的环境、更便捷的互通，同时引起不同政治、法律体制之间的摩擦与阵痛。法系与法域的不同并不是法律服务业合作中无法克服的障碍，但一定会带来某种程度上的限制，以律师业为代表的法律服务行业，在这种情况下谋求融合与发展，就是要在冲突中求平衡，变问题为机会。

二、粤港澳法律服务业建设背景

（一）粤港澳区际司法合作发展现状

首先，司法协助。迄今为止，内地与香港签署了送达、取证、仲裁裁决执行、协议管辖民商事判决的承认与执行、婚姻家事判决的承认与执行五项区际司法协助安排。根据 2016 年 3 月最高人民法院与香港特区律政司签署的《民商事司法协助工作会谈纪要》，两地在 2017 年年底前签署相互认可和执行非协议管辖民商事判决的安排。内地与澳门签署了送达与取证、仲裁裁决承认与执行、民商事判决承认与执行三项区际司法协助安排。香港与澳门签订了移交被判刑人、仲裁裁决认可与执行两项安排。数据显示，2012 年，广东受理的涉港澳民商事案件数量占全国的 4/5，与港澳开展区际司法协助的数量占全国的"半壁江山"。① 除此之外，以"联合执法"为主要表现形式的警务合作也是粤港澳刑事司法合作的重要内容，其范围包括海洋渔业、边境安防等。

其次，以横琴法院为代表的司法制度性改革与创新。珠海横琴新区人民法院是以"新一轮改革开放先行地、粤港澳深度合作示范区"——珠海横琴为依托，以全局性、综合性、系统化的司法目标创建的全国综合改革示范法院。② 横琴法院是司法改革在粤港澳区域推进的先锋和代表，除了横琴法院先行试点的一系列制度措施之外，"以审判为中心"的诉讼制度改革，从证据制度、司法程序制度以及司法去行政化、整合公检法机关之间关系等诸多方面进行了改革。

再次，仲裁合作的深入开展。在商事交流频繁的情况下，仲裁合作是粤港澳司法合作的先行军。2015 年，广东省政府《实施〈粤港合作框架协议〉2015 年重点工作》中规定在中国（广东）自由贸易试验区前海片区投资的企业可以选择香港法律作为适用法律以及选用香港作为仲裁地。在这一文件精神指导下，深圳国际仲裁院聘请多位香港仲裁员，拥有香港仲裁员总人数达 146 人。与此同时，深圳国际仲裁院做出的裁决越来越得到国际上的承认和执行。

最后，法学学术及法律文化交流。较之司法体制改革的困难重重，粤港澳跨区域法学学术及文化交流近年来一直在如火如荼地进行。大致可以分为法学教育、律师行业及其他法律服务行业的交流等。除了粤、港、澳联合举办的法学研讨会外，内地与港澳大学基本实现了招收跨区域学生以及学历互认。律师行业也已经从事务性交流向更深层次发展，2017 年 11 月 4 日，香港大律师公会林定国主席等大律师一行 19 人到访广东省律师协会并受到广东省司法厅厅长曾祥陆接见，林定国主席表示希望在当今粤港澳大湾区法律服务的政策背景下，香港大律师公会能与广东律协加强合作，共谋发展。

（二）粤港澳律师跨区域合作现状

粤港澳地区律师合作，已经开展多年，但是效果泛泛，并呈现出单向性的特点。2003 年，订立的 CEPA 及其后的补充协议降低了香港律所设立业务机构的条件，允许取得内地法律执业资格的香港永久性居民中的中国公民在内地律所从事非诉讼法律事务，其后将该范围进一步扩大至所有涉及香港居民、法人的民事诉讼代理业务。在取得律师资格方面，香港居民可以直接持有经教育部认证的香港、台湾地区高等院校或国外高等学校学历学位申请报考内地的国家司法考试并经过实习取得内地律师执业证。对于具有 5 年以上执业经历者还可减免实习要求，仅需参加内地律师协会组织的不少于 1 个月的集中培训并经考核合格。根据香港法律，内地居民申请获取香港律师职业资格同港籍人士要求基本相同，内地律师取得了

---

① 参见张淑钿《粤港澳大湾区城市群建设中的法律冲突与法律合作》，载《港澳研究》2017 年第 3 期。
② 参见《珠海特区报》，http://www.hengqin.gov.cn/ftz/News/201508/639d6e46661245439b9a4f342293b325.shtml。

5年或以上的内地执业经验，可以参加海外律师资格考试，考试通过后符合特定居留条件也可申请律师执业资格。①

现阶段，粤港澳律师合作以律所联营为依托，2014年《香港特别行政区和澳门特别行政区律师事务所与内地律师事务所在广东省实行合伙联营试行办法》以广东省为试点开创了合伙型联营模式，并允许律师事务所分所参与合伙经营。联营是在CEPA及《香港特别行政区和澳门特别行政区律师事务所与内地律师事务所联营管理办法》法律框架下进行，并以补充协议的方式不断放宽设立条件。在香港，联营所的设立主要依据香港法例第159章《法律执业者条例》第39C条规定。

2017年1月，司法部发布《关于发展涉外法律服务业的意见》，其中明确提出坚持在CEPA及其补充协议框架下，实施内地对香港、澳门的各项开放措施，加快落实合伙联营律师事务所试点工作，进一步加强香港、澳门律师事务所与内地律师事务所的业务合作。2017年9月26日召开的广东省委深改组会议审议通过了《关于发展涉外法律服务业的实施意见》，在该文件中明确提出要"复制推广粤港澳合伙联营律师事务所"，"积极实施内地对香港、澳门各项开放措施在广东的先行先试，推动粤港澳律师事务所合伙联营和协议联营发展"，为今后法律服务业发展提供强有力的政策支撑。

三、律师跨区域执业的难点与成因

与上述发展机遇相对应的，是粤港澳跨区域法律服务业仍然处于初级阶段。至今无法快速推进的现实原因主要包括以下方面：一是体制方面，港澳地区经过了漫长的殖民地时期，在法律制度、司法体系等方面已经深受统治国的影响。以香港为例："包括普通法、衡平法和制定法在内的英国法律及其司法运作方式源源不断在香港加以施用……历经150年的发展变迁，香港的法制及其法律文化传统不可避免地发生了实质性的改变，完全融入了普通法系的行列，成为带有东方特色的普通法通行的区域。"② 回归以后，在"一国两制"基本国策之下，港澳地区原有的司法体系也基本得以维持。二是文化层面，在港澳均超过100年的被殖民时期内，已经历经了几代人口更迭，现在的香港（澳门）人，很多是混血后代，即使是华人后代，也是在殖民地时期出生和成长，他们对于国内的法律文化和司法体制的接受度都比较低。基于本文主题，以下仅就粤港澳律师跨区域执业的制度困境加以分析。

（一）法律渊源和司法体制的不同

我国内地属于"非典型"的大陆法系。我国的正式法律渊源是成文法，采用人民代表大会领导下的"一府两院"制。之所以"非典型"，具体来说包括：我国没有宪法诉讼体系，目前尚无直接援引宪法条文作为诉讼依据的先例；我国内地是以"审判权独立""检察权独立"的形态表现司法独立性；我国"人民法院""人民检察院"的表述方式不同于其他国家；我国内地的诉讼受政策（尤其是刑事诉讼受到刑事政策）影响较大；检察院同时承担起诉和法律监督的工作等。概而言之，基于社会主义国家的背景，我国内地的司法体制自

---

① 参见郭燕明《推进粤港律师业从单边开放走向双边合作》，载《广东外语外贸大学学报》2017年第4期。

② 参见叶秋华、李温《论"一国两制"下的香港法制及其启迪——纪念香港特区成立十周年》，载《法学家》2007年第3期。

身特色比较明显。

香港地区具有普通法传统，主要体现在：判例是正式的法律渊源，普通法、衡平法以及制定法都可以在具体案件中被援引；基本移植了英国的陪审团制度；在回归以后，香港基本法规定，香港享有终审权。整体来说，香港基本保留了港英时期的政治、司法体制。

澳门地区秉承葡萄牙法律传统，司法体系的基本架构属于大陆法系，但同时受香港和内地的影响，其法律体系的复杂性比香港更甚。例如，澳门有从葡萄牙借司法官的遗留习惯，律师公会曾允许葡萄牙律师直接进入澳门律师系统，法官写判决书时很喜欢引用葡国法学家的观点学说来加强该判决书的说服力等。

（二）律师行业准入标准不同（以内地和香港地区为例）

在内地，一般情况下，具有高等院校本科以上学历，参加国家统一司法考试（2018年改为国家统一法律职业资格考试），取得律师资格并在律师事务所实习满1年，就可以经省、自治区、直辖市以上人民政府司法行政部门审核批准并颁发律师执业证书。香港的法律系学生取得普通法法学学士学位或相当于普通法法学学士学位的专业文凭后，进修一年的法学专业证书课程（一般只收取荣誉等级二等乙级以上的学生）。选择做事务律师的学生须跟随一名执业至少5年的事务律师实习2年，选择做大律师的学生须跟随一名执业至少5年的大律师实习1年，实习期满后，经律师（大律师）公会考核合格，取得律师（大律师）资格。[①]

首先，对教育背景要求不同。内地对律师没有专业教育的硬性要求，事实上，行业内有很多律师是自学通过司法考试并取得律师执业证书。显然，在律师的法学教育背景方面，香港的要求比内地高很多，不止有专业学习年限的要求，还细分为理论教育与职业教育两个部分，同时对前者教育的成绩要求较高。

其次，对执业经验的要求不同。内地对律师执业的实习期统一为1年，通常在这1年的实习期内，要求实习律师参与办理的案件不少于一定数量，参加律协组织的集中培训并完成考核。香港要求大律师1年及事务律师2年实习期，主要是因为事务律师的从业范围比较广，所涉及的实体法律与程序内容比较多，因而对实习期限的要求较大律师要高。

再次，律师分级制度不同。香港的律师制度承袭英格兰传统，分为律师（solicitors，又称"事务律师"）和大律师（barristers，又称"讼务律师"）两个分流。律师提供一般的法律服务，例如楼宇买卖及按揭、草拟商业文件、公司上市等法律问题。也有一些提供较专门的法律服务，如关于航运和知识产权等法律问题。律师也提供诉讼方面的服务，但他们只能在裁判法院、区域法院及高等法院的内庭聆讯中代表当事人。大律师的服务范围主要是提供与诉讼有关的服务，可分为三类：一是在各级法院作为当事人的代表律师，进行诉讼及辩论；大律师可以出席各级法院的聆讯，并在高等法院和终审法院享有唯一的出庭发言权。二是根据当事人的指示草拟与诉讼有关的法律文件。三是透过律师向当事人提供任何方面的书面法律意见。除了少数专业人员如会计师之外，当事人不能直接聘用大律师，必须由律师转聘。由于大律师是诉讼方面的专才，而且是个人独立执业的，这种转聘制度亦保障了大律师在提供服务时的客观性和独立性。事务律师和大律师的工作性质和范围，甚至训练和专业守

[①] 参见香港律师《香港与内地律师事务所管理比较》，http://blog.sina.com.cn/s/blog_9c2121da01018ztq.html。

则皆不相同，但并没有高低从属的关系。① 与之相比，内地的律师分级管理制度还在试点阶段，从 2017 年 3 月司法部下发《关于建立律师专业水平评价体系和评定机制的试点方案》来看，试点区域比较小、缺乏具体的细分规则，但也正朝着专业化的方向发展。

比较分析可以看出，总体而言，在内地从事律师职业的门槛比较低，与律师从业相关的规定也较为笼统，究其原因，主要是由于法律传统以及司法体制的不同，律师从业的市场成熟度也有较大差异。当然，内地与香港对律师执业的要求不同，并不能推导出内地律师水平较低的结论，而是应该看到融合和借鉴的空间，提升两地律师的专业水平。

（三）律师保障不足

既然要开展跨区域法律服务，那么就必然要"保障先行"。在新一轮的司法体制改革中，法官权利保障被广泛关注，而律师则停留在"为权利而斗争"的阶段，尤其是在刑事司法领域，正如陈瑞华教授所言，"书本上的刑事辩护制度是一回事，实务中的辩护形态则是另一回事"，除了职业权利以外，律师在执业过程中的人身权利保障也有所缺失，从"律师在法庭被打""律师遭遇法警滥用强制手段"等新闻可见一斑。仅就律师执业保障而言，粤港澳区域律师合作面临两个问题：

第一，内地律师执业保障的不足。我们不得不承认，在司法权威性不高的情况下，内地律师职业尊严和保障水平远不如港澳律师，在这一点上，无论是否跨区域合作，只要是在内地执业的律师都必须正视。第二，没有跨区域性律师执业保障的相关规定。既然要跨区域合作，合作中必然会出现一些跨区域所特有的问题，在处理这些问题时，如何保障律师的职业权利，我们没有与之对应的规定，也就是"无法可依"。

四、粤港澳法律服务业建设的具体设想

（一）模式选择

1. 律所联营模式——初始阶段

联营律所本身已经进入发展成熟的阶段，在时间上，粤港澳地区律所联营已经颇有历史；在具体制度性规则上，一系列的正式规定业已出台；在实践效果上，合伙联营的创新模式正在逐步推进。但是，就粤港澳法律服务业建设的整体而言，联营律所仅仅应被看作初始阶段，这主要是从联营律所的运营和工作方式来分析的。从相关规定不难看出，粤港澳地区虽然是律所合伙联营，但依然是以港澳律师在港澳地区执业、内地律师在内地执业的方式工作，对于涉及两地的案件中律师可以交流合作的规定也是语焉不详，相当于同属于一家公司的内地籍和港澳籍员工，并没有在具体工作上真正实现合作与互通。

2. 双向交流模式——发展阶段

这里的双向交流模式，是指由律师个体或团队而非以联营律所为载体承担粤港澳跨区域法律服务工作，举例来说，就是同一个律师既能够在内地又能够在港澳从事律师职业，并能享有当地律师的全部职业权利。在香港地区，大律师是独立执业的，不属于任何律所，联营律所的模式对他们并不适用，采用双向交流模式，才能让香港大律师参与到粤港澳法律服务

---

① 参见陈弘毅等合编《香港法概论》，香港三联书店 2011 年版，第 137 页。

合作的进程中。

3. 一体化模式——成熟阶段

"一国两制"将在较长时期内存在，但是不断深化的文化及事务交流，必经会令"两制"之间的界限越来越模糊。就目前的宪法结构而言，统一全国法律制度的进程将是缓慢而又艰巨的①，但欧盟刑事司法一体化的实践将分属英美法系和大陆法系的欧盟成员国的刑事法律和司法制度，分别在欧盟及成员国的层面上进行了协调和统一的尝试，这为我国提供了有益的借鉴。② 随着司法一体化的进程，律师服务也必然也会向一体化迈进，这是粤港澳地区律师合作与法律服务业成熟的标志，也是我国司法建设的新高度。

（二）配套措施支持

第一，司法制度的完善。法律服务业的完善始终有赖于司法制度的完善，诸如律师职权范围、律师执业程序性保障等内容，都不是行业建设能够解决的问题。粤港澳区域性司法合作的课题之下，制定针对性的规范并加以适用，是律师合作乃至法律服务业建设的基础性保障。

第二，发挥律师行业协会的作用。律师作为高度专业化的职业，律师行业协会在行业管理、行业自治以及职业保护等方面具有不可替代的作用。粤港澳湾区的法律服务业建设，同样需要粤、港、澳三地律师行业协会的协同与交流，这既有利于跨区域律师管理，又能够为律师跨区域执业与合作提供必要的帮助。

第三，探索多样化的律师服务方式。①服务业外包形式。港澳地区从特定概念上来说，属于"域外"，因而可以探索"离岸服务业外包"的服务业通行模式，合作并不意味着要一把抓，通过服务外包的形式将专业工作交给擅长的律所或律师，是更广阔意义上的法律服务合作。②法律顾问形式。事实上，法律顾问的服务形式由来已久，无论是涉外还是港澳台区域都早已有相关规定，如《司法部关于开展国内律师事务所聘请外籍律师担任外国法律顾问试点工作的通知》，广东省《关于省内律师事务所聘请外籍律师担任外国法律顾问试点工作的实施意见》。通过聘请法律顾问到律所的工作方式，能够为律所在跨区域服务时提供交流的便利，亦能提升法律服务及合作的效率。除上述两种方式之外，还可以进一步探索粤港澳律师跨区域合作的新方式。

（三）完善律师遴选制度及执业保障

"司考"改"法考"，意味着法律职业的专业化要求越来越高，那么就有必要提高律师执业的门槛，具体来说包括两个方面：一是增加对法学专业教育的要求，同时细分为理论教育和职业教育两部分；二是在资格考试中加入实践要求。将律师行业准入置于粤港澳司法合作的背景下考虑，还有必要增设跨区域合作的培训要求等。从另一个角度来看，可以探索从律师中遴选初任法官、检察官等机制，拓宽律师职业的发展方向。

2017年4月26日，司法部首次举办新闻发布会，通报保障律师执业权利工作。律师的执业权利包括：受案权、会见与通信权、阅卷权、调查取证权、知情权、申请权、申诉与控

---

① 参见黄进《论宪法与区际法律冲突》，载《法学论坛》2003年第3期。
② 参见杨杰东《深化粤港澳区际刑事司法合作研究》，华南理工大学硕士学位论文，2010年，第34页。

告权、辩护权等。① 其实仅就规范而言，律师执业保障已经日趋完善，但是实际操作上面临的问题仍然难以解决，笔者认为，针对实际问题，需要从以下几个方面加以完善：一是树立正确的思想观念，确立律师服务业属于整个司法体制建设的重要部分而非与之相对立；二是畅通权利救济途径，法谚有云："没有救济就没有权利"，仅有保障性条款显然不足以扫清律师执业过程中的种种阻碍，还要为律师提供权利救济的途径，并令其实际可行；三是矫正律师与公检法机关关系，实践中律师执业权利难以保障，缺乏相关机构和人员的配合是重要原因，因而要从关系改革的根本层面切入改革。

---

① 参见邱兴隆、邢馨宇《审前程序中的律师权利及其保障与实现（下）》，载《法学杂志》2017年第8期。

粤港澳休闲产业一体化发展战略研究

何丹华[*]

摘　要：积极推动实施粤港澳休闲产业一体化发展战略，既是大湾区建设的需要，也是三地产业发展的内在要求。作为文化产业的重要组成部分，三地休闲产业实现一体化发展，除了要面对产业与商业的要素制约，还有制度因素的障碍。推动三地休闲产业融合发展，要注重制度建设，为一体化提供制度保障。要重视顶层设计，创新引资思路，坚持一体化战略与产业提质扩容战略相结合原则。

关键词：大湾区建设；休闲产业一体化；衔接融合；提质扩容

粤港澳大湾区建设与休闲产业提质扩容都是近年重要的国家发展战略。2015 年，国务院办公厅在《关于积极发挥新消费引领作用，加快培育形成新供给新动力的指导意见》中，明确把教育、健康、养老、文化、旅游等休闲产业作为消费升级重点领域，要求大力拓展职业技能培训、文化艺术培训等教育培训消费；健康管理、体育健身、高端医疗、生物医药等健康消费；家政服务和老年用品、照料护理等养老产业；动漫游戏、创意设计、网络文化、数字内容等新兴文化产业；乡村旅游、自驾车房车旅游、邮轮旅游、工业旅游等文化休闲业态。2016 年，国务院办公厅再次下发了《关于进一步扩大旅游文化体育健康养老教育培训等领域消费的意见》，要求围绕旅游、文化、体育、健康、养老、教育培训等重点领域，引导社会资本加大投入力度，通过提升服务品质、增加服务供给，不断释放潜在的消费需求。"意见"把休闲文化产业定义为"幸福产业"，在强调消费经济发展的同时，明确了休闲文化产业的社会性和人民性。在这样的背景下大力推动粤港澳大湾区休闲产业一体化发展，对区域经济、文化乃至政治文明建设，都具有重要的现实意义。

一、粤港澳休闲产业一体化发展的必要性

党的十九大报告与大会媒体焦点对休闲文化消费都有很多着墨："满足人民新期待，保障改善民生"，人力资源和社会保障部专门论及养老；迎接党的十九大旅游产业专栏，国家旅游局称，近 3 年来，我国旅游业改革呈现出全面发力、多点突破、蹄疾步稳、纵深推进的良好态势，给广大游客以及旅游从业者带来了看得见、摸得着的"获得感"。关于健康产业，党的十九大报告多次提及消费，包括"在中高端消费、创新引领、绿色低碳、共享经济、现代供应链、人力资本服务等领域培育新增长点、形成新动能"，"完善促进消费的体制机制，增强消费对经济发展的基础性作用"，"加快建立绿色生产和消费的法律制度和政

---

[*] 何丹华，广东省社会科学院消费与经济研究中心。

策导向"等。涵盖全域旅游、影视传媒、演艺游戏、出版印刷、养生养老、体育健身等业态的休闲文化产业，充分体现出绿色、共享、创新、中高端消费的特征，将在我国内需拉动经济战略实施，供给侧改革推进和社会文明建设中发挥重要作用。

（一）粤港澳大湾区建设离不开文化的参与

经济合作发展需要稳定的社会环境，和谐的社会关系。休闲产业的发展基于休闲产品的消费，休闲产品的社会性、人文性，使其有别于一般商品，能作用于人们的精神世界，在一定程度上影响人们的价值观、世界观。媒介、影视、游戏、出版等既是文化沟通的主要桥梁，也是休闲产业的重要组成部分。加强粤港澳休闲文化产业合作，既是粤、港、澳三地产业升级和经济转型的迫切需要，又是丰富精神供给、增加大众文化认同的现实要求。休闲文化的软传播受众接受度较高，有利于增进跨制度的文化认同，消除港澳与内地一直存在的文化隔阂。文化隔阂问题在年轻一代中更加突出，知乎网曾就海峡两岸暨香港地区文化认同问题发过一个帖子《台湾/香港人对大陆最真实的看法是怎么样的？》，来自香港的、在内地学习工作的知乎网友港仔 Derek 认为，香港年轻人普遍对大陆可以说只有片面的了解或者误解，而导致两地不了解的很大一部分原因是传媒。他在帖中说："现代媒体都有一个特点，就是只会报道不好的事，因为八卦、坏消息最好传播。我们只能透过传媒，看着多少大陆旅客在香港如何不守规则，大陆旅客如何'抢夺'香港资源等"。[①]

（二）粤港澳转型升级需要建立新的产业支点

博彩业和观光旅游业一直是澳门的经济支柱，休闲产业也是粤港经济发展的重要拉动力。香港和澳门，前者高度依赖房地产业和服务业，后者高度依赖博彩业和观光业，产业单一化问题突出。[②] 随着全球经济放缓，两地的服务业都遭遇困境。以旅游业为例，2015 年以来，内地赴港旅行团数量不断下滑。香港迪士尼公布的 2015 财年业绩报告显示，受内地访客人数和酒店入住率下跌影响，2015 年净亏损 1.48 亿港元。受旅游业和服务业不景气影响，香港失业率也创新高。香港旅游业的不景气还影响了周边地区，包括珠三角和澳门。香港旅游业者期望广深港高铁、港珠澳大桥等基建项目能尽快落实，为旅游业发展创造新商机。澳门则希望通过强化对外合作，打造世界旅游休闲中心和中葡商贸服务业平台。澳门特别行政区政府还特别鼓励年轻人投身文化创意产业，鼓励他们多参与内地的创新创业活动；强调澳门每一个文创产业项目的发展都离不开内地的强大后盾的支持，十分看重与内地的合作。粤港澳休闲产业联动，才能做大做强。2015 年在香港举行的海峡两岸暨港澳中医中药发展论坛，达成的共识就是让港澳成为推动中医药海外发展的"桥头堡"。粤港澳加强中医药科学研究，联合推进中医药标准化建设与中医服务，将有助于拓展三地医药保健与养老养生的新消费空间。

二、粤港澳休闲产业一体化发展的可行性

（一）粤港澳休闲产业有合作共赢意愿

至 2017 年 6 月，粤港澳已经举行了 18 次文化合作会议。粤港澳文化合作机制自 2002

[①] 参见知乎网《台湾/香港人对大陆最真实的看法是怎么样的？》，https：//www.zhihu.com/question/30894337，访问日期：2017 年 8 月 28 日。

[②] 参见陈广汉、李小瑛《澳门经济发展瓶颈与"走出去"策略》，载《港澳研究》2015 年第 1 期。

年建立以来，在演艺节目和人才、文化资讯、文物博物、公共图书馆、非物质文化遗产传承与保护、文化创意产业等六大方面搭建了交流合作平台。2017年6月，在佛山举行的第18次会议，三地共同签署了《粤港澳共同推进"一带一路"文化交流合作意向书》《粤港澳青少年文化交流合作意向书》及《粤港澳青年戏剧交流与合作意向书》等文件。三地就携手推进"一带一路"文化交流、推动青年文化交流、加强品牌建设、完善合作机制等达成了共识。"2017首届深澳创意周深圳·澳门文化旅游产业融合发展高峰论坛"是一次成功的粤澳休闲文化"双城对话"。"深圳·澳门首届国际文化旅游创意产品设计大赛"以"新文化、新旅游、新澳门"为主题，以产业化落地为结果，融入创新项目首发路演和互联网创新元素，是搭建更加开放和高效的跨区域文化旅游融合创新平台的重要举措。据来自第21届香港国际影视展的信息显示，近两年粤港两地影视合作进入了一个新的阶段。广东省新闻出版广电局着力推动建立粤港影视的沟通机制，拓宽粤港影视资讯的交流渠道，开掘粤港影视领域深度合作，整合粤港优质的影视制作资源，促进影视项目融资、制作和发行的全方位合作。演艺业方面，三地近年在演艺业、人才培养、文化传承与保护、艺术创新等多方面都有合作与交流。粤港澳歌手大赛、粤港澳新媒体主持人大赛等，为三地音乐人与媒体人提供了交流和展示才华的舞台和机会。歌手大赛还为优胜选手提供签约和单曲录制、推广机会，以挖掘和培养更多华语音乐新生力量，为华语音乐行业注入新活力。

（二）粤港澳休闲产业有融合现实基础

粤、港、澳三地在影视演艺、流行音乐、印刷出版、会展旅游、体育地产等休闲产业领域都有长期合作。同根同源的文化底蕴与相近的大众欣赏习惯，庞大的消费人群使珠三角成为港澳艺人拓展的优先市场。

影视业：基地建设加快。2013年，粤港澳影视产业合作基地落户惠州，目前，粤港澳台影视拍摄基地的功能格局初步显现。2015年粤港澳影视产业高端人才孵化基地落户广州花都，基地除了从事影视专业人才培养，还探索三地影视合作新模式，促进三地产业深度合作发展。2016年1月，瞄准粤港澳影视创作的粤港澳（深圳）影视文化创意产业园在深圳龙华新区盛大启动。粤、港、澳三地将在这个平台上强强联手，孵化更多的影视创作型人才，孵化更多的影视项目，共同打造更多优秀的影视精品。

演艺业：艺人往来常态化。2016春节，整合广东广播电视台资源打造的广东春晚，杨千嬅、张卫健、汪明荃等香港明星登台献唱。2017广东跨年嘉年华，曾志伟、钟镇涛、阮兆祥、郑秀文、许志安、梁汉文等明星加盟，唱响肇庆、广州。每年，珠三角都成为香港歌手拓展内地的桥头堡。从"谭咏麟银河岁月40载演唱会2016广州首站""陈奕迅2016广州演唱会"到"我是广州女儿：陈慧娴2016巡回演唱会首唱羊城"，都受到粤、港、澳三地粉丝的追捧。

印刷业：港资独具优势。香港印刷工业年总产值曾逾300亿港元，在市场营销、信息传递和物资供应等方面具有优势。珠三角印刷业发展中，持续北迁的香港印刷业一直扮演着重要的角色，推动印刷产业的不断发展，使珠三角成为世界重要的印刷基地。为化解产业升级带来的印刷业压力，三地业者不断探索绿色印刷、数字印刷与传统制造业深度融合的发展模式。"2016粤港澳印刷业新春研讨会"就以"创意创新，创出印刷新未来"为主题，着重探讨如何更好利用"互联网＋印刷"模式开拓印刷业发展新方向。

旅游业：粤、港、澳三地旅游业的融合步伐早已开始。三地旅游部门1993年便组成粤港澳旅游推广机构，建立起长期合作机制。很多旅客也喜欢以"一程多站"的方式，在一个假期之中拥有不同的体验。数据显示，90%的长途旅客以及50%的短途国际旅客都以"一程多站"方式游港。2016年，粤港澳大湾区接待了总量超过4亿的游客，旅游收入超过一万亿人民币。内地出境游达1.22亿人次，其中有58%选择香港和澳门为目的地[①]。澳门特别行政区政府旅游局认为，粤、港、澳三地的旅游合作让澳门的旅游产品更多元，迎合了不同需求的旅客，拓展了更广的客源，而大湾区的建设对澳门来说是非常重要的契机，希望三地能有更多合作，共同做大旅游业蛋糕。

三、粤港澳休闲产业一体化发展的难题与对策

（一）粤港澳休闲产业一体化发展的制约因素

作为文化产业的重要组成部分，休闲产业的文化性包含有意识形态性，因此，决定其一体化发展的难题除了产业与商业的要素制约，还有制度因素障碍。

1. 文化认同障碍

不同社会制度导致的文化认同差异，直接影响经济体的经济发展观和商业价值观，加大彼此产业融合的难度。

2. 制度安排障碍

产业一体化发展还未建立常态化的行政协调机制和有效的产业协调机制，难以通过协调实现产业发展规划、战略布局、基础设施建设的衔接与融合。

3. 产业路径依赖

三地休闲产业合作主要还是在文化服务业和文化制造业领域，而且因袭加工贸易模式，盈利手段单一。

4. 文化资源短板

创意等文化资源短板加剧同质竞争，削弱企业的获利能力。找准一体化合作的利益点成为推动合作进程最重要的因素。

5. 市场因素制约

粤港澳休闲产业的市场同时受国内、国际需求影响。国际需求变化对印刷业这样的外向型文化制造业影响尤其明显，三地印刷业都感受到巨大压力。

6. 企业革新压力

多种所有制企业存在的体制机制不同增加产业协作成本。国有文化企业体制创新压力大，市场适应能力不强。

7. 产业环保压力

传统印刷业是环保投诉重灾区。据不完全统计，2016年，广东全省各地对4205家印刷企业责令整改，立案处罚企业2341家。

8. 金融服务制约

文化金融合作对接常态化还只是愿景，金融服务模式创新远远满足不了三地休闲产业加

---

① 参见新浪财经《接待超过4亿游客 2016年粤港澳大湾区旅游收入超万亿》，http：//finance.sina.com.cn/roll/2017-10-18/doc-ifymviyp2234390.shtml。

速发展的现实要求。

(二) 推进粤港澳休闲产业一体化发展的对策建议

第一，坚持互利互惠和公平原则，注重制度建设，为一体化提供制度保障。建立完善行政协商、产业协调、产权保护、环保评价等制度，从制度层面实质性地消除港澳休闲业者对产业环境的顾虑。三地政商沟通实现常态化，通过多种渠道和项目的实施，建立良好合作关系。

第二，重视顶层设计，着手展开对三地休闲产业发展现状的全面调研，重点了解三地相关产业的优劣势，三地的投资环境、营商环境、市场前景，产业转移意愿、资源流动障碍、产权保护重视程度，了解现行政策法规的不适性，为制订发展战略提供科学依据。

第三，创新引资思路，在优惠政策引资的传统思路上，注重以引龙头、补链条、建集群增强吸引力。招商引资要有专家团队参与，提高专业知识和项目洽谈能力，实现与投资方的有效对接。

第四，鼓励金融机构积极创新服务模式，助力实体经济和区域经济发展。筹建休闲产业基金，重点资助三地体育、旅游演艺等IP资源的开发利用，资助艺术创作和艺术人才培养，为粤港澳特色休闲文化精品产出提供资本保证。基金对三地企业要一视同仁，保持开放性和广泛性。

第五，确定大湾区休闲产业拓展重点，努力实现三地产业的错位发展，优势互补，形成合力抢占市场空间，提高国际分工的地位。

第六，探索大湾区休闲产业提质扩容实现途径。坚持一体化战略与产业提质扩容战略相结合原则。

第七，争取用3~5年的时间，实现三地传统合作行业印刷、旅游、影视、演艺业的路径突破和质量提升。积极推动三地在医药保健、养老养生、体育休闲、教育培训、网络游戏等业态的合作，通过扩容占领市场，使南方休闲文化影响力和产业竞争力有明显提高。

构建粤港澳大湾区软法机制的路径研究

马蓉蓉[*]

摘 要：粤港澳大湾区建设中的软法治理是一个十分重要但又常常被人们忽视的问题。本文站在推进国家治理体系和治理能力现代化的高度，立足粤港澳大湾区建设的具体实际，在分析构建粤港澳大湾区软法机制必要性的基础上，从不断培育契约精神、建立激励约束机制、建立争议解决机制等方面提出构建粤港澳大湾区软法机制的三大路径。

关键词：粤港澳大湾区；软法治理；软法机制；三大路径

软法治理是国际区域一体化的重要手段和重要经验。因此，根据我国国家治理体系和治理能力现代化的要求，结合粤港澳大湾区建设的具体实际，在分析构建粤港澳大湾区软法机制必要性的基础上，探索构建粤港澳大湾区软法机制的主要路径，对促进粤港澳大湾区建设具有重大意义。

一、建设粤港澳大湾区需要软法机制

法国学者弗朗西斯·施奈德1994年提出："软法是原则上没有法律约束力但有实际效力的行为规则。"软法与硬法是国家法律规范体系的两大组成部分，软法与硬法的共通之处在于：都必须遵循宪法的框架；都要遵循共同的法律价值与法治原则；都是为了实现共同的法治目标。两者不同之处在于：保障实施的力量不同，硬法主要依靠公权力保障实施，行为人违反了软法则通常不会受到直接的国家强制，往往受到的是舆论谴责或其他某种形式的外部社会压力；实施机制不同，硬法依靠自上而下的命令控制机制予以实施，软法则更多地依赖于自律和社会影响力的共同作用；位阶的体现不同，硬法的位阶性很明显，以宪法为基准形成一个效力递减的位阶体系，软法自身则不存在明显的效力层级；公民参与的程度和性质不同，硬法主要基于等级制和单向传达之上，公民参与的程度有限，而在软法实施过程中，软法机制更有助于实现行政机关和公民之间的平等，真正体现公民参与治理和自我治理的精神。

（一）借鉴区域发展成功经验的客观需要

国际区域经济一体化的重要经验就是积极构建适应区域经济发展实际的软法机制。无论是国际区域经济一体化还是国内区域经济一体化，两者追求的目的就是：通过逐步取消阻隔

---

[*] 马蓉蓉，女，广州市委党校政治学与法学教研部教授，广州市人民政府重大行政决策论证专家。

各国或地区生产要素在区域内自由流动的障碍,建立一个包括商品、资本和劳动力在内的统一市场,充分发挥各国或地区生产要素的优势,实行区域内生产要素的优化配置,促进区域内专业分工,协作生产,发挥规模经济效益,从而促进区域的共同繁荣。就国际区域经济一体化而言,最大的三个组织是欧洲联盟、北美自由贸易区和亚太经合组织。其中,欧盟一体化是目前国际区域一体化中最成功的典范之一,其成功经验对世界其他国家和地区推进区域一体化有重要借鉴意义。勒内·西尔登和弗里茨·斯特罗因克合编的《欧美比较行政法》一书将软法视为欧盟治理的一种手段或工具,认为《欧盟条约》中规定的建议、意见、一般行动纲领、中长期框架计划以及大量无《欧盟条约》法律基础的决议、指南、宣言、行为准则等均属于欧盟软法的范畴。这些形式的软法具有一个共同特征:不具有完全的法律上的约束力,但也并非完全没有法律效力。例如,欧盟成员国在给予国内企业补助、援助时,要受欧盟法一般原则的约束:遵守在补助、援助领域使用裁量权的有关"指南";欧盟法院有时会以"建议"作为解释欧盟规章的工具;在这种情况下,成员国当局和成员国法院处理相应事项也必须考虑这些"建议"。[①] 美国区域法制的协调已经形成了比较完善的制度体系。从美国的法律史来看,同时具有州法和合同性质的州际协定是最重要的区域法制的协调机制。近年来,州际协定这种区域法制的协调机制正越来越受到联邦政府和州政府的决策者的关注和青睐,主要表现在联邦政府和地方政府的积极参与,州际协定涉及领域的不断扩张等。因此,建设粤港澳大湾区必须借鉴国际区域一体化的经验,加快构建软法机制。

(二) 构建区域治理模式的客观需要

党的十八届三中全会强调:要推进国家治理体系和治理能力现代化。现代治理模式是一种公共治理或合作治理模式,强调更多的协商与沟通,更少的命令与强制。在全球化、民主化、市场化和信息化的时代背景下,由开放的公共管理与广泛的公众参与整合而成的公共治理模式,正在取代传统的国家管理模式或者统治模式,日益发展成公域之治的主导模式。与传统的国家管理模式不同,公共治理不可能纯粹地建构在硬法之上,只能软硬兼施、刚柔相济。因此,公域之治的转型过程在很大程度上就表现为一种由单一僵化的硬法体系向软硬交错的混合法体系进化的过程,这就迫切需要软法的崛起,以填充从国家管理向公共治理转型所形成的法律空白。软法的崛起与公共治理模式的兴起之间存在紧密的关系,伴随着公共治理模式的日渐兴起,软法规范的大量涌现,软法治理的作用日益凸显,成为"公共治理"的主要根据。公共治理主要是"软法"治理,是社会的自我治理及国家和社会的合作治理。自我治理与合作治理的基础主要是自主、自愿的行动。从规范依据看,政府管制时代主要是"硬法"的时代,公共治理时代主要是"软法"的时代。软法依靠其民主协商性来推动公共治理模式的确立,在治理的过程中,软法手段往往成为各方主体合意或者可取的选择,甚至出现了硬法的软化现象。这种温和的、人本化的治理方式,能够以较低的运行成本,理顺公共关系。软法关注与回应多元利益诉求,倚重协商民主,推崇认同、共识与合意,这与公共治理的价值取向和功能定位相契合,决定着软法的兴起将有利于促进国家管理向公共治理转型,推动"善治"目标的实现。在粤港澳合作的进程中,在尊重各地区利益的基础上达成共识,主要通过合作、协调、谈判、伙伴关系、确立集体行动的目标等方式实施对区域公共

---

① Rene, Seerden and Fritz Stroink (eds). "Administrative Law of the European Union, its member states and the United States: A comparative analysis," *Maastricht Journal of European & Comparative Law* 12 (2005): 309–312.

事务的共同治理。这是一种平等协商、互信互利的双向互动的治理模式，体现出治理模式上的转型，这种治理实质上就是一种软法治理。粤港澳大湾区同纽约湾区、旧金山湾区和东京湾区最大的不同在于它是在"一国两制"背景下进行的，粤港澳大湾区内城市间存在不同制度的差异，存在不同的经济和社会发展形态。在"一国两制"背景下，要构建一个既基于粤港澳大湾区地理空间，又高于粤港澳大湾区地理空间的命运共同体、利益共同体、社会共同体，更加离不开软法机制。因此，软法机制是建设粤港澳大湾区的一种新的治理模式。

(三) 克服区域合作司法障碍的客观需要

粤、港、澳三地分别是3个独立的法律体系，其中香港是英美普通法系，澳门是大陆法系，广东属于内地的中华法律体系，3个独立的法律体系相互之间没有管辖权。各自法院之间没有相互配合和管辖权，没有一个可以共同管辖这3个不同法律区域的更高层级的法院，也就是说中国的最高人民法院是无法管辖香港的终审法院和澳门的终审法院。这是粤、港、澳三地司法合作存在的障碍。要解决这一问题，必须多管齐下，综合施策。一方面，建议由全国人大牵头建立区际冲突法律，从立法层面解决这一问题。另一方面，充分发挥中国南沙国际仲裁中心的重要作用。近年来，国际仲裁已成为加强国际及地区之间经济贸易往来的重要法律服务形式。与法院诉讼不同，仲裁具有专家断案、程序快捷、方式灵活、不受行政区域限制等特点，当前已成为国际上最受欢迎的商事纠纷解决机制，对加强国际及地区间的经济贸易有着举足轻重的作用。中国南沙国际仲裁中心是粤港澳合作的创新举措，将以仲裁的方式公正、及时地解决平等主体的自然人、法人和其他组织之间发生的民商事合同纠纷及其他财产权益纠纷。

与此同时，软法是克服粤港澳司法合作存在障碍的重要途径。一般来说，在区域合作的政策导向之下，区域内的政府对区域整体发展所达成的共识，必须以制度性的规则来保证，以强化地方政府调控政策的规范化。美国地方政府之间通过制定具体的府际服务契约、合力协议的方式来构建完善的跨区域合作政策，以实现合作制度的一体化。要规范粤港澳区域间的竞争行为，遏制地方保护主义，区域内的政府有必要基于共同的利益诉求，制定各地共同遵守的区域合作协议或章程，构建一套完善的跨区域合作机制，实现对跨区域公共事务的有效治理。没有明确的协议或章程，就很难保证地方政府在追求地方利益的同时不会对共同利益产生影响。区域合作协议是一定区域内的各地方政府为协调相互间的行政合作事宜、实现区域的共同发展，经协商而形成的对各自行政管理活动进行规制的协议。它是地方政府间开展合作的行为依据。随着现代经济社会的发展，地区之间的合作越来越广泛，对此，各地区之间签订了大量的行政协议，其法治基础在于不具有隶属关系的地方政府间平等、互信、互利的原则；缔结主体是地方政府或其职能部门；缔结方式往往是行政首长联席会议；表现形式多为"协议""协定""备忘录""倡议书"等。

粤港澳大湾区是我国综合实力最强、开放程度最高、经济最具活力的区域之一。随着《关于建立更紧密经贸关系的安排》（CEPA）的深入实施，中央通过"十二五规划"和"十三五规划"对港澳发展进行精心布局，批准设立了深圳前海、广州南沙和珠海横琴粤港澳自贸区。2010年，粤港签署《粤港合作框架协议》。2017年7月，国家发展和改革委员会、广东省人民政府、香港特别行政区政府、澳门特别行政区政府联合签署《深化粤港澳合作 推进大湾区建设框架协议》。签订这些协议的目的在于通过政府之间的合作，消除经济发展的种种障碍，促进区域经济的健康有序发展。由于我国目前尚无法律对这种行政协议的效力问题做出明确规定，如何避免这些协议流于形式是我们面临的挑战。同时，各地行政权力互不隶属，运行机制各有不同，如果仅靠行政手段开展协调，可能影响协议的执行效果。因此，可以预期，软法机制在粤港澳大湾区建设中将发挥日益重要的作用。

二、构建粤港澳大湾区软法机制的三大路径

构建粤港澳大湾区软法机制是一项长期复杂的系统工程，需要不断更新观念、积极探索、深化合作、完善体制。当前的重点在于以下几点。

（一）不断培育契约精神

党的十八届三中全会强调：使市场在资源配置中起决定性作用。市场经济是契约经济，契约精神是市场经济的灵魂。契约精神就是自由的精神、平等的精神，这也是整个司法的精神。契约精神本体上有四个重要内容：契约自由精神、契约平等精神、契约信守精神、契约救济精神，契约自由精神是契约精神的核心内容。从行政法上看，公法契约是指以发生公法效果为目的的契约，区域合作协议作为行政主体之间的行政行为，必定引起行政法律关系的产生、变更、废止，即直接影响行政法律效果的变化。因此区域合作协议属于公法契约的范畴，是公法契约的一种表现形式。具体来说，《深化粤港澳合作 推进大湾区建设框架协议》等都属于公法契约的范畴，因此，为了使粤港澳区域合作协议得到很好的贯彻落实，必须不断培育契约精神。①要培育契约意识。必须实现从"身份"向"契约"的转化。英国历史学家梅因提出："所有进步社会的运动，到此为止，是一个'从身份到契约'的运动。"①从身份社会向契约社会的转换意味着社会关系以及其调节模式的变革。在传统社会的身份化状态的影响下，我国各种身份观和身份规则仍旧渗透于社会经济、政治和生活的各个方面，包括区域经济合作。这就需要在社会生活领域实现经济关系、政治关系的契约化。②要形成和培育契约主体的独立的自由意志。因为在契约过程中，交易对象的自由选择，交易方式的自由选用，均建立在契约主体自由意志的基础上。从目前情况看，契约主体自由意志的形成，既需要进一步加强企业制度的改革，解除企业对行政机关的依附关系，更依赖企业自身加强意识培养，形成独立的意识和观念，并以此指导自己的契约行为。③要明确契约主体。产权主体不明导致政府干预经济加重、地区和市场分割、整体效益递减等。因此，必须深化市场取向的改革，建立完善的市场经济体制，使地方政府成为区域经济合作的规划和引导者，使企业成为真正的市场主体和契约主体。④要规范企业制度。按照现代企业制度的建立原则和国际通行规则，切实地推进政企分开，加快企业改制步伐，按现代企业制度规范企业作为市场的主体行为，弱化政府行为。加快建立契约相关制度，形成良好的市场经济秩序和法制氛围。⑤要建立企业信用体系。进一步完善契约的法律环境，提高调解纠纷机构的执法能力和效率，提高契约进程中的法律约束力，抑制交易主体的违约意图，使经济活动更大范围、更深层次地在契约约束下有秩序地进行，为培养全民的契约精神打下良好基础。

（二）建立激励约束机制

粤港澳大湾区建设的成就既取决于粤港澳大湾区经济合作的主观愿望，又取决于粤港澳大湾区经济合作的激励约束机制。粤港澳大湾区合作既要有相互合作的动力，又要有对非合作行为的约束，即要为合作行为提供足够的激励，对违反"合作规则"者要给予相应的惩

---

① 梅因：《古代法》，沈景一译，商务印书馆1959年版，第97页。

戒。区域合作主体的积极性是受利益驱动与诱导的,各地方政府推动区域合作除了获取区域利益之外,还希望得到认可。因此要运用相应的手段对区域合作给予鼓励和支持,如对区域合作项目的投资给予政策倾斜,对跨区域产业给予目标性政策扶持,对跨区域企业给予工具性政策优惠,对跨区域合作开发给予制度性政策肯定,对积极推进区域合作的部门和领导的政绩评价通过量化指标予以认可等,这些都可成为区域合作的有效激励。同时,区域经济一体化与区域合作对每个成员来说都有一种责任或约束。"共同体的每个成员所负有的一项义务就是使共同体的利益优先于他的自我利益,不论两者在什么时候发生冲突都一样。……这就是社会责任原则。社会责任并不要求人们放弃对个人自我利益的追求。但他们必须用与共同体利益相一致的方式去追求。"① 这就意味着容忍和妥协。区域合作协议对签订协议的各方来说是一种对等性行政契约,其约束力主要体现为成员方基于对共同体的责任和有诺必践原则所产生的自我拘束力。为了防止粤港澳大湾区合作中的机会主义行为,维系区域之间合作的稳定性,就需要建立外在约束机制。包括以下内容:明确区域合作协议中的行为规则条款,规定区域合作各方在合作关系中应遵守的规则,以及违反区域合作条款而应承担的责任;中央政府或上级政府通过相关的政策和法规对区域合作关系进行规范,对区域合作中的非规范行为做出惩罚性的制度安排。

(三) 建立争议解决机制

在粤港澳大湾区合作的过程中,区域内政府间分歧的发生不可避免,因此,必须建立健全争议解决机制。建议建立粤港澳大湾区政府间的协调机制。这是有效统筹各方力量、妥善处理合作之中的纠纷的重要渠道。要建立地方政府首长联席会议制度,确保合作重大事项的有力推进;要建立地方政府秘书长联系制度,确保合作重大事项处理的常规化;要建立部门落实衔接制度,确保合作重大事项的有效落实。建议建立跨粤港澳大湾区的协调机制。从我国区域合作发展实践来看,地方政府为了协调相互间关系,也往往倾向于加强横向合作与联系以实现利益最大化,但现阶段合作往往还处于一种非制度性的阶段,缺乏强有力的组织保证。因此,对区域经济一体化发展的客观需要,建立一个跨粤港澳大湾区行政区的协调管理机构确有必要。区域协调委员会承担地方政府协商不成情况下的相关纠纷的协调、处理工作。这是因为各地方政府在推动区域合作的过程中,都是具有独立性利益的主体,在利益最大化的驱动下,很难走出囚徒困境,协调能力也常常被消解;区域协调委员会具有超脱于地方政府和各合作参与者的自利的打算之中,尤其是在纷争解决过程中,更能扮演好裁判的角色;根据市场规律,区域合作过程中,必然会有盲目、垄断、不正当竞争等现象出现,需要政府的有效干预,但考虑各地方政府在区域合作中的地位、独立利益需求等,明显不适合扮演干预者。建议建立非政府组织的协调机制。欧美国家通过形式多样的协调组织或者都市区政府,培育社会第三方机制,对跨区域的问题进行协调的做法,值得我们借鉴。非政府组织的参与和推动,是区域合作和区域发展的重要力量,所以,建立非政府组织的协调机制是保障合作制度协调性的不可或缺的要素。可建立非政府组织的合作论坛,调动各经济实体和民间组织的力量,过滤掉彼此的分歧,尽最大可能地达成共识;可建立非政府组织的战略同盟,处理好个体与整体、局部与长远的利益关系;可建全非政府组织的合作备忘录,为有效解决纷争做出积极的努力。建议探索争议诉讼解决机制。在美国,因州际协定在实施中引起

---

① A.J.M. 米尔恩:《人的权利与人的多样性——人权哲学》,夏勇、张志铭译,中国大百科全书出版社1995年版,第45、49、52页。

的争议可在美国联邦最高法院进行诉讼,如缔结州际协定的一成员州擅自违反协定的规则,对另一成员州造成损害,受害的州有权向联邦最高法院提起要求赔偿的诉讼。在我国,虽然从目前的状况来看,近期将区域合作中产生的争议纳入诉讼程序,在行政裁决机制之外设计一套司法裁决制度来解决有一定困难,但从长远的发展与制度设想来看,将区域合作中产生的争议纳入诉讼程序,使司法救济成为区域合作的最终保障途径是必要且合理的。因此,建议粤港澳大湾区先行一步,大胆尝试,积极探索粤港澳大湾区争议诉讼的解决机制。

参考文献:

[1] 罗豪才,等. 软法与公共治理[M]. 北京:北京大学出版社,2006.

[2] 姜安民. 发挥软法在现代社会治理中的作用[N/OL]. http://paper.people.com.cn/rmrb/paperindex.htm.

[3] 罗豪才. 软法与治理评论:第一辑[M]. 北京:法律出版社,2013.

[4] Martin Stephen, The construction of Europe:essays in honour of Emile Noël[M]. Kluwer Academic Publishers,1994.

推动合作制度创新，优化港珠澳三地"车辆过桥方案"

王 越[*]

摘 要：港珠澳大桥的建设将粤港澳大湾区形成闭合的"三角型陆路环形结构"，显著提高珠三角城市间的连接与通达程度，为促进粤、港、澳三地深度合作提供重大机遇。新经济形势下，粤、港、澳三地经济合作关系的变化，引发了港珠澳大桥的运输功能发生变化，从传统以货物贸易为主向以服务贸易以及旅游消费为主转变。通车在即，港珠澳三地的"客车车辆过桥方案"是急需解决的问题，本文通过对港珠澳三地"客车车辆过桥方案"制定的瓶颈问题进行分析，最终为粤、港、澳三地政府合作推动"客车车辆过桥方案"制度创新提出建议。

关键词：港珠澳大桥；粤港澳大湾区；车辆过桥方案

经过近10年的孕育、建造，世界瞩目的港珠澳大桥已全线通车，这是粤港澳大湾区最重要的基础交通设施之一。港珠澳大桥建成后，填补了现时珠三角中心城市间陆路通道"断环"状况，深圳—香港、广州—佛山、珠海—澳门三大经济带将形成闭合的"三角型陆路环形结构"，显著提高珠三角城市间的连接与通达程度，形成2小时陆路交通圈，珠三角西部与香港港口间的距离缩短，运输时间和成本因而减少。届时香港、澳门将可拓展珠三角西部乃至大西南区域作为经济腹地，保持经济持续发展，同时，珠三角西部也可利用香港澳门的人才、资金及海外市场促进经济发展，这都将对西部发展路向与定位、路网布局与调整、产业布局与优化、土地储备与利用、人口规模与政策等方面产生深远的综合性影响。陆路打通，更能加快"粤港澳经济一体化"进程，提升大湾区乃至泛珠三角综合竞争力。

一、新经济形势下港珠澳大桥的运输功能发生变化

（一）新经济形势下粤、港、澳三地经济合作关系的变化

改革开放至21世纪初，粤港经济以"前店后厂"为主要合作模式、以出口加工制造业为主要合作内容，香港服务业近六成的服务对象处于珠三角的"后厂"。香港逐渐发展成一个重要的货物贸易集散营运中心，出口贸易从本地出口逐渐向转口转移。由于香港产业有向西转移的需求以及珠江西岸寻求经济发展的需要，在21世纪初，三地展开大桥相关规划研究，并着手建造。

新时期广东省的经济发展面对新的形势，在产业水平、外向型经济发展水平、区域协调

---

[*] 王越，女，博士，珠海市委党校市情研究中心教授。

发展方面呈现出新的特征。港珠澳大桥落脚点的珠三角西部地区开始走出一条不同于珠三角东部传统的经济发展道路，即重点加强与香港在高端服务业领域的合作，经济产业向高端发展的战略取向。香港逐渐成为广东企业直接投资的重要平台。同时，澳门的会展业及旅游业已经成为澳门经济发展的重要一环，在国际市场中已具有相当的吸引力和竞争力。粤港澳之间不仅涉及经济、生产层面的经济合作，也包括大规模生活消费层面的经济交流。随着粤港之间在交通衔接、出入境便利化等方面的不断优化，港珠粤三地居民以休闲旅游、探亲访友、跨境工作为目的的日常往来逐年增多，港珠澳"生活圈"逐渐形成。在此情况下，粤港澳经济合作关系随之改变，从传统以货物贸易为主向以服务贸易以及旅游消费为主转变。

（二）新经济形势下港珠澳大桥的运输功能变化

港珠澳大桥所具有的战略价值首先通过其发挥的运输功能来实现。港珠澳大桥的运输功能是指该条交通通道在货物运输和旅客运输方面发挥的作用。未来，港珠澳大桥对现时陆路和水路运输方式的替代作用将受到运输时间、运输成本以及运输活动偏好等因素的影响。

在货物运输方面，首先，西南区域货物的主要运输通道为西江航道，但近年广西壮族自治区也大力发展沿海港口，而四川地区的货物也可通过长江流域直接运往上海。同时，珠三角西部的外贸依存度逐渐走低，重点发展的重化工业产生的进出口货物多为大宗原材料。因此，西南及珠江三角西部的对外贸易关系以及货物运输模式，都决定了未来与香港之间的货物运输需求将十分有限。其次，由于珠三角港口等交通配套设施的进一步完善，香港作为珠江口货物进出口门户的角色被进一步弱化。随着珠江口跨海通道的增加，珠三角东西部之间将形成更为便捷的交通联系，为深圳港口、南沙港吸引珠三角西部的货物提供更加便捷的陆路通道，未必需要经香港港口进行转口。最为关键的是，整体运输成本逐渐成了珠三角货运竞争的主要因素。由于珠三角西部内河航道条件优越，目前内河驳船运至香港的成本较经陆路拖运至香港的成本更低，特别是中山及江门的大宗商品货柜都是经水运到香港、深圳等港口中转。所以，将来那些体积小、重量轻、要求时效性的贵重型小型集装箱货运非常适合通过港珠澳大桥陆路运输。

在旅客运输方面，首先，在交通及过境便利条件下，珠西区域较好的生态环境及居住条件影响下，往来珠三角西部、澳门与香港之间，是港澳居民较为常态化的跨境活动。此外，由于香港国际机场优质的服务，近年来从珠西部和澳门来港（包括入境和不入境）使用香港国际机场服务的旅客人次不断增加。可以明确地讲，未来由于三地经济和社会层面的交流需要，粤港澳"生活圈"逐渐形成，以及港珠澳大桥的观赏效应，通过大桥往返于三地之间的居民及旅客人次将有很大的上升空间。其次，取道港珠澳大桥的旅客行程不仅较现时陆路旅客行程具有时间优势，较水路运输方式具有更加经济、灵活、稳定的比较优势，促使更多居民及旅客使用港珠澳大桥过境。未来随着三地"桥头堡"抓住港珠澳大桥带来的机遇，对桥头口岸的高档次、全方位规划，提升人口聚集，开展"一程多站"式旅游服务合作，"点对点"商贸、物流、金融服务合作，打造大桥经济带，提升三地在大湾区的交通枢纽地位，从而有机会诱发更多的三地居民及世界旅客经港珠澳大桥在各地区之间往来。

二、港珠澳三地的"客车车辆过桥方案"是急需解决的问题

大桥只是物理层面的交通连接基础，要完善"三角型陆路环形结构"，加强香港与珠三角西部的交通联系，要变为实际上的经济民生纽带，方便三地居民出行往来，加快大湾区在

生产和优质生活圈的紧密联系，不仅需要大桥配套交通基础设施的支持，更需要在车辆通关安排、口岸规划、周边交通配套等多个政策领域做好系列安排。大桥落成后，交通通畅无阻，三地口岸所在位置将成为集海陆空交通于一体的大型枢纽，是连接粤港澳大湾区以及世界各地的战略性"门户"，将汇聚各地人才、资讯，是粤港澳深度合作的示范地。为了让大桥成为"活桥"，需要有一定的客流量、通车量支撑。由于新经济形势下大桥的运输功能发生变化，客运车辆将成为运输主流。而面临的三地不同车牌执照、车辆保险、交通规则等问题，更重要的是三地都存在严重的城市交通压力问题，都是"车辆过桥方案"不可逾越的阻力。那么，解决大桥通车的计费以及上桥车辆的许可条件、口岸的车辆泊接，尤其是两地、三地车牌及通关政策方面，是大桥通车之际亟须合理解决的问题。而目前的情况是三地政府上述相关的合作制度、政策还在进一步协商中，现时在理论界也缺少关于港珠澳大桥车辆通关政策的实质性讨论和研究。

三、港珠澳三地"客车车辆过桥方案"制订的瓶颈问题分析

为充分发挥港珠澳大桥的策略价值，一方面需要突破港珠澳大桥发挥运输功能存在的瓶颈，优化经港珠澳大桥的旅客行程，吸引更多的旅客使用港珠澳大桥；另一方面需要积极配合港珠澳大桥带来的发展机遇，加强区域合作，推动粤、港、澳三地经济和社会的发展。从而通过相关政策的配合将港珠澳大桥从物理层面的交通连接转变为实际意义上的经济社会纽带。

未来，港珠澳大桥上可行驶的客运车辆类型，包括口岸穿梭巴士、跨境巴士、跨境出租车和跨境私家车等多种。从旅客出行便捷性、行程时间节省性等方面考量，上述交通方式均有一定局限。

口岸穿梭巴士只限在口岸内接载旅客，旅客到达香港、澳门或珠海口岸后，还需要自行转乘当地公共交通前往市区。而搭乘跨境巴士的乘客，要在大桥两端的口岸上落车共四次，"三地三检"进行过境检查，耗时耗力。而相对灵活、提供个人化接载的跨境出租车，则受配额制度规管，根据三地政府讨论的最近数据，在大桥开通后首3年，三地政府仅共发放250个配额，预计数量不能完全满足需求。跨境私家车作为个人化、点到点的交通工具，可方便旅客直接往返香港和内地之间的多个目的地，相信是旅客出行的首选。但一直以来跨境私家车牌照的申请比较严苛，截至2016年年底统计，拥有两地车牌的香港私家车有28600部，内地车仅有3100部。所以，寻求政策的一致性、政策受众的覆盖性以及三地深入合作发展长效性的全方位车辆通关方案，不仅是提高大桥的经济及社会效益，更是对粤港澳深入合作的制度创新挑战。

目前，三地政府关于"客车车辆过桥方案"中最焦点的问题是跨境出租车和跨境私家车的通关制度问题，并直接涉及三地口岸处理能力，以及对当地交通可能造成的影响。

（一）对于现有的粤港跨境私家车配额制度问题

据广东省公安厅政策文件，港珠澳大桥香港跨境私家车配额的申请资格更为宽松，在常规的"商业投资""担任公职""公益捐赠"三个类别基础上，新增了"高新技术外资企业"及"其他类投资者"两个类别，发放3000个香港私家车配额，300个内地私家车配额，配额有效期为5年，到期后按届时规定及条件延期。这个制度虽然放宽了纳税金额限制、惠及更多在广东省投资的港中小规模企业，放宽了在捐赠兴办公益事业的累计金额、鼓励香港现代服务业提供者进入珠三角西部市场，但3300个私家车配额针对大桥的通行能力来讲，

数量太少，不能形成一定的客流量，缺乏政策的普众性，没有考虑在珠江西岸区域居住及就业的普通香港居民。只有鼓励港澳青年来湾区创业、就业、生活，形成稳定的"生活圈"，才能产生强大的"经济圈"，才能产生制度创新，加快深化粤港澳合作的步伐。建议根据港珠澳大桥的通行能力、周边交通运输状况以及经济社会发展需要对符合条件的私家车辆配额进行调整，另外，建议将"高新技术外资企业"改为"高新技术企业"，鼓励并为香港高学历的年轻人在国内企业就业提供便利条件。

（二）关于珠海口岸实施"过境私家车一次性特别配额"政策问题

"一次性特别配额"是粤港两地政府自 2012 年 3 月起在深圳湾口岸推出的试验计划，让未能申请常规配额的私家车车主多一个过境交通选择，驾车过境进入广东省。该制度申报手续复杂，申请者需要提前 5—8 星期确定出发日期后才预留配额，不得更改，而且成本较高，申请费用单次约千元港币，增加了驾驶私家车跨境旅行的成本。所以，自制度实行以来，一直发展缓慢。据深圳口岸统计资料显示，2017 年 1—5 月份，申请量仅为 1246 辆次，平均每天 8 台远远低于每天 50 台的计划申请量。现时，暂未有适用于港珠澳大桥的"过境私家车一次性特别配额"政策。建议未来港珠澳大桥也可以采取"过境私家车一次性特别配额"政策，吸取深圳湾口岸"过境私家车一次性特别配额"政策的经验教训。执行配额月卡或年卡制，需要在出发 24 小时前，查看咨询出行当天的可预约配额，然后提交电子信息登记，即可预约出行。可根据各口岸的负荷能力调整配额。

（三）在港珠澳大桥试行"泊车转乘"计划问题

最近，港澳舆论方面倾向于"考虑让没有特殊车牌（粤港跨境牌照）的私家车，以泊车换乘的模式驶经大桥。即车主驾驶私家车通过大桥驶达目的关口后，可随即泊下车辆换乘当地公共交通工具入当地境内游玩"，但并没有三地官方正式报道。

据了解，香港口岸人工岛仅提供约 650 个泊车位给本地私家车，邻近地区如香港国际机场停车场，可提供的后备停车资源也非常有限，仅提供 3000 个停车位；澳门的大桥口岸管理区，将设有境内和境外停车场，其中供澳门一方有 3000 个轻型汽车车位和 2000 个电动车车位，而珠海口岸暂无预留口岸车位。建议三地人工岛及口岸应该预留更多的停车位数量，大桥通车后长远看，会出现车流超过预期的情况，将使情况变得被动。大桥通车后，珠海的交通压力很大，根据最新的预测结果，保守估计珠海要承担的交通量为：货车 2.1 万辆/天、小汽车 1.6 万辆/天、大客车 4200 辆/天、旅客总计为 18.5 万人次/天，约占珠海现状人口的 12%，这些旅客最终都将集中到珠澳口岸人工岛上，对人工岛进出交通及衔接提出挑战，将对环澳门的交通产生一定的压力。建议优化处理大桥连接线选线形式、出入口设置及交通组织。

四、粤、港、澳三地政府合作推动"客车车辆过桥方案"制度创新的建议

横跨珠江口的港珠澳大桥连接香港、珠三角西部地区以及澳门，其运输功能的发展取决于并服务于各地区的发展需求，以及各地区之间的合作。同时，港珠澳大桥功能的发挥涉及经济、社会、交通运输、客货出入境、土地规划等多个政策领域。

（一）尽快建立粤、港、澳三地"通车后续机制"协调小组

港珠澳大桥现时的管理工作是在国家层面的协调下由粤、港、澳三方合作进行，粤、

港、澳三地政府的合作内容需涵盖上述政策领域的方方面面,从而通过全面的政策支持港珠澳大桥策略价值的实现。但现实是粤、港、澳三地仍缺乏在"政策领域层面"的综合协作,在港珠澳大桥相关的经济产业发展、土地规划、跨境交通安排等方面尚未建立常规的合作机制。建议由国家中央层面参与协调,在港珠澳大桥政策制定中起到积极的推动作用,尽快建立粤、港、澳三地"通车后续机制"协调小组,将港珠澳大桥所涉及的各项后续管理项目涵盖在内,进行顶层设计协调,深化合作推动"客车车辆过桥方案"等制度创新。

(二)加大"桥头经济"紧密合作,提升大桥的运输功能

虽然新形势对香港货运物流的预期发展造成了挑战,但同时亦为香港物流业等产业的发展带来了新机遇。港珠澳大桥有效连接香港与珠三角西部,促进海陆空立体交通运输合作,不仅为香港经济发展引入新动力、拓展经济腹地,亦为珠三角西部向外扩大发展空间创造重要的条件。缺乏物流用地是香港物流业目前的发展瓶颈,大桥建成后,香港可与珠海合作,通过整合洪湾港物流中心、保税物流园区以及实施分线管理的横琴新区,打造规模性的珠港澳保税物流园区,对接港澳地区的综合性商贸物流基地;完善与大桥匹配的西岸高速与快速物流网络,打造珠江西岸、粤西、大西南地区向珠海汇集并经由港珠澳大桥通往香港的高效快捷物流网络;港珠澳大桥对"桥头经济"的产业推动可以是航空物流、零售及商务办公等因交通便利而带动货流、人流的产业,也可以利用大桥连接珠三角西部地区的同类产业,如会展及旅游业,打造"一桥两岸"的区域产业群,通过经济合作,聚集各地物流及客流。如何将口岸从单纯的过境通道功能引导成辐射粤港澳湾区的口岸经济区是三地充分利用港珠澳大桥的关键。

(三)简化检验模式,力促大桥通关制度创新

港珠澳大桥目前采取"三地三检"查验模式建设,要使大桥最大化地发挥效益,通关政策至为重要,必须寻求在三地通关政策方面的最大便利,如"一站双检"模式、脸谱识别等智能检验模式。发挥港珠澳大桥的运输功能,优化经港珠澳大桥的旅客行程,尽量缩短旅客行程时间。争取国家支持珠澳人工岛建设粤港澳口岸通关合作示范区,研究符合贸易便利与安全要求的智能通关模式,研究启动"空港物流快线"和"珠港物流绿色通道"等项目,争取尽快向国家及三地政府协调办拿出可行性报告。

参考文献:

[1] 陈端海. 港珠澳大桥建设与珠江西岸港口经济的协同发展 [J]. 特区实践与理论, 2013 (3).

[2] 方舟, 龚夏雯, 杨云. 新经济形势下港珠澳大桥的运输功能分析 [J]. 港澳研究, 2015 (5).

[3] 广东省人民政府. 广东省人民政府关于加强直通粤港澳车辆管理工作问题的通知 [N/OL]. http://www.eport.gd.gov.cn/Portal/Laws/kouanzongheguanli/1992/0907/256.html.

[4] 旅游事务署. http://www.tourism.gov.hk.

[5] 香港特区政府统计处 [OL]. http://www.mardep.gov.hk/hk/home.html.

[6] 香港特区政府规划署 [OL]. http://www.censtatd.gov.hk.

[7] 香港特区政府, 广东省人民政府, 澳门特区政府. 港珠澳大桥建设、运营、维护和管理三地政府协议 [R/OL]. http://www.legco.gov.hk/yr09-10/chinese/panels/tp/papers/tpcb1-1354-1-c.pdf.

粤港澳服务贸易自由化：理论、政策与实践

陈 和 刘 远[*]

摘 要：在全国对外开放新格局中，服务贸易逐渐成为国际竞争的关键，服务贸易自由化具有理论、政策上实施的必然性。推动粤港澳服务贸易自由化，有利于加快提升粤、港、澳三地服务贸易竞争力。为深入研究粤港澳贸易自由化理论和实践新意，本文从服务贸易自由化理论基础出发，探讨产业内贸易理论、竞争优势理论、比较优势理论和产业规制理论，为粤港澳贸易自由化提供理论支撑，在此基础上通过分析粤港澳服务贸易政策实施过程中取得的成果和存在的问题，指出粤港澳服务贸易自由化仍存在一些壁垒。最后文章从加快行业资质互认、升级市场准入和打造良好法制营商环境等方面为进一步优化粤港澳服务贸易自由化提供政策建议。

关键词：粤港澳服务贸易自由化；理论；政策；实践；政策建议

随着经济全球化的加深和国际产业结构的调整，全球国际经济竞争的重点从货物贸易转向服务贸易。从1980年全球服务贸易额7674亿美元到2016年全球服务出口达到4.77万亿美元，服务贸易及其产业基础服务业创造了全球GDP 70%的贡献。随着全球服务贸易的快速发展、中国服务业的持续增长以及国内相关服务的迫切需求，中国服务贸易发展进程也持续加快。1988年中国服务贸易总额为80亿美元，仅占全球服务贸易总额的0.7%；2015年中国服务贸易总额7130亿美元，占全球服务贸易总额比重7.7%；到2016年中国服务贸易总额高达8052亿美元[①]，全球排名第二。由此可见，中国服务贸易在全球服务贸易中发挥着越来越重要的作用。

为推进我国服务贸易自由化，降低贸易壁垒，我国首先建立中国（上海）自由贸易试验区，随后积极推进区域（粤港澳）服务贸易自由化，继而带动全国服务贸易自由化发展。2014年12月18日，中央政府分别与香港、澳门特别行政区政府签订了《CEPA关于内地在广东与港澳基本实现服务贸易自由化的协议》（以下简称《广东协议》）。随后《CEPA服务贸易协议》在2015年11月顺势推出，为全面实现内地与港澳服务贸易自由化奠定了制度基础。《广东协议》和《CEPA服务贸易协议》的签订，加快了粤港澳服务贸易自由化进程，为广东乃至全国服务业进一步开放发展奠定了基础。

粤港澳服务贸易自由化开启了我国服务贸易自由化先河，并在我国改革开放伊始的先行区域践行理论与实践新意。因此，本文将从粤港澳服务贸易自由化的理论基础入手，探讨实

---

[*] 陈和，男，1979年生，安徽马鞍山人，广东外语外贸大学国际服务外包研究院副院长、副教授；刘远，女，1993年生，湖北广水人，广东外语外贸大学经济贸易学院硕士研究生。

① 按2016年人民币兑美元平均汇率折算：1美元=6.6423元人民币，下同。

行粤港澳服务贸易自由化政策理论基础的可行性与必要性,在此基础上总结粤港澳服务贸易在实践过程中取得的成果和面临的问题。同时,在全国最新一轮服务业对外开放背景下,本文尝试为进一步优化粤港澳服务贸易自由化的政策与实践提供合理的政策建议。在十九大开启全国对外开放新时代之际,如何深入研究粤港澳服务贸易自由化的相关理论、政策与实践,并基于此为全国构建对外开放新格局提供可复制、可推广的经验借鉴尤为重要。

一、粤港澳服务贸易自由化的理论基础

(一)粤港澳服务贸易自由化的理论可行性

服务业要素的跨境流动改变各国或地区在全球服务业产业链的竞争地位,区域内实现服务贸易自由化,有助于服务业产业链的深度融合。[①] 粤、港、澳三地接壤,服务业质量的差异和结构的互补性为三地助推服务贸易自由化提供了可能。首先,粤港澳服务贸易的异质性决定了粤港澳服务贸易相关区域基于本区域的优势服务向需求方输送服务。其次,在广东服务贸易发展初期,政府积极运用保护措施限制服务业进口,随着需求的扩大,市场力量推动政府逐步放开服务市场管制,加快服务相关要素的跨境流动,引进具有竞争力服务业,促进广东服务水平的提升,增强服务业整体竞争力。[②] 随着服务业的继续发展,粤、港、澳三地服务生产消费的互补性、服务部门要素的积累为粤港澳贸易自由化奠定基础。从服务贸易相关特点可以看出,产业内贸易理论和竞争优势理论分别强调了服务业要素流动与积累的重要性,为粤港澳服务贸易自由化提供了理论上的可行性。

1. 产业内贸易理论

由于各国的比较优势不同,相同产业的生产商在不同生产阶段可能分布在不同国家或地区,产品的需求和供给关系使生产商处于产业链上下游不同位置,从而促使以产业内以专业化为基础的产业内贸易迅速发展。在国内市场相对饱和时,同一产业内分布在不同国家或地区的企业为实现规模经济效应,加之相同产业内不同生产商生产的产品具有差异性以及消费者消费需求多样性影响,使得跨境产业内贸易得以快速发展。[③] 因此,规模经济和产品差异间的相互作用是要素禀赋相似的国家或地区产生产业内贸易的原因。[④] 服务业产业内贸易是指一个国家(地区)在一段时期内进出口服务的现象。以粤港澳金融业为例,香港作为国际金融中心,金融发展成熟,澳门金融业借助香港国际金融中心有利条件,积极进口香港优势服务业错位发展本地服务业,通过服务要素长期积累带动澳门金融业共同发展,而广东

[①] 参见郑吉昌、朱旭光《全国服务产业转移与国际服务贸易发展趋势》,载《财贸经济》2009年第8期。

[②] 参见汪德华、张再金、白重恩《政府规模、法治水平与服务业发展》,载《经济研究》2007年第6期。

[③] 参见于李娜《产业内贸易理论对我国的适用性分析》,载《国际经贸探索》2001年第5期;参见林琳《产业内贸易研究》,山东大学博士学位论文,2005年。

[④] Krugman P R, "Increasing returns, monopolistic competition, and international trade," *Journal of International Economics* 9, (1979): 469–479; Helpman E, "International Trade in The Presence of Product Differentiation, Economies of scale, and Monopolistic Competition, A Chamberlin Heckscher Ohlin Approach," *Journal of international Economics* 11, (1981): 305–340.

金融业相对港澳金融业发展相对较慢，三地金融业发展水平差异化明显。积极加快粤港澳服务贸易合作步伐，三地金融产业内贸易快速发展，不仅有利于加快三地金融业要素的自由流动，而且有利于促进三地金融业产业链上下游服务业共同发展。

服务贸易是服务经济发展的新增长点，加大市场开放对特定区域的产业内贸易增长有重要贡献。[①] 粤、港、澳三地服务业存在地区上的互补性[②]，削减服务贸易壁垒，逐步开放服务贸易领域，对加快服务业间的分工与合作，促进粤港澳区域间服务业内贸易的增长有着重要的作用。在粤港澳服务贸易自由化的背景下，三地服务业产业内贸易也有利于粤港澳服务业的分工与专业化发展，提升粤港澳区域经济活力和国际竞争力。

2. 竞争优势理论

国家竞争优势理论将国家和产业的竞争优势归结于四个关键要素和两个辅助要素的相互配合与融合。[③] 生产要素、需求要素、相关产业、企业策略（厂商结构和同业竞争）四大关键要素的相互作用形成区域竞争优势，加之机遇和政府扶持两个辅助要素的帮助增加竞争优势。生产要素是服务贸易发展的基础，服务市场的需求是产业发展动力，发达完善的相关产业影响服务贸易主体的效率和国际竞争力，企业的目标战略和组织结构会随着产业和国情的不同而有所差异，各种差异在一定条件下达到的最佳组合状态便形成了区域竞争优势。此外，政府通过有关的经济管理制度、法令与条例、金融、投资、税收等政策选择，来影响区域竞争优势的基本要素。[④] 服务竞争优势理论表现为在服务业发展初始阶段，运用服务基本要素进行发展且政府加以保护，随着产业的继续发展，当与自身开发服务资源相比，服务贸易能够使厂商获得相对低成本的服务资源时，服务差异化导致服务竞争优势得以体现，政府通过创新机制，加快服务要素的流动推动服务贸易自由化，进而推动国内或区域内服务市场的竞争，带动价格的下降和服务质量的提升，从而促进国家产业升级和服务产业规模发展，提高国家整体竞争力。

竞争优势理论是实现粤港澳服务贸易自由化理论基础之一。港澳服务业具有先天优势，与之相比，广东服务发展存在一定差距。在广东服务业发展初期，政府对其进行保护，随着服务基本要素的不断积累，为加快服务要素的流动，政府不断优化服务业政策管理，从2003年CEPA及相关文件的签署和批准，到2014年《广东协议》的达成，粤港澳服务贸易管理模式从CEPA所用的"正面清单"管理模式到"负面清单"管理模式，不断推进粤港澳服务贸易自由化进程，增强区域内服务业竞争水平，为三地服务贸易发展带来新的机遇和挑战。

（二）粤港澳服务贸易自由化的必要性

服务贸易发展具有联动作用，它不仅可以刺激服务业发展，服务贸易所提供的服务如运

[①] Harrigan J, "Openness to Trade in Manufacturing in The OECD," *Journal of International Economics* 40, (1996): 23–39.

[②] 参见谢兰兰《粤、港、澳三地服务贸易自由化的优劣势分析与对策》，载《广东技术师范学院学报》2014年第2期。

[③] Porter M E, *The Competitive Advantage of Nation* (New York: Free Press, 1990).

[④] 参见宋瑛《竞争优势理论及其对我国服务贸易的启示》，载《国际贸易问题》2005年第1期。

输、保险、金融等还有助于国际贸易的顺利开展，间接推动经济增长。① 积极推进服务贸易自由化，降低贸易壁垒，能为一国或者区域具有优势的服务业发展带来机遇，促进其经济增长，并有助于经济结构的调整。② 粤港澳服务业的差异化发展和政府对相关服务业进行规制并逐步放开，推行服务贸易自由化，有利于粤港澳服务业分工与专业化的深入，同时促使服务业技术标准化和服务综合化，提升区域服务业国际竞争力。

1. 动态比较优势理论

传统的比较优势理论认为价格差异是服务贸易产生的基础，价格差异包括服务本身的价格差异和服务要素的价格差异，通过贸易获得最大福利。③ 伴随国际市场服务贸易快速发展，市场竞争的主要手段由传统价格竞争日益转向以金融、技术、运输、信息等服务要素构成的非价格竞争。④ 动态比较优势指出国际分工中，比较优势可以通过技术创新和升级等方式自主获得，在后天通过分工培养获得的比较优势，随着产业分工专业化程度的提高而不断加强。⑤ 随着服务业的快速发展，现代服务贸易的发展趋向于资本密集、科技密集、管理密集型等服务质量水平较高的服务，贸易自由化能使服务要素的自由流动，由于资本技术密集型产品的附加值比较高，进而能够给国家、地区或企业带来更高收益，因此在国际贸易中占据有利地位。⑥ 因此，根据动态比较优势理论，粤港澳服务贸易比较优势并不会一直保持不变。在政府积极主动推动下，服务贸易自由化加速服务的分工合作，促进区域内资本技术等要素改造传统服务业，加快培育并逐渐形成新的比较优势，改变原来的劣势地位，扭转不利的贸易局面。动态比较优势理论认为：推动服务贸易自由化，改造提升传统服务业竞争力，将使得粤、港、澳三地都获得服务贸易自由化的福音。

2. 产业规制理论

服务业的自由进入和开放对服务贸易发展至关重要。政府可以为市场运行提供必要条件，但政府规模过大的国家（地区）更倾向于对服务业加强管制，过度管制会阻碍服务业发展，在条件成熟的情况下放松服务业管制能够有效促进该国（地区）服务业发展。⑦ 产业规制理论是政府或社会为了督促产业经济主体活动，实现资源有效配置，达到社会福利最大化，而实施的直接和间接的具有法律约束力的限制、约束或规范政策和措施。在服务业发展初期，与经济中的其他部门相比，影响服务业发展更为重要的是优化制度因素⑧，但随着先

---

① 参见杨丽《论服务贸易结构调整对经济发展方式转变的推动效应》，载《现代财经》2010年第6期。
② 参见杨小凯、张永生《新贸易理论、比较利益理论及其经验研究的新成果》，载《北京经济学季刊》2001年第10期。
③ 参见武力超《比较优势理论在服务贸易中的适用性》，载《山西财经大学学报》2008年第1期。
④ 参见郑吉昌、朱旭光《全国服务产业转移与国际服务贸易发展趋势》，载《财贸经济》2009年第8期。
⑤ 参见杨小凯、张永生《新贸易理论、比较利益理论及其经验研究的新成果》，载《北京经济学季刊》2001年第10期。
⑥ 参见殷凤《中国服务贸易比较优势测度及其稳定性分析》，载《财贸经济》2010年第6期。
⑦ Eschenbach F and Hoekman B, "Services Policy Reform and Economic Growth in Transition Economies," *Review of World Economics* 142. No. 4 (2006): 746 – 764.
⑧ Mattoo Aaditya, "Do Institutions Matter More for Services?" *Social Science Electronic Publishing* 43, (2016): 1 – 43.

进技术引起服务的扩张，政府管制妨碍新服务的引进，限制服务业竞争，因此服务行业的管制改革和贸易自由化是刺激经济增长的重要手段。① 广东金融、技术、运输、信息等服务要素竞争力相对于港澳存在一定差距。在服务业发展初期，为防止市场资源配置低效或产业过度竞争，政府通过批准和特许等手段，限制港澳相关企业进入广东服务业市场，如对金融、电信、广告进行垄断经营。伴随广东服务业竞争力的提升，中央政府逐步对港澳进行开放，引入竞争机制，在政府规制下实行特许权投标经营制度，增强市场竞争力量对经济效率的刺激作用。在合适的时机实行"政监分开"，推动服务贸易自由化，促使粤港澳服务贸易在更加多元化的市场竞争格局下发展，从而推进经济的快速发展，改善社会福利水平。

三、粤港澳服务贸易自由化政策措施

（一）主动开放，突破服务贸易重点领域

从 2014 年 12 月《广东协议》到 2015 年 11 月《CEPA 服务贸易协议》，粤港澳服务贸易自由化"负面签单"开放部门达 153 个，服务贸易开放比例占服务贸易部门总数 95% 以上，政府逐步取消服务领域产业准入限制，促进粤港澳服务业合作，产业规制理论和产业内贸易理论为政策实施提供理论支撑。2017 年 6 月《CEPA 投资协议》和《CEPA 经济技术合作协议》签署，粤港澳服务贸易开放力度进一步加大，开放领域不断拓宽，在重点领域如电信、文化、金融投资、技术合作等方面采取了更加优惠的开放措施。现阶段，粤港澳服务贸易开放模式较为新颖、开放部门多样、水平更高、市场开放与深化改革同步推进。② 三地加大服务贸易重点领域开放，服务贸易产品多样化、差异化将更为明显，在动态的比较优势作用下，区域内相关服务贸易竞争将更加激烈，服务业合作更为多元化，产业内贸易也随之增多，从而带动粤港澳高附加值服务贸易的发展，增强三地服务贸易整体竞争力，进而促进粤港澳及全国服务贸易与服务业的创新发展。

（二）以开放促改革，转变政府职能

在广东服务贸易与港澳发展存在较大差距时，中央政府通过产业规制，对服务贸易涉及的相关领域进行保护，有利于保护广东乃至全国相关服务业发展。随着广东服务业比较优势的逐步显露，产业规制理论和竞争优势理论要求政府积极转变政府职能，放开对粤港澳服务贸易领域的管制，加快服务要素流动性，建立竞争机制，提高区域间服务业竞争水平和服务贸易市场效率，进而提高区域乃至全国服务贸易竞争力。粤港澳服务贸易自由化，从正面清单到负面清单的推进，是促进国内服务业市场改革，政府职能转变的重要表现。通过对港澳服务贸易领域的逐渐放开，区分好政府管理与服务职能、政府与市场的关系，实现"让市场在资源配置中起决定性作用"。负面清单管理是市场化改革和法制化管理健全的集中体现，因此，粤港澳服务贸易自由化将全面促进三地政府在管理模式上做出相应改革，完善相关配套措施，以适应负面清单的实施。

---

① 参见费克特库蒂《服务行业有效管制原则：在新全球经济中长期经济增长的关键》，载《国际商务》1999 年第 1 期。
② 参见张光南《粤港澳服务贸易自由化负面清单管理模式》，中国社会科学出版社 2014 年版。

四、粤港澳服务贸易自由化实践现状

（一）成果磊磊

1. 服务贸易总额稳步增长，带动全国服务贸易的发展

随着粤港澳服务贸易自由化的深入推进，广东与港澳服务进出口占全省服务贸易总额的比重不断提高。2010年广东服务贸易总额仅为608.2亿美元，2012年服务贸易进出口总额突破千亿美元大关，达1064.8亿美元。在《广东协议》的促进下，2015年广东服务进出口达1317.3亿美元，同比增长18%，其中粤港澳服务贸易进出口总额达598.58亿美元，占广东服务进出口的45.4%；2016年广东服务进出口总额达1500亿美元，粤港澳服务进出口700.12亿美元，占广东服务进出口总额的47.56%。[①] 在全面深化改革的新形势下，粤港澳服务进出口额稳步增长，广东自贸试验区的挂牌，对不断扩大对港澳服务业开放合作，深入推进粤港澳服务贸易自由化，促进内地与港澳深度合作有着重要作用。《广东协议》实行"准入前国民待遇加负面清单"开放模式，广东在全国率先基本实现与粤港澳服务贸易自由化，2016年6月1日正式实施的《CEPA服务贸易协议》把与粤港澳基本实现服务贸易自由化的地域由广东拓展到全国，受服务贸易联动性的影响，内地与香港、澳门的经贸交流与合作日益紧密，服务贸易额不断增加。据商务部统计，2015年内地与港澳服务贸易总额达2451.2亿美元，内地对港澳出口588.7亿美元，自港澳进口874.5亿美元。2016年，内地与港澳服务贸易总额达2959.4亿美元，对港澳出口641.2亿美元，自港澳进口939.1亿美元（如图1）。[②] 从服务类别看，2015年内地自港澳进口以旅游业为主，进口金额达自港进口总额的66.8%、澳门进口总额的98.1%；内地对港出口以运输业、加工服务业、专业和管理咨询服务业为主，出口金额分别占对港出口总额的26%、14.8%、14.6%；对澳门出口以旅游业和加工服务业为主，出口金额分别占对澳门出口总额的51.2%、29.4%。2016年，自港澳进口旅游业金额分别占自港澳进口总额的73.1%和92.2%；对港出口以旅游业、运输业、专业和管理咨询服务业、加工服务业为主，分别占对港出口总额的26.0%、22.2%、14.3%、11.5%；对澳门出口仍以旅游业为主，出口金额占对澳门出口总额的62.9%。

2. 合作领域不断拓宽，服务投资活跃

随着CEPA项下负面清单管理模式的不断深化，粤港澳服务贸易合作领域从传统的运输、物流及仓储等服务贸易扩展到会计、医疗、法律、金融、文化、电信及广告等服务贸易领域，2017年6月28日《CEPA投资协议》和《CEPA经济技术合作协议》的签署，继续放宽了对投资金融、创新科技、商标品牌等领域的合作，为专业服务贸易提供新的机遇。[③] 自《广东协议》实施以来，截至2015年，广东共完成港澳服务提供者投资备案项目279宗，深圳与香港、珠海与澳门毗邻，成为港澳服务投资主要承接地，其中香港服务提供者在深圳投资备案项目共67个，澳门服务提供者在珠海投资备案项目共151个；香港投资企业

[①] 数据来源：广东省商务厅。
[②] 数据来源：商务部台港澳司。
[③] 数据来源：商务部台港澳司。

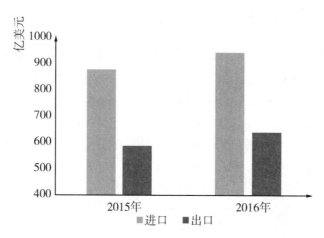

图1 内地与港澳服务贸易额

主要集中在商务服务和金融等领域，澳门集中在商务服务、软件和信息技术服务等领域。从行业分布看，会计、医疗服务和建筑工程等新兴领域投资活跃，其中港澳报考内地会计考试人数不断攀升，全省港澳资本医疗机构、金融营业机构等继续增多。[①]

3. 高端服务贸易快速发展

从港澳服务投资项目看，服务贸易自由化对广东高端服务贸易发展发挥积极作用。香港项目投资以分销为主，除投资批发零售，其他分布在建筑设计、管理咨询、信息传输、医学研究、工程顾问和咨询服务等行业，澳门企业投资主要集中在科学研究、技术服务信息传输、计算机服务和软件等领域。粤港澳服务贸易自由化的推进，有利于国际高端服务业态的引进，推动广东高端服务业的发展，进而增强广东服务贸易竞争力。

(二) 问题尚存

1. 行业资质互认

虽然粤港澳服务贸易实行"负面清单"管理模式，服务业领域开放力度大，但由于广东与港澳教育制度和管理制度的不同，导致粤港澳某些行业标准评定存在差异。目前粤港澳仅建筑工程、银行等少数部门实现了资质互认，而较为重要的专业服务领域如法律、会计、医疗、兽医、专利代理，以及精算、保险、导游等行业，港澳专业人士必须通过内地相关资格考试后，才能进入内地执业，并且区域管理方式不同，行业规则衔接困难，资质审批手续复杂，严重阻碍了粤、港、澳三地服务要素的自由流动。

2. 行业监管模式不同

粤、港、澳三地行业监管模式不同。港澳是市场经济高度发达的城市，在产业选择和政策设计上完全由市场主导，采取"大市场、小政府"的监管理念，政府核心任务是制定政策和监督执行，行业发展更多是依靠商协会、同业组织等中介组织制定公约、进行资格认定和处理违纪违规行为等。而广东的商协会等中介组织行政管理力度大且公信力不足，在服务企业发展、促进行业自律方面仍未发挥积极作用，行业的管理主要靠政府部门，较大程度限

[①] 数据来源：广东省商务厅。

制市场的积极性，削弱了服务贸易市场竞争力。

3. 文化差异

由于历史的原因，粤、港、澳三地之间形成了不同的文化风俗习惯和制度，在港澳高端人才引进过程中，受不同的文化素养、不同的生活习惯、不同的思维模式的影响，增加三地跨境服务人员交流的难度。同时，文化差异使得本地合格人才的培训和高端人才的引进和留任也面临较大问题。此外，在粤港澳服务贸易过程中，文化差异使得港澳企业难以适应广东的商业规则、跨区域员工之间相互融合也存在问题，增加了商业沟通成本和商业摩擦。

4. 法律体系不同

粤、港、澳三地法律体系不同，司法合作存在阻碍。当贸易纠纷发生时，面临跨区域法律冲突、部分法律法规缺失、境内外两地法院对纠纷同时拥有管辖权而导致平行诉讼的问题。三地法律体系传统和法制观念差异巨大，港澳为深度法制城市，信用体系建设完备，而内地法治和信用体系还在建设和逐步完善中，内地在知识产权保护、合同执行方面的不足不利于吸引港澳服务贸易企业投资。粤港澳服务贸易负面清单是广东和港澳两个特别行政区之间所签订的服务贸易协议，法律性质和地位模糊，如计算机及相关服务、会计管理、研究和开发服务、广告服务等负面清单规制的部门概念模糊，行业内部仍处在贸易保护缓冲期[①]，导致港澳企业准入门槛依然比较高，阻碍了粤港澳企业的合作与发展。

5. 操作性有待提高

在具体执行方面，粤港澳服务贸易负面清单对细则部分未做详细解释和说明，在执行中由于没有先例可循且缺乏配套的规范文件指导，如企业在跨区域合作中面临跨区域税收制度复杂、税收差异、税种过多等问题[②]，导致普遍存在经办人员无所适从而搁置等现象，阻碍服务贸易发展。另外，有的行业需备案或许可，审批权限和部门各不相同，在双方贸易中导致缺乏明确清晰的一站式规范指引和解答，阻碍粤港澳服务贸易商的交流与合作以及服务人员跨境流动。

五、粤港澳服务贸易自由化政策建议

（一）加快行业资质互认，实现人才无障碍流通

首先，尽快加快专业资格互认，简化港澳服务贸易专业人才到广东就业审批程序。建立港澳及外籍高层次人才认定办法及相关配套政策，为港澳及外籍人才提供签证、居留和生活等各种便利。其次，加强粤港澳人才交流，完善相关培训机制，提高广东本地服务业人才水平。通过与三地合作的高校、研究所合作，根据服务业市场和企业的需求，联合培养高素质的服务贸易管理人才、专业人才和创新人才。再次，推进港澳居民与广东居民福利趋同，探索在广东工作、居住的港澳人士社会福利保障、个税与港澳有效衔接。最后，推动粤港澳口岸旅客入境的"e道"全面使用，方便粤港澳服务贸易专业人士往返三地执业。

---

① 参见陈恩、刘璟《粤港澳服务贸易自由化路径研究》，载《南方经济》2013年第11期。
② 参见张光南、黎叶子、伍俐斌《粤港澳服务贸易自由化负面清单管理的问题与对策》，载《港澳研究》2016年第2期。

（二）推动行业监管模式与国际对接

广东应积极对接港澳服务业发展有关标准，推动建立统一的行业标准和发展规范，为粤港澳服务贸易持续发展提供重要支撑。借鉴港澳服务业发展经验和服务业发展管理模式，充分发挥商业协会对行业的约束和管理职能，减少行政部门在资质认定、行业管理等多方面的过多干预，加强引导和对执行过程、违法行为的监督管理，打造良好的粤港澳服务贸易监管环境。

（三）加快优化负面清单，减少部门规制限制

粤港澳服务贸易自由化需进一步厘清政府与市场边界，对服务业各行业各类别进行重新分析评估，尽量减少负面清单限制条款，放宽市场准入门槛，激发市场活力。加快负面清单的升级优化，逐步推进管理模式的科学性、合理性、实用性、全面性。加强对重点行业和领域的保留措施设计，减少规制限制的同时为未来可能出现的服务贸易新兴行业与新兴业态预留空间，实现负面清单的动态优化。

（四）加快市场准入标准升级

加快升级市场准入标准，将"专门适合港澳服务贸易"升级为面向全球的"国际服务贸易标准"。《广东协议》的实施对象是广东与港澳，协议具有针对性，协议遵循在市场准入方面仅是针对港澳服务贸易的原则。内地与港澳共同推进 CEPA 的过程中，根据循序渐进的原则，建立了多种制度安排、创新了多种合作模式，宽领域、深层次的合作打下三地稳定、逐步实现贸易自由化的基础。因此，在总结服务贸易经验的基础上，可将成功案例复制、推广到与非港澳地区交流合作，构建多元化的国际经贸合作格局，逐步建立面向全球开放的"国际服务贸易标准"。

（五）推动开放措施落地和可操作性

搜集整理港澳投资者和服务提供者最为关注的重点行业部门中最为关心的环节和问题，推动各行业主管部门出台实施细则和解释条文，对服务贸易相关行业的申办条件、登记程序、审批期限，以及港澳专业人士申请内地执业资质等给予明确指引。建立政府与企业间高效便捷的沟通交流渠道，省直属相关部门组成专责解答咨询小组，对外提供统一、规范、严谨的解答，并在有关媒体网站或媒体开设专栏，加强宣传和指引，定期开展培训，推动服务贸易开放措施的逐步落实，推动服务贸易要素的流通。

（六）打造良好法制营商环境

继续强化粤港澳服务贸易自由化"负面清单"的管理力度，把负面清单管理模式以适当的法律、法规形式确定下来，使政府部门推行负面清单有法可依，从而提高负面清单的执行效率和质量，推动粤港澳服务贸易全面自由化。加强港澳司法合作，探索建立粤港澳商事调解平台和机制，推动顺利解决三地不同法律体系下的商事纠纷，为服务贸易外商投资提供良好的法制化营商环境。

从城市文化名片评选与澳门记忆项目探讨大湾区文化共融

杨开荆*

摘　要：国家近年提出了"粤港澳大湾区"深化合作的理念，旨在发挥粤港澳的独特优势，提升在国家经济发展和对外开放中的地位与功能。粤港澳同属岭南文化，交流交往历史源远流长。因此，除了在商贸和服务的互联相通，同时也需要构筑大湾区的多元文化圈和文化交流体系。本文尝试探讨研究澳门近年推行的文化名片评选活动，以及数字化整理历史遗产资源的澳门记忆项目等，探讨粤港澳大湾区文化共融的重要性，尤其是通过相互了解而达到彼此尊重地发展，减少因为文化差异而引起的冲突，从而共建宜居城市。

关键字：澳门；城市文化名片；文化共融；澳门记忆；粤港澳大湾区；澳门历史文化

一、大湾区文化共融与澳门历史文化

随着经济的发展，在物质文明进步的同时，精神文明亦不可或缺。文化是一个地区的永恒价值，而这种文化价值又往往成为人们精神依托和心灵栖息的重要元素。因此，发掘自身的文化资源，明确本地的文化符号极为重要。市民只有了解自身的文化特质，才会对当地产生归属感。

粤港澳大湾区，包括香港、澳门、广州、深圳、珠海、佛山、中山、东莞、肇庆、惠州、江门，历史上各城市有着紧密和多元的联系和交往，彼此的文化既有共同之处，也保留着各自的特色。在大湾区深化合作的理念下，文化共融对于共同发展具有重要意义。文化共融，指具有的不同特质的历史文化，通过相互间接触、交流沟通，进而相互吸收、渗透、学习，相互在保留各自特色的前提下，和谐共处，避免冲突。具体而言，所谓文化的共融，就是以开放的[①]态度接纳其他地区的风俗、生活方式、价值观，并予以协调、尊重，令不同的文化可以共聚，从而发挥区域的整体优势。

澳门历史上作为南海一隅的小渔港，一直是中国的领土。由于历史的机遇，渔港成为华洋共处、东西文化交汇的都会。澳门自16世纪中叶开埠以来，已是中国对外开放最早和最长久的城市，而且一度是明代对外贸易的重要港口。葡萄牙人以澳门为据点，打开了澳门—

---

* 杨开荆，澳门社会科学学会会长，澳门基金会首席顾问高级技术员。

① Sarah Hall, "The Australian Register: UNESCO Memory of the World Program," *Archives and Manuscripts* 44, (2016): 44 – 45.

果阿—里斯本的贸易航线。16世纪70年代到17世纪40年代，以澳门为中转港的还包括与日本长崎、与马尼拉直至墨西哥和与望加锡至帝汶的国际贸易，亦称为国际"大三角贸易"。与此同时，西方的科学通过澳门传入内地，而中国的传统文化也经澳门推向欧洲。由于广泛的接触，澳门小城的历史遗迹和文化内涵非常丰富，有的在闹市中成为焦点，有的与人们擦肩而过但未被留意，有的散落在尘封的角落，有的甚至被遗忘或已经消失。2013年，由澳门基金会启动的"澳门记忆"项目，旨在整合澳门历史文化资源，建立网上历史长廊；2016年，澳门社会科学学会和澳门城市大学在广东省社会科学联合会、广东文化学会、澳门基金会等社会各界的支持下，联合举办了"澳门城市文化名片评选"活动，令社会更全面地了解澳门的传统文化与历史记忆，以助推澳门文化。历史上澳门与大湾区城市联系密切，在文化、教育等领域交往殊深，各地也拥有丰富的历史文化资源，包括世界文化遗产、非物质文化遗产、文献遗产等。

因此，粤港澳大湾区通过建立有效的机制和平台，发掘各自的特色，共享大湾区内的历史文化数据，对加强彼此的了解及交流具有重要的意义。澳门近年推出的文化名片评选以及澳门记忆项目，将小城的古迹及城市特色的文化资源进行记录和整理，使相关资源得以利用和共享，有利于加强大湾区内各地的文化交流和共融。

二、澳门城市文化名片

1. 缘起

澳门近年急速发展，如何保护历史文化、传承人类文明，已成为社会关注的急切课题。在文化保护的过程中，随之也产生了关于古物、古迹、非物质文化、文献遗产、历史遗产等命题，其保护与传承有助于提升城市的文化魅力。

2015年是澳门成功申遗十周年，澳门社会科学学会及澳门城市大学，得到广东省社会科学界联合会、澳门基金会、广州日报报业集团，以及广东省文化学会等单位的支持，并配合广东各地举办的文化名片评选活动，澳门亦推出了"澳门城市文化名片评选"计划。同年12月，在澳门举办"澳门城市文化名片评选活动——粤澳社科专家话澳门文化符号"活动。由此拉开了公众参与评选的序幕，同时也在提醒人们，澳门的文化项目不仅仅限于文化遗产项目，还有非遗和文献遗产。

因此，评选活动通过专家、市民的参与，选出澳门最具文化代表性的文化标志项目，包括人文建筑、民间俗信和技艺、历史文献等，各具特色，作为澳门文化名片，彰显澳门文化风采。通过社会各方的参与，对文化资源进行提炼，甚至作为历史文化教材，从而增加本地居民及旅客对这座历史文化小城的认识，增强澳门居民对小城的认同感。

2. 评选对象的思考

澳门作为中国对外开放最早的城市，与内地及海外有着广泛的接触和联系。数百年来，中西文化在弹丸之地的小城交汇、碰撞，形成了具有独特意义的文化资源。有充满欧式风情的教堂、洋房、小广场，与中式寺庙、岭南风格的名人故居互相辉映；民间技艺与节庆华洋共存，如土生葡人菜式、粤剧、醉龙节等为小区民众带来精神寄托和喜庆；而具有深厚文化内涵的文献档案，如镜子般映照历史……在这些文化资源当中，如何确定大众所认同的澳门城市文化名片候选项目，值得深思。

根据广东文化名片活动的定义，所谓城市文化名片，就是能充分反映当地文化、经济特色，代表城市品牌形象和文化内涵的优质地方特色产品，以及人文内涵、风俗民情、特色景致、标志性建筑等。澳门自16世纪以来一直是连接中国与西方的桥梁，因而遗存的历史资源具有独特的普世价值。2005年，澳门历史城区被列入联合国教科文组织（UNESCO）《世界遗产名录》。2006年始，澳门各项民间技艺及传统节庆，如土生土语话剧、神像雕刻、澳门道教科仪音乐等被列入《非物质文化遗产名录》，还有多项文献遗产被列入了《世界记忆名录》，澳门深厚的文化价值获得国际社会的肯定。

因此，为达成更大程度的共识，专家评审决定将候选项目以各项"名录"的内容为对象，包括《澳门文物名录》《非物质文化遗产名录》《世界记忆名录》及《国家珍贵古籍名录》（文献遗产）按其建筑特色或功能进行分类，其中有连群建筑，或是超然独处，皆为澳门城市文化资源。具体包括：庙宇、教堂、军事建筑、中西建筑、住宅、山石及公园、街道街区、文献遗产、市政建筑及设施等，共有115个候选项目。

3. 投票及评选结果

经2016年年底的公众投票活动，向学校、社团、媒体、图书馆、文化景点等宣传推广，网上投票总数868人，其中澳门居民有623人，非澳门居民有245人。在年龄方面，15岁以下19人，15～25岁292人，26～35岁156人，36～45岁146人，46～55岁149人，56～70岁94人，70岁以上12人。公众在115项候选项目中选出10项认为最能代表澳门的城市文化名片。

评审委员会来自澳门及广东的历史文化学者，从票数最多的30个项目中，选出最后的10项成为澳门的城市文化名片。其评审的标准如下：

（1）文化识别力，即明显区别于其他地区，而具独特性；

（2）文化影响力，是地域文化成就的重要标志和文化软实力的表现形式，具精神感召性。

（3）持续传播力，将经得起时间和空间的检验，以广泛传播力度大幅提升地域的知名度和美誉度。

（4）文化形象力，这是文化软实力的形象表达和集中体现，积淀着当地人民最深层次的精神追求和行为准则，承载着当地文化的灵魂。

（5）产业提升力：名片的打造和传播能够带动当地产业的调整，促进产业升级发展。

结果如下（见表1）：

表1 十大澳门城市文化名片（按繁体笔顺排列）

序号	城市文化名片
1	大三巴牌坊（圣保禄教堂遗址）及耶稣会纪念广场
2	大炮台（圣保禄炮台）
3	东望洋山及炮台（包括圣母雪地殿教堂及灯塔）
4	政府总部（总督府）
5	鱼行醉龙节
6	邮政局大楼

(续表1)

序号	城市文化名片
7	妈阁庙与前地
8	嘉模前地/海边马路/嘉模圣母堂/市政花园
9	郑家大屋（郑观应故居）
10	议事亭及前地

城市文化名片凝聚了大众对澳门城市建筑以及文化底蕴的感受与认同，代表了澳门的历史文化形象。

如上所述，澳门拥有普世价值的文化项目，而入选的十大澳门城市文化名片，当然具有相当的魅力和吸引力。然而，从整体格局而言，评选只是作为推广文化的手段。更重要的是通过大众的参与，使得大众进一步了解澳门的历史文化，以及对相关文化资源的利用，除了对自身文化的认同外，还可从大湾区理念中谋求文化共融、互相尊重、和而不同的发展。

事实上，深厚的文化底蕴可让澳门的城市形象更为鲜明，而当中的文化资源可以成为文化产业和澳门多元发展的素材。尤其是在国家"一带一路"倡议，以及澳门定位为"世界旅游休闲文化中心"之际，借着城市文化名片的评选，提升澳门的文化软实力，一方面突显文化魅力以吸引力世界游客，带动旅游业的同时，这些文化资源亦可作为电影及小说的题材，从而促进文化产业的发展。因此，利用城市文化名片评选结果，不仅可以带动一系列的文化产品及活动，其中包括：十大文化名片冠名、以文化项目为素材进行征文、剧本创作等的比赛，还可以针对澳门年轻人进行文化名片展览的宣传，思考澳门文化创意产业的发展，以此来推动"文化澳门"的发展。通过介绍小城的古迹及城市特色，加强大湾区内各地的文化交流和共融。虽然许多文化标志都为年轻人所熟知，但是对于这些地点背后的历史还是不太了解，文化名片活动在澳门各中小学、大学，以及广州展出所有候选文化项目，图文并茂地介绍相关历史文化遗产，可让青少年对澳门进行深度理解和认知，甚至可编写入教材。同时，这些文化资源亦可作为电影及小说的题材，从而促进文化产业的发展。

三、"澳门记忆"——创造和分享文化价值的平台

随着历史的洪流和社会发展的步伐，城市建设出现了日新月异的变化，诚然，这是社会进步的产物。但令人忧虑的是城市建设使我们失去了许多永远无法恢复的东西。为配合UNESCO的"世界记忆工程"[①] 计划，许多重视文化保护的国家和地区都启动了国家或城市的"记忆工程"，如"美国记忆""中国记忆""北京记忆""香港记忆"等，通过民众共同参与本土文化资源的挖掘和整理工作，并以科学和现代化的技术组织有价值的历史数据，使城市的发展变化和档案史料不断地延续，作为研究城市和了解城市的重要依据。

澳门这些珍贵文化资源的保护和传承，引起了大众的关注。而"世界记忆工程"就具有保护、记录、活化历史的职能，承担着对世界遗产、非遗项目，以及历史文献进行记录的任务，以免因天灾或人祸造成损坏或消失，使得人类的记忆不再完整。事实上，"世界记忆

---

① 世界记忆工程，http://www.mzb.com.cn/xinwen/012/273/27304.htm。

工程"的首要目标是采用最适当的手段对全世界正在逐渐老化、损毁、消失的人类记忆进行抢救和保护。如前所述,这些记忆包括了对各种有形和无形文化项目的有效记录,并进行数字化。

1. 历史和思想的载体

澳门开埠至今近500年,如今社会进步繁荣,经历了不少划时代意义的事件。在这小城中发生的很多重大事件都是非常值得也是极有必要成为历史记忆的。科学技术的进步和文化交流的频繁,澳门城市的形象引起了国际关注。一方面它以具有争议性的行业——博彩业作为龙头产业支撑经济,另一方面又具有深厚的文化底蕴,这种糅合作用成为澳门城市的亮点。"澳门记忆"就是建立一个城市的整体记忆,通过庞大的数据库和网络平台,让市民大众共同参与,将城市发展过程中产生的一些珍贵的、值得保留的、可以公开的资料有序地储存,通过网站向广大市民揭示,形成一套完整的记忆系统,世代相传,更作为保护文化遗产的一项重要工程。

"澳门记忆"的内容非常丰富,例如,纵向历史、城市风貌、各行各业、文化艺术、风俗民情、历史档案、报刊、地图等,还有民歌、旅游博彩业、专家学者等,以文字、音像、图片等方式储存及展示,组成一套完整的记忆系统。

通过市民的共同参与,对本土文化资源进行挖掘和整理,渐渐明确本土的文化符号,从而实现文化素材的累积和传播,以此提升市民的文化品位和文化素质。所以,"澳门记忆"项目的构建,不仅是作为内容的载体,也是历史的载体、思想的载体。

图1 "澳门记忆"网站①

2. 明确本地文化符号

"澳门记忆"的平台让市民全面搜集澳门的历史资源,从而逐渐明确本土的文化符号(见图1)。

(1)中西多元的和谐文化。澳门拥有非常丰富、精彩和特殊的历史资源。这个开埠于

---

① 澳门基金会:"澳门记忆",http://www.macaumemory.mo。

16世纪的商业港口,曾经牵动着全世界海上贸易,几百年来见证了东西方文化的碰撞、交流、交汇。通过社会各个领域参与"澳门记忆"项目,从而体现澳门的多元文化,尤其澳门拥有多种族、多语言、多宗教的文化底蕴,这些元素比邻共处、和平发展的过程并从中产生的相互关系,值得深入回顾和探究。与此同时,由于澳门特殊的历史、地理、政治和人文环境,造就和保存了澳门温和与包容的气氛,质朴传统的习俗和内涵,在一个功利的时代和急进的世界实属罕见。市民通过这个集体记忆的平台,进一步了解澳门人值得传承的情感和遗产,也成为更多人追求的、返璞归真的精神家园。这正是建设宜居城市的重要因素。

（2）与时俱进的文化步伐。"澳门记忆"的规划将乘着澳门成功列入多项 UNESCO《世界遗产名录》之契机,向着继续保护澳门文化的目标迈进。它是一个持续发展的系统工程,将达到四个方面的目的:①以建立的档案作为澳门城市历史的见证和文化的积淀,展现澳门在不同历史时期的文化氛围,实现"保护城市文化遗产、提升城市文化品位"的目标;②记载保存澳门建设发展的完整记忆,以科学发展观研究过去、记录过去和展望未来,真实准确和客观地再现澳门的城建历史发展变迁;③服务政府决策机构,为未来澳门城市发展研究和规划建设管理提供参考,提供重要凭证与信息资源;④服务公众、满足公众认知城建历史文化的强烈需求,使世界各地更多人士认识和了解澳门。

只有了解过去才能传承文化,才能更好地发展和规划未来,也只有将澳门有价值的史料有效地管理和保存,才能为澳门的人文社会科学研究奠下基石。回归后,澳门既具备明确统一的政治取向,又具备中立客观的学术立场,以及普遍、广泛的话语自由,此时整理"澳门记忆"是澳门的需要,更是历史赋予澳门的责任,同时为世人留下属于我们所处年代的记忆。

四、共同推动历史文化教育

针对青年对本土文化认知的需要,澳门应尽早开设正规的本土历史文化课程,并且应从小学开始,让本土文化意识尽早在青少年心中建立起来。让青少年从小了解澳门,培养起热爱澳门、关心澳门的意识。这是世界各地重视文化教育地区所关注的。例如,美国对其本地文化知识的教育就极为重视,在国会图书馆的"美国记忆"（American Memory）项目中,便设置了网上的本土课程教育教材,教师可利用此生动的教材来推动至课堂,吸引学生的兴趣,增加爱国的情怀。因此,从基础教育方面着手很重要,多元的本土通识教育以及公民教育必须加入所有的课程设计之中,从而提升对本土的历史文化及澳门社会的参与度。

事实上,联合国教科文组织的"世界记忆工程"是为抢救文献资源而设的项目。近年来,为了广泛地推动文献遗产保护以及信息资源的管理,让青年人及社会大众参与有关工作,UNESCO 于 2011 年启动了"世界记忆研究学习"（Memory of the World Studies）计划,针对文献档案的长效管理与利用,提出跨学科和国际化的教学理念及研究模式,特别是利用现代信息和通信技术,从新的视野向世界推动保护文献以及信息化服务的知识,并强调结合当地的文化特色开展计划。

目前,各地存有粤港澳大湾区城市历史数据非常丰富,透过合作发掘史料,可建立"大湾区历史记忆"项目。以澳门为例,各档案馆、公共及民间机构中,就保留了大量的与大湾区城市相关的历史资源。仅在澳门教区保留的历史照片中,就藏有不少关于广州、香港、肇庆、江门等地神职人员往来的资料,主要是他们在澳门接受神学课程教育的照片;另外，在功德林寺庙中，还藏有梁启超与观本法师往来的亲笔信函等。

因此，结合各地历史文化特色，大湾区内可共同思考历史文化课程，向学生展开文化学科教育。同时，安排学员到各地参观，实地考察，按不同题材整理历史文化记忆题材的数据，例如街道、家庭、邻里、老店铺等。通过搜集档案、照片、影片等形式的历史数据，以及拍摄旧物、人物、录像等方式，对各城市的历史文化有不同角度的认知。

五、结语

随着社会的发展进步，人们意识到，物质条件和精神生活同样重要，因而经济、社会、文化、环境等多方面的因素影响着居民的工作和生活素质。笔者相信，一个地区对文化的重视，以及市民对自身文化的认知和同感，反映出当地居民对城市的归属感，甚至体现当地市民的文化素质，以及城市的和谐发展，对澳门建设宜居城市具有重要意义。而粤港澳大湾区文化共融的建设，对区内居民的交流交往，和谐共处具有重要作用。文化名片评选、记忆工程等项目，是发掘和整合文化资源的工具，也是令各地文化项目得以宣传和共享的手段。因此，大湾区的合作和推动是必要的，透过制定长期的合作机制，共建历史记忆，从而提升城市的文化竞争力，将有助于区内城市的长效发展。

参考文献：

［1］杨开荆．澳门特色文献资源研究［M］．北京：北京大学出版社，2003．

［2］"Best cities ranking and report：a special report from the Economist Intelligence Unit，" The Economist（2012），http：//pages.eiu.com/rs/eiu2/images/EIU_BestCities.pdf.

［3］杨开荆，刘静文，等．澳门青年人如何应对社会变迁研究［J］．澳门社会科学学会，2013（4）．

［4］陈乃举．提升老工业基地的文化竞争力［J］．求是，2003（24）．

［5］乌兰察夫．建设国际化城市的文化思考［N/OL］．http：//www.szass.net.cn/llgd/guojihuachengdshi20030905.htm.

旅游之区域协作与澳门经济多元

关 锋[*]

澳门经济经过10多年引入更大竞争以来，博彩业在整体发展中的比重不跌反升：按生产者价格计算，它在本地生产总值的比重由20世纪90年代下旬的30%左右升至2000年年末的约50%；2011—2013年更高于60%；经过两年经济调整，2015年，博彩业仍然占48%，此外，2015年从事博彩业人员也占总就业人口的20%。常用的集中度指针也显示产业集中度在上升，也就是说，经济增长更加依赖博彩业的贡献（但要注意，不少集中度指标假设产业均等份额为最佳状态时，因忽略产业间拉动之效果，从而导致指标偏差）。

理论上，生产过程中，我们需要生产要素（资本、劳动力、土地）贡献产出，因此通过改变要素禀赋去改变产出组合能够相对有效运用的资源（产业政策），如果为了改变产出组合而改变要素禀赋，那么资源运用则欠效率（计划经济）。从澳门的现实来讲，现行的要素能否支持经济多元的需求？这是我们需要思考的问题。

我们知道，澳门缺乏自然资源，很多生产没有规模经济利益（生产成本往往比一般经济体系高而导致行业类别少）；整个经济体高度向外（出口比较优势的产品以换取经济体本地的需求）。因此，多元经济发展是一个政策选择而非细小经济体之必然发展道路。

通过提高产量而让长期平均成本下降，使之达到最佳规模经济。由于澳门很多生产没有规模效应，因而很难生存。多样化经济是指同一生产者同时生产多种产品的成本比由多个生产者分别生产要低（共享一些固定生产要素，某些生产要素可能难于分散而导致产能过剩，可以生产其他产品，通过生产一种产品降低另一种产品的成本）。多样化经济可以弥补规模经济的局限而增加生产。

澳门的经济多元化道路离不开"主导行业、领先行业、支柱行业、优势行业"的发展，而"主导行业"的形成受到历史原因（熟练、经验累积）、政府政策（专营、配额制度）、产品特殊性（邻近地区没有类似产品或者生产成本比较高）和产出与就业效应的影响。20世纪70—90年代制造业中的纺织成衣业和服务业中的博彩业与21世纪的博彩业相比，其多元化道路是主导澳门过去和现在行业的变化。纺织成衣业因为失去以上所述之特性，而又未能成功转型，最终失去主导行业的地位。

让主导行业通过专业分工进行垂直多元化，以此增加生产主导行业上游及下游的产品来提高总体生产量。而博彩业的垂直多元化就是增加赌场表演、赌场交通、赌场饮食、赌台与赌具的生产。

让主导行业通过协同效应来催生新的主导行业（横向多元化），分摊生产其他旅游产品

---

[*] 关锋，澳门社会科学学会理事长、澳门大学经济学系代主任、澳门经济学会会员、澳门特别行政区经济发展委员会顾问。

的成本,利用协同效应、多样化经济的帮助来发展新的主导行业。从澳门的现状来看,会议展览和观光业等较具条件发展为新的主导行业。虽然会展业发展快速,但被批评过于依赖公共资源。

我们认为,经济多元之路必须依托在现行主导行业的发展下进行,扩大博彩业可服务的市场规模,从而降低成本、增加产出,推动横向多元化(客源多元化),不同档次的客源可以孕育新的需求,从而刺激新的生产。

旅游区域协作是澳门经济多元发展道路上重要的元素,透过扩大博彩业可服务的市场规模,从而降低成本和增加产出,推动协同效应下的横向多元:缔造新的主导行业——旅游观光。澳门应该加强澳粤、澳港与澳门和"一带一路"沿线的东南亚国家之旅游业协作,从而开拓新的客源,并让包括广东在内的地区得益。在官方层面,粤、港、澳三方应加强沟通,尽量清除海外旅客到三地旅游的政策和操作层面的障碍,并且共同向外推广三地"一程多站式"的旅游模式。三地政府也可以共同开拓东南亚国家之官方沟通联系,探索便利各国居民海外旅游的各种官方政策。而民间业界适宜利用网络平台和新媒体工具吸引这些国家的居民前来澳门或者参加包括澳门在内的一程多站旅游。

如果把广东的两个世界遗产地点加起来,在一个不太大的区域有三个世界文化遗产和世界自然遗产而又折射出巨大的遗产元素之差异实在少有。这正是推广"一程多站"旅游的良好基础和发展机会。构想中的路程可以包括澳门—开平碉楼—丹霞山(世界文化遗产和世界自然遗产路线)和澳门—吴哥窟—琅勃拉邦(世界文化遗产路线)。

澳门作为联合国教科文组织下一个世界文化遗产点以及最近的创意美食之都,理应把历史和文化这两个元素在开拓旅游业上加以发扬光大,政府和业界经营者应该扩宽视野,而不是把旅游业纯粹视为简单的观光和购物活动。倘若把历史文化资源作为推广重点,细心思考旅游活动安排,相信澳门旅游业的发展空间是广阔的;而广东则可通过粤澳旅游协作增加海外游客赴粤旅游,开成多赢局面。

一言以蔽之,经济多元之路必须依托在现行"主导行业"(博彩业)的发展下进行,其政策意义在于澳门必须认真务实看待和面对博彩专营权续约对经济多元的影响,而区域合作中强化与大湾区和"一带一路"沿线东南亚国家的旅游协作可被视为目前甚具操作性的政策举措。